首都国际交往中心研究系列丛书 Research Series by Beijing Institute for International Communication

顾晓园 / 总主编

# 北京国际友好城市研究

## 文化遗产卷

李嘉珊 李琼 主编

# RESEARCH ON BEIJING'S INTERNATIONAL SISTER CITIES

## CULTURAL HERITAGE VOLUME

旅游教育出版社

·北京·

责任编辑：刘彦会

**图书在版编目（CIP）数据**

北京国际友好城市研究. 文化遗产卷 / 李嘉珊，李琼主编. -- 北京 ：旅游教育出版社，2020.12
ISBN 978-7-5637-4193-9

Ⅰ. ①北… Ⅱ. ①李… ②李… Ⅲ. ①文化遗产—研究—世界 Ⅳ. ①K91②K103

中国版本图书馆CIP数据核字(2020)第244578号

**北京国际友好城市研究——文化遗产卷**

李嘉珊　李琼　主编

| 出版单位 | 旅游教育出版社 |
|---|---|
| 地　　址 | 北京市朝阳区定福庄南里 1 号 |
| 邮　　编 | 100024 |
| 发行电话 | （010）65778403　65728372　65767462（传真） |
| 本社网址 | www.tepcb.com |
| E - mail | tepfx@163.com |
| 排版单位 | 北京旅教文化传播有限公司 |
| 印刷单位 | 天津雅泽印刷有限公司 |
| 经销单位 | 新华书店 |
| 开　　本 | 787 毫米 × 1092 毫米　1/16 |
| 印　　张 | 15.75 |
| 字　　数 | 260 千字 |
| 版　　次 | 2020 年 12 月第 1 版 |
| 印　　次 | 2020 年 12 月第 1 次印刷 |
| 定　　价 | 109.00 元 |

（图书如有装订差错请与发行部联系）

**编撰单位**

北京第二外国语学院
首都国际交往中心研究院 & 国家文化发展国际战略研究院
首都国际服务贸易与文化贸易研究基地

本书由北京第二外国语学院“科技创新服务能力建设－高精尖学科建设（市级）－外国语言文学”项目支持。

# 编委会

# 序 言

2014年，习近平总书记视察北京，指出北京要坚持和强化首都全国政治中心、文化中心、国际交往中心、科技创新中心的核心功能。习近平总书记高屋建瓴的论述，给北京展开了前所未有的新视野、新理念、新水准的发展新天地。如何更好更快地迈进这个发展新天地，面临的重要任务之一，就是北京作为世界第一人口大国、第二大经济体的动力引擎，五千年灿烂中华文明的汇集地，已有相当国际地位的全球大都会，如何提升国际交往的影响力以及全球城市话语权，推动首都国际交往中心建设。

所以，“首都国际交往中心研究系列丛书”应运而生。在全球化的今天，文化贸易在各个国家、地区和城市发展的作用和地位愈加凸显，文化贸易也是切实推进经济和文化交融互惠的重要纽带，是实现文化市场互联互通的关键。北京国际友好城市文化市场、中外沟通渠道等还存在着亟待拓展开发的广阔空间。因此，“首都国际交往中心研究系列丛书”首选“文化市场卷”用意在此，并逐步拓展到相关领域，通过对北京市与世界五大洲50个国家缔结的55个国际友好城市的文化运行环境和文化发展状况进行分析，从而对北京国际交往中心建设奠定基础性的研究支持。

“首都国际交往中心研究系列丛书”即将付梓，为此特别感谢北京第二外国语学院研究团队为该系列丛书付出的智慧和努力。这支团队自2003年起开始关注并专注于国际文化贸易的研究，并运用交叉学科的研究视角，将经济理论和客观实践相结合，对北京国际友好城市进行深入挖掘与探讨。期待本系列丛书能够对关心、关注首都国际交往中心建设、国际文化市场发展以及中华文化有效走向世界的朋友提供基础性的研究材料，并为实现深入研究和实践创新提供新的想法和思路。

北京第二外国语学院
首都国际交往中心研究院
名誉院长

2019年初春于北京

# 特殊时期的特别收获

六年前习近平总书记高屋建瓴地指出北京要坚持和强化首都全国政治中心、文化中心、国际交往中心、科技创新中心的核心功能，给首都北京的建设提出了前所未有的新目标、新理念。北京第二外国语学院首都国际交往中心研究院成立两年来，致力于首都国际交往中心的功能建设研究，2020 年初承担了北京市政协的委托研究项目《提升国际交往中心服务保障能力，推进国际交往中心功能建设》，在半年多的学习、调研和研讨过程中，更全面深入地理解了首都国际交往中心的功能建设的重大使命。在 2020 年全球都在经历着与新冠肺炎疫情抗争的年份里，更加感受到疫情之下更好开展民间外交、文化外交促进民心相通的现实意义。

《首都国际交往中心研究系列丛书》继 2019 年 9 月《北京国际友好城市研究——文化市场卷》正式出版发行以后，在社会各界反响热烈。随后在刘鹏名誉院长和顾晓园院长的亲自指导下，进而确定北京与世界五大洲 50 个国家缔结的 55 个国际友好城市的研究选题，聚焦文化遗产、博物馆以及剧院三大领域，对其概况进行梳理凝练，从多个维度展开对首都国际交往中心功能建设的关照和研究。

《北京国际友好城市研究——文化遗产卷》能够付梓出版，得到西安外国语学院赵勇老师的大力支持;《北京国际友好城市研究——博物馆卷》得到国家博物馆李京擘老师的悉心指导;《北京国际友好城市研究——剧院卷》得到中国演出行业协会潘燕秘书长的有益帮助。北京第二外国语学院首都国际交往中心研究院贾鲁老师、金钰珏老师也都为此书出版付出了劳动。

在疫情期间，线上交流与分享成为工作研讨的常态，研究院“雏鹰计划”团队努力耕耘；在疫情进入常态化之后，参与剧院卷研究的团队成员更是克服重重困难，每个人为该系列丛书顺利完稿都付出了艰辛的劳动。让我们格外感恩在这段特殊时期的特别经历和思考，拓展了首都国际交往中心研究的视角，对北京国际友好城市进行了多维度的关照。

期待本系列丛书能够为关心首都国际交往中心功能建设、关情北京友好城市民间外交、关切中华文化有效走向世界的各界同仁提供有价值的研究基础，并为深入研究首都国际交往中心功能建设的实践创新提供新思想和新视角。

编者

2020年11月于北京第二外国语学院

# 目录

## 亚洲篇



## 欧洲篇

## 北美洲篇



## 南美洲篇

## 非洲篇



## 大洋洲篇

# 亚洲篇

# 文化遗产

## ——东京市（日本），Tokyo Metropolis（Japan）

### 一、东京文化遗产概览

位于东京的国立西洋美术馆成为日本国内第 20 项世界遗产（文化遗产 16 项，自然遗产 4 项），这是日本首次与他国共同入选世界遗产，同时这也是首项位于东京都内的世界文化遗产。

2016 年 7 月 17 日，联合国教科文组织（UNESCO）世界遗产委员会在土耳其伊斯坦布尔重启审议，决定将 20 世纪法国代表性建筑大师勒·柯布西耶（1887—1965）设计的东京上野公园的国立西洋美术馆等 7 个国家总计 17 个设施登录为世界文化遗产。委员会评价称这些革命性的作品为现代建筑奠定了基础。

法国政府提出了一份名为《勒·柯布西耶的建筑与城市计划》（L'ceuvre architecturale et urbaine de Le Corbusier，下称“计划”）的名单，《计划》中暂列的 13 处位于法国并由勒·柯布西耶设计的建筑物作为申报世界遗产的候选作品。由于国立西洋美术馆本馆也是由勒·柯布西耶设计而修建的，因此经过申请将此建筑作品追加到名单中并向联合国教育科学及文化组织推荐并提出申请世界遗产的申请书。2007 年 9 月 14 日，日本政府与法国政府达成协议并做出将本馆向联合国教科文组织提出申请的决定；同年 10 月 9 日，本馆作为候选建筑物被登录到上述《计划》的名单中；2008 年 1 月 7 日，日本政府的“世界遗产条约关系省厅联络会议”决定正式将本馆向联合国教科文组织推荐。

### 二、国立西洋美术馆概况及价值

#### （一）国立西洋美术馆概况

国立西洋美术馆是首个申遗成功的美术馆。如果日本国立西洋美术馆只是以美术馆本身作为申遗条件的话，或许优势并不显著。即使是文化艺术想进入这个名单中，也必须是莫高窟、圣弗兰西斯科山脉岩画、吴哥窟同等级的。就连达·芬奇《最后的晚餐》也是要联合圣玛丽亚感恩教堂、多明戈修会修道院才能进入。美术馆板块上，它与世界四大博物馆（法国罗浮宫、英国大英博物馆、俄罗斯艾尔米塔什博物馆、美国大都会博物馆）无论是在影响力、知名度还是游客量等方面都有差距，而这些顶尖美术馆（或博物馆）至今无一有世界遗产的称号。而其独特之处便是建筑大师勒·柯布西耶在东亚地区唯一的建筑作品。

对于评选结果的阐述“包括日本国立西洋美术馆在内的由 7 国 17 处遗产组成的勒·柯布西耶建筑作品入选世界文化遗产”，也就表明此次世遗的申请是由 7 国 17 处柯布西耶建筑作品集体打包申请，日本国立西洋美术馆只是其中的一个。以前被列为世界文化遗产，都是有日本精神性的建筑或景物，像神社、寺庙之类的。而此次美术馆申遗成功，是一种产业遗产的体现，肯定了日本近现代人在工业上的努力。这也预示着世界文化遗产以后可能会更加多元化。而且，国立西洋美术馆是面向全世界开放的公共建筑。美术馆正前方的罗丹雕塑、庭院，以及大片场所都是免费的，无论谁都可以在此学习、休息。这在日本世界遗产中也是极少的。

国立西洋美术馆申遗是和其他国家一起“打包”进行的，这类打包方式，专业领域称为“跨界申遗（transboundary site）”，是将不同国境中有着相同历史和文化背景的遗产进行联合保护和推广的一种方法。如今已经有很多国家使用过这种方式进行申请。在如今的 1000 多件世界文化遗产中，有 30 余件遗产是以此方式获得批准的。但是，这次还是和“跨界申遗”有所差异。其实在 2009 年和 2011 年，国立西洋美术馆就联合过其他地区建筑景物以“产业遗产”“遗产观光”等主题申请过世界遗产，但都最终落选。而在 2016 年的申请中，美术馆将主题从建筑运动对现代人们生活的改变及贡献入手，最终才能如愿以偿。所以，此次申遗成功，其实并非是美术馆的胜利，而是时代对于一代建筑大师——勒·柯布西耶的肯定。

1. 国立西洋美术馆简介

国立西洋美术馆是专门收藏和展出西洋历代美术作品的美术馆，位于东京都台东区的上野公园内。

美术馆于 1959 年建成，建立之初的展览作品以松方幸次郎收集地从 19 世纪初到 20 世纪前叶的印象派绘画和雕刻为主。松方幸次郎 20 世纪初于法国收集的不少美术作品都在“二战”后被法国政府收回。国立西洋美术馆是作为松方幸次郎回国的条件而建立的。本馆由法国建筑家勒·柯布西耶担任设计，由其弟子前川国男、坂仓准三、吉阪隆正三人实施监督和建造。新馆则由前川国男担任设计。1998 年，其本馆被评选为“百所公共建筑”之一。

如今，馆内收藏了约 4400 件藏品，无论在量还是在质方面都是全日本乃至全亚洲最高水准的，即使同欧洲一般美术馆相比。世界名作有罗丹的雕塑作品《思想者》、鲁本斯的绘画作品《丰饶》和雷诺阿的《阿尔及利亚风格的巴黎舞女》，以及以莫奈、高更为首的印象派画家的绘画作品。而其收藏的罗丹的作品，之全之精，除了巴黎的罗丹博物馆外，世界上没有哪一个美术馆能与之相提并论。更重要的是这是建筑大师勒·柯布西耶在东亚地区唯一的建筑作品。

这座美术馆是依据柯布西耶的理念："建造最终的目的是为了使用"而设计的。但"这仅仅是构筑物，不是建筑。建筑只有在产生诗意的时刻才存在，建筑是一种造型的东西。"柯布西耶还为此提出了著名的"现代建筑五项原则"：①地面和建筑之间架空，以独立的支柱支撑建筑物，营造一个人和空气都可以自由进出的舒适场所；②充分利用阳光，建立屋顶花园，感受自然；③在建筑内部，可以在没有承重负担的前提下自由地利用墙体分割组织平面空间；④横向加大窗户，这样能最大限度地让光线射入；⑤在建筑外部，可以在没有承重负担的前提下利用墙体自由地组织外立面。所以业内人士都说"如果不理解柯布西耶的话，就很难理解现代建筑。"

国立西洋美术馆位于上野公园。在美术馆参观 1~2 小时后，还可以继续前往上野公园、东京国立博物馆或上野之森美术馆等景点，这些景点就坐落在与美术馆毗连的公园内。远远地望去，美术馆主馆是一个方体，由多个圆形柱子支撑三层的建筑。这些柱子从外到内撑起了整个建筑。柱子的直径一楼为 60 厘米、二楼为 55 厘米。最有趣的是在进行混凝土浇筑时，外围使用了松树木材型框架，所以只要裸露水泥的地方都会浮现出树木条纹，别有特色。进入展厅就会发现，这里的光线自然舒适。这是因为在设计时首先考虑了借用自然光。所以特别设计了好多天窗。利用天窗借助自然光的方法在许多美术馆中都被采用过，而在这儿柯布西耶却有一个独创——照明陈列室——利用两层天花板较低部分的上部设计一个玻璃房间，从那儿把从屋顶照射进来的自然光导入展厅的中间空间。这样既避免了较直接的光线照射损伤藏品，又使得欣赏时的光线自然柔和。美术馆也有屋顶花园，目前已成为"重要文化财产"无法进入。不过能在参观展览的同时，时不时地透过窗户欣赏到窗外的美景也是很惬意的。从室内参观的角度看，美术馆的斜坡行道设计应该是一大亮点了。走在斜坡行道之上，参观者可以一边慢慢享受空间变化的乐趣，一边慢慢往上一层移动。除了斜坡行道，展厅内的露台设计是另一大亮点。就如同站在露台上欣赏自然美景，在展厅的露台上不仅可以俯视下面一层展厅，也可以看到另一个露台内部的展厅，让你觉得这里的展厅"回味无穷"。东京国立西洋美术馆提供了大量休息空间，展厅内有舒适但绝不奢侈的凳子，展厅连接处有休息椅子，展厅外有可以阅览的休息角，就连餐厅等位的地方都是秩序井然。

2. 历史沿革

1959 年 5 月—国立西洋美术馆建成

1964 年 7 月—讲堂·事务楼竣工（现已拆除）

1979 年 5 月—新馆竣工

1997 年 12 月—企划展示馆竣工

1998 年 3 月—本馆减震改装工程施工

第二次世界大战前，松方幸次郎收藏了很多 19 世纪初到 20 世纪初欧洲的美术名作，这些作品在日本战败后被法国政府收回。松方幸次郎为了让这些作品回到日本，决定将它们捐给国家，因为作为国家的收藏法国就必须归还了。结果确实如此，法国应日本政府的要求同意返还这些作品，但是有个条件——必须建立一座专门展示这些作品的西洋美术馆！

20 世纪 50 年代，法日两国政府共同聘请著名建筑家勒・柯布西耶（Le Corbusier）担任设计，而他的日本学生前川国男（1905—1986）、坂仓准三（1904—1969）、吉阪隆正（1917—1980）三人负责具体的实施。1959 年 5 月国立西洋美术馆正式建成，2007 年被指定为“日本国家重要文化财产（建筑物）”。该馆和其他美术馆的重要区别在于，除了美术馆里的收藏作品，更重要的是欣赏美术馆本身。

尽管在开馆之初，国立西洋美术馆的收藏是以法国近代美术的作品为中心，但藏品随着购买以及支持者的捐赠而持续扩充，其对象也扩展至西方艺术的整体领域。承袭松方幸次郎的“共乐美术馆”理念，广泛展出足以追溯西方艺术史的藏品，并为后世子孙保管，正是国立西洋美术馆最为重要的工作。

### （二）突出价值

1. 文化价值

勒・柯布西耶是20世纪的代表性建筑家之一，出生于瑞士，但以巴黎为中心活跃。除建筑之外，他还涉足绘画、雕刻和家具等，从个人住宅到联合国大楼的原案，开展了广泛的创作活动。他在绘画、建筑和城市功能性方面的设计原理，对 20 世纪的建筑和城市规划产生了巨大的影响。提倡“现代建筑五要素”（底层架空、屋顶花园、自由平面、横向长窗、自由立面），被视为现代建筑之父之一。

19 世纪以前的建筑是依靠墙壁作为支体的。而柯布西耶提出了运用钢筋混凝土和玻璃等当时的先进材料和技术、去除一楼的墙壁仅以立柱支撑的底层架空结构、横向长窗及屋顶花园等崭新的建筑设计，为现代的人们创造出了新的生活空间。作为一名艺术家，柯布西耶懂得控制体积、表面以及轮廓的重要性，他所创造的大量抽象的雕刻图样也体现了这一点。因此，在柯布西耶的设计中，通过大量的图样以产生一种栩栩如生的视觉效应占据了支配地位，而其建筑模式转化为建筑实物的情况如同艺术家在陶土的模子上进行雕刻和削减一样。通过精心的设计，在明暗光线的对比下，他成功地将有限的空间最大化，并产生了良好的视觉效应。

2. 历史价值

构筑了国立西洋美术馆的原点即“松方收藏品”的松方幸次郎（1866—1950），

是明治时代曾担任过总理大臣的松方正义的三子。其留学美国后，担任了父亲的秘书官等职务，之后于 1896 年就任位于神户的川崎造船厂第一代社长。在第一次世界大战期间通过造船获得巨额利润的松方，于 1916 年逗留伦敦期间开始采购艺术品，并于其后的十年间，收购了超过三千件的西方艺术品。

松方倾注热情于收藏艺术品，却并非是出自本身的兴趣。他有意投入个人财产创建名为“共乐美术馆”的设施，希望能够向日本民众展示西方的艺术品。该设施原本会成为日本第一座专门展出西方艺术的美术馆。然而，由于 1927 年的经济恐慌，川崎造船厂陷入经营危机，为了重建公司，松方不得不提供私人财产。其美术馆计划化为泡影，运抵日本的艺术品，历经数次拍卖而散逸。此外，保管于伦敦仓库中约一千件的作品，则在 1939 年的仓库火灾中尽数烧毁。另一方面，留在巴黎的作品群，于第二次世界大战末期作为敌国侨民的财产被法国政府接收。不过，其中大部分藏品在 1951 年旧金山和平条约缔结后，作为日法友好的象征，返还日本。

国立西洋美术馆作为日法两国恢复外交和改善关系的象征，也是保管与公开展示从法国捐赠返还的 370 件“松方收藏品”的历史性建筑物。1998 年作为扎根于地区的优秀公共设施，被日本建设省（现为国土交通省）评选为“公共建筑百选”，并于 2007 年被指定为日本国家重要文化遗产（建筑物）。

3. 科学价值

柯布西耶早期“可生长美术馆”概念的实现——在他一生的建筑生涯中，只有在印度的两个项目和在日本实现了该想法。美术馆最具特色的是它像是螺旋的贝壳一样增伸，当需要扩建的时候，可以把原有建筑向外侧扩展。

### （三）保护与合理开发

收藏了众多珍贵作品的国立西洋美术馆是防震防灾的重点保护单位。曾于 1998 年进行了一次防震改造工程，工程的规模之大为日本之首。这项工程的成果在于，不仅使当年勒·柯布西耶设计的建筑物本身可以免受地震灾害，还能保护其中珍藏的作品的安全和参观者的人身安全。另外也为位于前庭的雕刻作品设置了减震台，还在馆内添置了关于这些防震装置的说明看板。

国立西洋美术馆以从法国赠送返还的松方收藏品（以印象派的绘画和罗丹的雕刻为中心的法国美术收藏品）为基础，作为向广大公众提供观赏西洋美术相关作品的机构。此后，美术馆以展览业务为中心，开展西洋美术相关作品及资料的收集、调查研究、保存修复、教育普及以及出版物的发行等活动。

展览业务方面，在主馆（勒·柯布西耶设计，1959 年）和新馆（前川国男设计，1979 年）中，将成为本馆设立宗旨的松方收藏品作为常设展，包含创立以来每年购买地从文艺复兴之后到二十世纪初期为止的作品以及捐赠、托管作品。此外，在作为企划和特别展专用展览室于 1997 年度竣工的企划展览馆中，以从欧美等美术馆借用的作品为对象，作为与报社等开展的联合展，每年举办三次左右的企划展，致力于广泛介绍西洋美术。

在东京上野区内美术馆和博物馆林立，“国立西洋美术馆”是最接近车站，交通最方便的。由于交通方便和价格亲民（常设展 430 日元、高中生以下或未满 18 岁、65 岁以上免费），再加上能够欣赏到珍贵的画作，此处除了日本人以外也有众多外国人来访参观。目前来馆参观的有 1~2 成是访日外国人。

# 文化遗产

## ——安卡拉市（土耳其），Ankara（Turkey）

### 一、安卡拉市文化遗产概览

安卡拉市是一座历史文化古都，历经了罗马、拜占庭、奥斯曼三大帝国时期，其城市发展见证了各个时代辉煌的帝国文明。它也是目前土耳其的官方首都，从规模和影响力来说，它仅次于伊斯坦布尔，是土耳其的第二大城市也是全国第二大工业中心。在土耳其共和国成立以前，安卡拉的城市规模比较小，但目前已经发展成为国际化的大都市。其市区分为新旧两部分，老城保留大量的欧式建筑以及雄伟壮丽的清真寺，这些建筑风格对后来欧亚的建筑发展产生了相当大的影响。

值得一提的是，虽然安卡拉市的文化遗产并没有被纳入世界文化遗产名录，但其文化遗产具有极高的历史文化价值和国际影响力，故纳入本篇。

### 二、安卡拉市文化遗产概况及价值

#### （一）安卡拉古城区概况

1. 简介

安卡拉位于小亚细亚安那托利亚高原的中北部，自古以来就是交通要塞，有“土耳其的心脏”之称。古城区建设最初由葛拉特亚人建设在熔岩石上，而后罗马帝国时期发展壮大形成基本的城市格局。后来又由拜占庭帝国和塞尔楚克王朝进行了修复和改建。安卡拉古城区有着丰富的文化遗产，如罗马时期的尤利阿奴斯之柱、奥古斯都神殿、罗马浴场、安卡拉城堡，拜占庭时期的城堡和墓地等。

2. 历史沿革

公元前 13 世纪以前—“赫梯”部落建立起赫梯帝国

公元前 3 世纪—盖鲁特人最先把安卡拉定位为首都

公元前 3 世纪末—罗马帝国占领安卡拉，改名为“麦特罗波尔”

公元 1450 年—进入奥斯曼帝国统治时期

公元 1923 年—土耳其共和国成立，定都安卡拉

### （二）突出价值

1. 文化价值

安卡拉古城交通发达，自古就是文化通达交流繁荣之地，兼收并蓄各王朝文明思想、文化、艺术之精粹，是各方思想文化的一个重要交汇点，留下了许多影响深远的名胜古迹。在整个历史发展进程中，安卡拉作为“赫梯”文明的发源地而知名；位于乌鲁斯区的尤利阿奴斯之柱纪念着罗马帝国时期的兴衰；而坐落在首都安卡拉市中心科贾泰佩区的科贾泰佩清真寺是目前中东地区最大的清真寺之一。

2. 历史价值

安卡拉旧城是罗马和奥斯曼文明的独特见证，城市中的每一个细节都是历史的实证。罗马帝国时期，在安卡拉修建了数量众多的教堂、赛马场、公共浴池和圆石柱等建筑物，在这一时期，市区不断扩大，人口迅速增加，成为一座文明而美丽的城市。它有大量高艺术价值的建筑，包括防御工事、纪念性水池、清真寺、宗教学校和浴室建筑。整个城市是一组杰出的纪念碑、建筑和技术集合，展示了人类帝国发展历史的不同阶段。

### （三）保护与合理开发

在历史区中，在变更与保存之间找到平衡是一个微妙的问题。安卡拉目前是一个拥有超过 700 万人口的大都市，人口过剩、工业污染、过度城市化，对其文化遗产的保护产生了一定的威胁。但安卡拉的市政府对于城市旅游开发有详细的工作规划，目前安卡拉古城的开发较为有序，由政府组织修复了古城区内的部分传统土耳其式建筑，有的改建为可以品尝土耳其料理的餐厅和风情酒店，促进了其旅游业的发展。此外，安卡拉政府注重保存历史文化资料，投入资金将一部分古建筑改造成博物馆和美术馆，例如，安纳托利亚考古学博物馆和格雷梅露天博物馆等。

# 文化遗产

## ——雅加达省（印度尼西亚），Jakarta（Indonesia）

### 一、雅加达省文化遗产概览

雅加达是印度尼西亚的首都，也是东南亚第一大城市。雅加达是世界著名海港，地理位置优越，是太平洋和印度洋之间的交通咽喉，也是亚洲通往大洋洲的重要桥梁。雅加达省历史悠久，有过风光无限的爪哇帝国时期，也有过曲折的殖民地时期，城市发展过程中受到多元文化影响，文化遗产丰富。

### 二、巴达维亚旧城概况及价值

#### （一）巴达维亚旧城概况

1. 简介

巴达维亚旧城是雅加达处于荷兰殖民地时期的旧名，主要指印尼雅加达北部的一块区域。其面积约为 1.3 平方公里，跨越北雅加达和西雅加达，巴达维亚旧城是曾经的华人聚居区，印度尼西亚最著名的唐人街也在此地。

2. 历史沿革

1527 年—改名查雅加尔达，意为“凯旋城”，简称雅加达

1596 年—印度尼西亚成为荷兰殖民地

1621 年—雅加达被改为荷兰名字“巴达维亚”

1942 年—日军侵占印尼后，恢复了雅加达的名称

1950 年—印尼成立联邦政府，雅加达成为印尼首都

#### （二）突出价值

雅加达老城有着浓郁的荷兰殖民时期的城市韵味，格局鲜明。旧城区中心老城广场，不时会有一些民间表演。每到中国新年，广场上会有中国传统的舞龙舞狮的表演，华人华侨相聚于此。周边是博物馆与咖啡店。曾经的荷兰东印度公司总督府现已成为

印尼历史纪念博物馆。

### （三）保护与合理开发

雅加达老城有着光辉的历史，从荷兰殖民时代起这里就是华人华侨的聚居区，建筑显现出较强的中国风格。目前雅加达老城区繁华依旧，建筑历经风霜却依然在挺立，除部分保护建筑由政府负责维护外，其余的投入商业使用或居民居住的古建筑由私人维护。当前雅加达老城区依托已有的文化资源积极发展旅游业，带动了当地经济的发展。

## 三、附录：与北京在文化遗产领域大事记

2017 年 4 月 1 日，主题为“魅力北京，畅游古今”的“2017 北京游学旅游推介交流会”在印尼首都雅加达举行，此次活动由北京旅游发展委员会主办。

# 文化遗产

## ——伊斯兰堡市（巴基斯坦），Islamabad（Pakistan）

### 一、伊斯兰堡文化遗产概览

巴基斯坦伊斯兰共和国，简称“巴基斯坦”，意为“纯洁的土地”。95% 以上的居民信奉伊斯兰教，是一个历史悠久多民族的清真之国。伊斯兰堡市是巴基斯坦的首都和政治中心，地处古丝绸之路上，东西方文化交汇，长期信仰宗教，留下了许多宗教相关的文化遗产。巴基斯坦共有沙阿·费萨尔清真寺和塔克西拉古迹两处世界级文化遗产，其中 1980 年联合国教科文组织将塔克西拉作为文化遗产，列入《世界遗产目录》。

### 二、沙阿·费萨尔清真寺概况及价值

#### （一）沙阿·费萨尔清真寺概况

1. 简介

沙阿·费萨尔清真寺位于巴基斯坦首都伊斯兰堡市区北部，是伊斯兰世界著名清真寺之一，由已故沙特国王费萨尔出资捐建，是巴基斯坦的国家清真寺。它是巴基斯坦乃至南亚地区最大的清真寺，同时也是世界第六大清真寺。寺高 80 米，占地约 19 万平方米，相当于 26 个足球场的大小。

费萨尔清真寺的大祈祷厅可以同时容纳近万名前来祈祷的人，而清真寺正面和左右两翼的回廊、庭院又可以容纳数万人做礼拜，人最多时，大清真寺四周的广场上也挤满了前来祷告的穆斯林。

2. 历史沿革

1976 年—沙特国王费萨尔出资修建费萨尔大清真寺，作为给巴基斯坦人民的礼物

1986 年—费萨尔大清真寺建成，成为伊斯兰世界著名清真寺之一

### （二）突出价值

1. 艺术价值

费萨尔清真寺的艺术价值突出表现在它的选址和设计上。从伊斯兰堡市中心出发，一直向西北直奔马尔格拉山的南麓，远远地就可以看见4座高耸入云的锥状尖塔，顶部金色的新月饰物在太阳的照耀下熠熠生辉。雄伟大气的建筑与高耸的山脉相互映衬，自然的崇高和宗教的神圣在这里合二为一。

寺院呈长方形，整个建筑群由礼拜殿、宣礼尖塔、院内广场、回廊、办公楼、宿舍和沐浴室等组成。主体建筑礼拜大殿，是大跨度无柱帐篷式结构，用钢筋水泥铸成。顶部和四壁修有通气孔道，状似蜂房。寺院中间设一方形喷水池，地坪铺以白色大理石，在建筑中大面积使用白色，不仅加强了寺院的神圣感，也成为“清真之国”首都的主要象征。

2. 科学价值

传统的清真寺为圆顶，费萨尔清真则呈八角形，活像一座巨大的沙漠帐篷。它的外体用的是白色大理石，里面用马赛克装饰。祈祷厅内没有一根柱子，所有重量都由那4座宣礼尖塔拉起和承受。此建筑的设计者是土耳其著名的设计师维达特·达罗凯。当年他以综合了现代、古代伊斯兰和土耳其建筑风格的设计理念，在专门为建造大清真寺而举办的国际设计大赛中一举夺魁。费萨尔大清真寺还是吉尼斯世界纪录中世界上最大的清真寺，是凝聚了巴基斯坦人的宗教信仰的神圣之地。

## 三、塔克西拉古迹概况及价值

### （一）塔克西拉古迹概况

1. 简介

塔克西拉位于巴基斯坦首都伊斯兰堡西北约50公里处，东南距拉瓦尔品第35公里。这是一座有着2500年历史的著名古城，其佛教遗迹有2000多年的历史，覆盖了2500平方公里，是举世闻名的犍陀罗艺术的中心，也是南亚最丰富的考古遗址之一。中国高僧法显、玄奘等都到过这里。塔克西拉的古城遗址也是世界著名的考古遗址，曾是佛教中心。

古城塔克西拉的旧城址按时代先后可分为三个部分：

①比尔山丘

最古老的城市遗址称作比尔山丘，位于塔克西拉盆地西端的高地。遗址展示了公元前6世纪至公元前2世纪孔雀王朝时期的文明。遗迹保存甚少。遗址显示的建筑杂乱无章，街道狭窄曲折，房屋使用不规则毛石砌筑，几乎所有的住宅都有院子，使用深井排放污水。在发掘过程中没有发现与印度教或佛教有关的物品或建筑，但发现了波斯帝国和亚历山大时期的钱币。

②锡尔卡普

第二个古城叫锡尔卡普，最初建于公元前2世纪，由巴克特里亚的希腊统治者德米特里始建。目前保留的遗址，是公元40年左右帕提亚人重建的。锡尔卡普出土了大量珍贵文物，具有很高的学术价值。附近有一庙宇遗址，被称为金迪亚尔庙，其布局与希腊神庙极为相似，被认为是太阳神庙。

③锡尔苏克

第三个古城是位于锡尔开普西北的锡尔苏克，这是1世纪末至3世纪贵霜帝国统治时代建造的都城。城址呈不规则的长方形，长约1400米，宽约1100米，有城墙环绕，其方形街区的布置和锡尔卡普近似。在这三个城址内和它的四郊发现有各类宗教遗迹，佛教的最多。重要的佛教遗迹有达摩拉吉卡和莫赫拉莫拉都，前者兼有佛塔及僧院，后者则以僧院为主。

2. 历史沿革

公元前6世纪—塔克西拉为犍陀罗王国的首都

公元前5世纪—古城所在地区成为波斯大流士帝国的一部分

公元前4世纪—古希腊文化也开始在此扎根，古城名字也改成了希腊文“塔克西拉”

公元前3世纪—塔克西拉逐渐成为香火鼎盛的佛教圣地和学者云集的哲学宗教艺术中心

**（二）突出价值**

1. 历史价值

塔克西拉古城址出土的遗物中，大部分反映了希腊风格和佛教艺术。一枚枚印有希腊国王头像的古钱币表明，曾有39个希腊君王和2个希腊女王统治过这里。具有古印度风格的金银饰品，反映了孔雀王朝和贵霜王朝鼎盛时期的繁荣。还有伞形宝塔，和中国宝塔同流。

最著名的千百尊大大小小的犍陀罗王朝时期的石雕和泥塑佛像，明显地带有希腊雕塑风格，却又自成体系，形成了独特的犍陀罗艺术风格。锡尔开普城址中曾出土33件石刻梳妆盘。盘内浮雕有男女嬉戏、酒宴、希腊诸神以及海马、葡萄藤等图案，具有浓厚的希腊风格。还出土有希腊神像的浮雕、陶塑及爱奥尼亚式、科林斯式柱头等。1980年在塔克西拉发现了公元前3000年至2000年的陶器，充分证明这座古城可能是南亚地区人们最早聚居的都市之一。

2. 科学价值

塔克西卡是具有考古价值的人类定居点遗址，古城塔克西拉的三个旧城址（比尔山丘、锡尔卡普、锡尔苏克）揭示了印度次大陆五个多世纪的城市演化模式，而在印度次大陆上这样的遗址只有塔克西卡，具有不可替代的研究价值。在遗址的考古过程中发现了亚历山大时期的钱币，似乎预示着塔克西卡遗迹繁荣与亚历山大大帝的进入存在某种联系，但这还需要从遗址中继续研究，找到更直接的实证。

### （四）保护与合理开发

1975 年由巴基斯坦伊斯兰共和国议会通过的《巴基斯坦古文物法》中规定：塔克西拉是受保护的古代文物。在 2010 年通过的第十八修正案中，明确了塔克西卡的遗址保护由区域内的旁遮普省政府区和开伯尔－普赫图赫瓦省政府区负责，赋予了政府完全的行政和财政管理权力。

但就目前的情况而言，塔克西卡遗址的保护与发展情况不太乐观。政府的拨款不足以支持遗址的保护与修复工作；塔克西卡区域的重工业和采石场以及军营的人类活动对遗迹的植被结构和砖石结构产生了破坏。政府应该界定塔克西卡保护区的范围，严格控制城市建设的范围，保证世界文化遗产的完整性。

## 四、附录：与北京在文化遗产领域大事记

2018 年 2 月 7 日，由中华人民共和国驻巴基斯坦使馆、全巴基斯坦中国友好协会、北京市人民对外友好协会和北京市西城区人民政府共同主办的“北京一带一路文化之旅”交流活动在伊斯兰堡中国文化中心举行开幕式。

# 文化遗产

## ——曼谷市（泰国），Bangkok（Thailand）

### 一、曼谷文化遗产概览

曼谷，是泰国的首都和最大城市，是泰国政治、经济、文化、宗教中心。曼谷也是重要的国际活动中心之一，市内设有 20 多个国际政治机构的区域办事处，每年都有大量的国际会议在曼谷举行。曼谷被誉为“佛教之都”，佛教历史悠久，东方色彩浓厚，佛寺庙宇林立，有大小 400 多个佛教寺院，是世界上佛寺最多的地方。曼谷众多的寺院中，玉佛寺、卧佛寺、金佛寺最为著名，被称为泰国三大国宝。

### 二、玉佛寺概况及价值

#### （一）玉佛寺概况

1. 简介

玉佛寺位于曼谷大王宫的东北角，是泰国最著名的佛寺，也是泰国三大国宝之一。玉佛寺是泰国佛教最神圣的地方，是查库里王朝的守护寺和护国寺，建于 1782 年的玉佛寺是泰国大王宫的一部分，面积约占大王宫的 1/4。玉佛寺是泰国王族供奉玉佛像和举行宗教仪式的场所，因寺内供奉着玉佛而得名。寺内有玉佛殿、先王殿、佛骨殿、藏经阁、钟楼和金塔。

2. 历史沿革

1782 年—拉玛一世时期开始建造玉佛寺，他是首位将泰国首都迁至曼谷的国王

1868 年—拉玛四世王时期大修玉佛寺，但玉佛寺尚未修葺完毕拉玛四世王就驾崩了

1880 年—拉玛五世王继续修缮玉佛寺，并新建了一些佛塔和宫殿

1915 年—拉玛六世王登基后完成了玉佛寺的全部修葺工程

### （二）突出价值

1. 文化价值

玉佛高 66 厘米，宽 48 厘米，用整块玉石雕成，放置在 11 米高的金制礼坛上，玉佛周围摆放着许多尊金佛。玉佛雕刻精细，形象生动，色呈绿色，在香烟缭绕中发出翡翠的光彩，有 2500 多年的历史了。

玉佛、成功佛及龙婆索吞佛被并称为泰国的护国三宝。据历史记载，玉佛是 1434 年在泰国北部清莱府发现的。它藏在一尊裂开的大石膏佛像里，后被运到泰国各地和老挝等地，供信徒膜拜。1780 年由泰国郑王将其运送回国，供奉在佛殿里。1782 年曼谷王朝拉玛一世在曼谷建立了王宫和佛寺，最后将玉佛供奉在现在的玉佛寺。并制作了 3 套分别在夏季、雨季和冬季穿的金缕衣。

2. 宗教价值

曼谷玉佛寺是泰国佛教最神圣的地方，玉佛是泰国人民共同的宗教信仰。他们认为泰国的发展、财富的聚集、人生的顺逆都可以向玉佛祈求，直到现在泰国还保留着三基皇家礼拜的传统习俗。每年随着季节的变化，由国王或王子亲自主持仪式为玉佛更衣，以报国泰平安。国王为玉佛更衣时，双手合十登上玉佛后面的楼梯，取下玉佛的冠冕和袈裟，向玉佛的颈部两侧洒上香水，并用白布擦干，换上新季的金缕衣。然后国王走下楼梯，在香水碗里浸入为玉佛擦身的白布，以布上的水作为祝福水洒向膜拜的人群。

### （三）保护与合理开发

玉佛寺是泰国的国宝级文化遗产，王室成员每年三次在此礼拜，政府保护管理落实到位。目前玉佛寺是泰国热门的旅游胜地，也是佛教徒心中的圣地，玉佛寺内没有僧侣居住，但每日会开放参观，也会有佛教的常规礼拜。泰国政府在保护文化遗产的同时，积极扩展周边旅游配套设施，做到了合理开发文化遗产。

## 三、附录：与北京在文化遗产领域大事记

2016 年 12 月 17 日，由曼谷中国文化中心、中央美术学院、北京民族文化遗产保护基金会共同主办，中央美术学院协同创新办公室、北京中华民族博物院承办的“文化遗产与当代视象”中泰文化交流展在曼谷中国文化中心开幕。

# 文化遗产

## ——首尔特别市（韩国），Seoul（Korea）

### 一、首尔文化遗产概览

首尔特别市，简称首尔，首尔是韩国的首都，也是韩国的政治、经济、文化、科技中心。首尔城市文化氛围良好，市内分布着博物馆、美术馆、剧场和画廊等艺术文化机构，市区内仅大大小小的博物馆就超过100家。首尔市内的建筑现代与古老并存，现代地标——N首尔塔与文化遗产相呼应，全面地展现了首尔的过去与现在。首尔有宗庙、昌德宫建筑群和南汉山城三项世界文化遗产，分别于1995年、1997年和2014年被联合国教科文组织审核批准列入《世界遗产名录》。

### 二、昌德宫建筑群概况及价值

#### （一）昌德宫建筑群概况

1. 昌德宫建筑群简介

昌德宫建筑群位于首尔中部，仍保存着13座殿阁，是李氏王朝宫殿中保存得最为完整的一座，也是韩国首尔保存良好的五大皇家建筑之一。昌德宫是朝鲜王朝太宗四年修建的离宫，又名乐宫，太宗五年竣工，占地0.78平方千米。昌德宫一直是朝鲜王朝的正宫。昌德宫的殿阁完全是按照地形设计的，总体布局是非对称的，后苑沿着低矮的山势而建，有多种多样的树木和林间小路，还有夹杂在其中的平川，保持着自然原貌，只有在特别必要的地方修路、造莲池、建楼阁。昌德宫是远东宫殿建筑设计的典范，与四周的自然环境和谐地融为一体，在朝鲜的五大宫殿中最具有自然风貌，同时也被誉为朝鲜王朝时代造景艺术的杰作。

2. 历史沿革

1405年—作为景福宫之外的离宫建筑修建

1592年—爆发壬辰倭乱，日本入侵朝鲜，昌德宫在战争中损毁

1618 年—朝鲜王朝正宫从庆运宫转移到昌德宫，此后的 250 年昌德宫一直作朝鲜的正宫使用

1830 年—遭受史上最大火灾，昌德宫内宫区域全部化为灰烬

1834 年—重建最终完成

1954 年—昌德宫被大韩民国政府收为国有，并逐渐对公众开放

**（二）突出价值**

1. 历史价值

昌德宫内为中国式建筑物，仍保存着 13 座殿，被称为“韩国的故宫”。宫内的大部分建筑在日本人 1592 年入侵时被焚毁，但其正门敦化门幸免于难，成为最珍贵的遗迹，这一木结构建筑傲然耸立，气度非凡，是首尔最古老的宫门。该宫自 1611 年重建后到 1910 年一直是王室成员的正式居所。昌德宫的建设与北京故宫的格局布置有异曲同工之妙，包括昌德宫的后苑与故宫御花园和苏州园林的设计也有相似之处，可以看出，朝鲜王朝的审美曾经深刻受到中国的影响。

昌德宫正殿就是处理朝政的仁政殿，以镶嵌细致、装饰美丽的藻井而闻名，殿内设有帝王御座。殿后的大造殿是王室寝殿。另有乐善殿，至今仍是尚存的王室成员的住所，为韩国传统木造结构建筑。殿内陈列着王冠、王服、墨宝、武器和其他手工艺品。作为一处皇家宫殿，昌德宫见证了大韩民族辉煌的历史性大事，同时，也经历了朝鲜民族所经历的种种动荡，为韩国历史的研究提供了实证。

2. 科学价值

昌德宫通过其建筑和景观来体现传统的风俗原则和儒家思想。宫殿的选址和设置均基于庞氏原则，而建筑物则按照儒家意识形态在功能和象征意义上进行布局，共同体现朝鲜王朝的世界观。

昌德宫是东亚宫殿建筑和花园设计的杰出典范，在建筑物融入自然环境并与自然环境协调，适应地形和保留本土树木遮盖物方面非常出色。昌德宫对韩国建筑，花园设计和景观规划以及相关艺术的发展有深远影响。

**（三）保护与合理开发**

根据《韩国文化遗产保护法》，昌德宫建筑群的整个区域，包括该建筑群内的各个建筑物和植物，都属于国家指定的文化遗产。此外，该建筑群的许多建筑物被指定为国宝或珍宝（仁正宗堂，仁正门，善贞殿，会亭堂，大正殿，宣元殿旧址和敦化门）或天然纪念物，例如：中国杜松门树、猕猴桃树、梨树。昌德宫的后苑以及距离昌德宫建筑群边界 100 米的区域已根据《韩国自然保护法》被指定为历史文化环境保护区和生态风景保护区，该区域内的所有建筑和改建工作均需获得钟路市文化遗产管理局的批准。

为了保护昌德宫的历史建筑，昌德宫景区内实行文化遗产导游陪同制度。韩国宫

殿参观习俗独特，部分阁楼需要脱鞋参观。作为世界文化遗产，昌德宫人气旺盛，成为外国游客到韩国必去的旅游景点之一，但昌德宫的游客承载量有限。为了保护昌德宫的历史文物，实行了线上预约制，限制每日的参观人数。如昌德宫的后苑每次限定入场人数为 100 人。

昌德宫独特的园林设计和大气恢宏的历史建筑，也成为古装剧集的天然取景处，但剧组进入昌德宫进行拍摄需要经过复杂的审核程序，且仅开放公共区域用于拍摄。例如热门韩剧《大长今》中，剧中王帝中宗入宫，与长今漫步聊天等片段，就是在昌德宫的芙蓉池取景的。

昌德宫在参观游览方面积极与现代技术相融合，由韩国文化财厅、Google、SKT Telecom、英国 Nexus Studio 与韩国 Seerslab 打造的 5G AR 应用，通过信息技术扩增实景，只要游客拿着手机进入昌德宫就可以在手机上看到 500 年前朝鲜时代的昌德宫的全况。这样就可以在保护文化遗产的基础上，更大程度地提升游客的观光体验。

## 三、朝鲜王陵概况及价值

### （一）朝鲜王陵概况

1. 简介

朝鲜王陵，是朝鲜李朝时期二十七代国王、王妃以及被追尊的国王及王妃的陵寝及墓园建筑，共有 42 座，绝大多数分布于今韩国京畿道、首尔和朝鲜民主主义人民共和国开城境内。

朝鲜王陵和王妃陵的形制严格遵守中国古代的《周礼》《礼记》等典籍，并以李朝第一代国王李成桂的健元陵为蓝本，通常由神道、红箭门、丁字阁、焚帛炉、神道碑、山神石、石像生、魂游石、长明灯、墓冢、宝顶组成。朝鲜王陵的宝顶通常依据风水理论，选择左有青龙、右有白虎（均为小山脉）环抱之地，背后为主山，宝顶建在主山的中脊线延长线上。在宝顶之前有名为“魂游石”的长方形石台，供王或王妃的灵魂登台远眺。魂游石旁边立有长明灯，其下方是四方或八方的石柱，长明灯两侧为石望柱。宝顶前方陈列有两对石虎、两对石羊、文臣和武臣各一对。

2. 历史沿革

朝鲜王朝的皇家陵墓群是一个分布在 18 个地点的 40 个陵墓的集合，从 1408 年开始建造，随着皇室成员的换代而逐渐扩大，在朝鲜王朝时期陵墓是纪念祖先，尊重祖先的成就，维护王室权威，保护祖先的灵魂免受邪恶的侵害的重要场所。

### （二）突出价值

1. 文化价值

朝鲜皇家陵墓体现出其人民对自然和宇宙的敬畏，这是在儒家文化影响下产生的独特丧葬传统。在具体的修建过程中，朝鲜的工匠在墓室中或造出了或保留了一定的自然景观，为祭奠祖先仪式创造了一种令人敬畏的神圣场所。

朝鲜王陵与位于北京昌平的明十三陵为同一时期的历史文化遗产，对比这两处陵墓群建造布局上的差异可以了解中国与朝鲜在丧葬文化上的相同点与不同点。例如，与中国皇陵石像生沿着神道两两对立的纵向排列方式不同，朝鲜王陵的石像生是左右一字排开的。宝顶为圆形，周围立有十二块屏风石或十二地支石。在宝顶后面通常围有半圆形或U形的矮石墙，称为“曲墙”。这些细微的不同展现了陵墓的文化属性。

2. 历史价值

朝鲜皇家陵墓是一种建筑群和景观的杰出典范，它展现了在韩国和东亚陵墓的背景下墓葬发展的重要阶段。皇家陵墓展现了先民对于权力等级、生存与死亡、人与世界的关系等终极问题探讨，也展现了“礼”在东亚文明中的重要地位，对于研究儒家文化在东亚文化圈内的影响程度有重要意义。

### （三）保护与合理开发

在朝鲜时期，定期举行国家祖传仪式，除了20世纪的政治动荡时期外，皇家家族组织和朝拜协会每年都会在固定的时间举行扫墓仪式。被联合国教科文组织列为世界文化遗产后，韩国文化财厅对其进行直接的管理，由政府出资对朝鲜王陵内破旧损毁的地方进行了修复、恢复和重建，在墓葬区域基本不做调整，保持遗产原样，在墓葬入口区域由于过去使用木材作为建筑材料，安全性和持久性难以保障，韩国文化财厅在保留原入口功能的情况下进行了重建，保持了文化遗产的整体性。

《韩国文化财产保护法》为朝鲜皇家陵墓提供了法律保护，认定其为国家重点文化遗产保护区，保护了墓葬区域不受到城市建设的干预。在韩国的城市规划中，重点避开了朝鲜王陵的保护区，虽然在部分遗址的顶端如：石梁、贺梁和惠陵能看到远处的城市建筑，但其余区域遗址的周围环境得到了良好的维护，肃穆的氛围在很大程度上得以保持。

## 四、附录：与北京在文化遗产领域大事记

2019年5月24日，由北京市文化和旅游局主办的“魅力北京”文化旅游图片展及公众日活动在韩国首尔东大门设计广场举办。

# 文化遗产

## ——河内市（越南），Hanoi（Vietnam）

## 一、河内市文化遗产概览

越南历史悠久，河内市从 11 世纪起便是越南的经济、文化、政治中心。河内是一座拥有一千多年历史的城市，越南历朝历代在首都河内留下了许多宝贵的文化遗产，市内有丰富的古建筑遗产，如寺庙、古城区、法式街区等。

这些古代遗产中最著名的当属升龙皇城，其于 2010 年被列入世界文化遗产名录。此外，还有建于 541 年的镇国寺，寓意为开国之寺庙，越南历代高僧都曾经在这里受教、主持。河内市中古老的寺庙还有白马寺，该寺庙是越南历史最悠久的寺庙之一，地处河内的老城区，是曾经的中国城的一部分。

除了传统的古代建筑遗产外，河内市还有以东西方文化融合为特点的文化遗产。如兴建于 1886 年的圣若瑟主教堂，它仿照巴黎圣母院而建成；坐落在巴庭区和还剑区的法式街区也吸引了诸多游客，该街区是一个集旅游、商业和政治为一体的园区。街区内有政府首脑机关总部、总统府和其他国家的大使馆以及服务性行业如旅游、文化活动机构及小规模手工艺区。

文化遗产是河内市文化旅游资源的重要组成部分，给河内市旅游业带来了独有的魅力。在河内市以此为基础发展文旅产业的同时，政府机构非常注重文化遗产的管理和保护，旨在使文化和经济和谐发展，从而使文化遗产发挥最大的作用和价值。

## 二、升龙皇城概况及价值

### （一）文化遗产概况

1. 文化遗产简介

升龙皇城（越南语：Hoàng thành Thăng Long）是位于越南河内市的古代皇城，在部分华语地区又被称为河内故宫，越南的李朝、陈朝、后黎朝都先后在这里定都。

升龙皇城是在李朝时期（1009—1225）建成的文化建筑群，随后在陈朝、后黎朝和阮朝时期进行了不同程度的扩建，其遗址与先后修复的升龙皇城在面积和布局上大致相吻合。在19世纪末期，由于法国入侵河内造成多起动乱，皇宫和升城的大部分结构被不同程度破坏，目前保存状态不一。在20世纪，许多剩余的结构相继被拆毁。直至21世纪，越南政府开始系统性地挖掘修复升龙皇城被毁坏的地基。

2010年7月31日，在巴西举行的联合国教科文组织世界遗产会议中，升龙皇城中央部分被列入世界遗产名录。

2. 历史沿革

约在公元前3000年，河内一带开始有人居住。其城市化的雏形“古螺城”，建成于公元前200年。在北属时代（中国统治时期），它先后被称作“宋平”“龙肚”。公元886年，随着中国在红河三角洲的一块土地上排水而建的一座城堡，它成为一座城塞，被称为“大罗”。

1010年，越南李朝的初代帝王李太祖迁都大罗城。据说，当年李太祖看见红河上升起蛟龙，故将大罗命名为“升龙”。作为“大越”独立的标志，升龙皇城于11世纪建成。直至13世纪，这里作为越南首都一直是区域政治权力中心。

1397年越南的首都迁到清化，在此之后，升龙成为“东都”。1408年，越南再次北属中国明朝，东都城被中国人重新命名为“东关”。

1428年，黎朝的开国先祖黎利领导起义，越南从中国统治下获得独立，东关城也改名为“东京”。在西山朝时代，它被称为“北城”。1802年，阮朝建立，都城南迁到顺化，河内又被称为“升龙”。

1831年，阮朝迁都顺化富春。升龙皇城被缩小，并按“符邦”（Vauban）式重建，改为北城治所，后为河内省省会。19世纪末，遭到法国殖民者破坏，至今只留下少数遗迹。

### （二）突出价值

1. 历史价值

升龙皇城反映了越南从7世纪至19世纪期间的历史积淀，许多古代的遗迹和文化层连续地相互重叠。皇城内精美的柱脚、砖墙段、路段以及排水系统、水井、“御河”、荷花池等遗迹，皆显示了昔日升龙皇城的巨大规模和具体面貌。其中有一处李、陈宫殿遗迹，通过现存的柱脚基础，可见原来有10排柱子，分为9间，宽27米，长62米。柱子稳固地置于具有李陈时期特征的莲花状雕刻柱石上，底下是卵石碎砖柱基，厚约一米左右。此外，在“御河”畔还发现了一种奇异建筑的柱基，周围是6个圆形柱脚，中间是1个方形柱脚，像是一座“六角楼”，供人赏景。这些建筑遗迹的宏大与精妙，显示了李朝11世纪时的经济能力和建造能力，彰显着越南历史上的辉煌。

2. 文化价值

升龙皇城内发掘出的文物数量很多，且种类丰富，有建筑材料，如砖（素砖、花砖、地砖、墙砖）、瓦（筒瓦、瓦当、衬瓦）、柱石、多段铁木柱等；也有手工艺品，如宫廷用品、首饰等；还有各时期的陶瓷，这些陶瓷分别来自越南、中国、日本和中东；此外还有大量各个朝代的法币和冷兵器出土，其中有些是首次发现的珍稀历史文物。这些历史文物从多个角度呈现了该地区贵族在 11 世纪的生活风貌，同时也反映了当时的生产力水平和制造水平。

在大量出土文物中，最吸引学者目光的当数高超的陶瓷窑和砖窑的制造工艺。出土瓦当和用以装饰屋檐的陶像有龙凤、鸳鸯、花叶等纹样，美丽而精巧；宫廷陶瓷印有“军”字，字体种类多、印制水平高。被发现的陶瓷器模和黏结成堆的陶瓷废品，可以证明升龙曾有高档陶瓷窑。此外，砖上还刻有具体年代和产地，如“江西军”（唐代），“大越国军城砖”（丁、前黎），“李家第三帝隆瑞太平四年造”（1057 年），军队番号“壮风军”“武骑军”“虎威军”，州县名如“秋物县秋物乡”，宫殿名如“长乐库”（长乐是黎圣宗帝皇后）等，这表明当时越南的烧制砖工艺已经形成体系，大规模生产。升龙皇城内发掘的文物显示了大越国高超的技术艺术水平及其同世界的广泛交流。

3. 科学价值

通过考古发现提供的大量科学依据，可以确定升龙城—东都—东京的中心地位，进一步明晰大罗城同李、陈黎等代的升龙城及阮代河内城的关系，解决了历史学术的问题。

在发掘区域，学者找到了大罗城痕迹，这证明该区域在大罗城内。在大罗遗迹之上是李代建筑遗迹和遗物，证明诚如“迁都诏”所示李太祖是从花间迁都至“高王在大罗城的旧都”并改称升龙城。初时先利用这座城及其现成建筑，后来才修缮、增建新宫殿。黎初时，皇城的中心是建于 1428 年的敬天殿。该区域在 1465 年至 1467 年间重建，殿门前的台阶两边有石雕龙形栏，至今还在河内城内，发掘区位于敬天殿以西。到阮朝，由嘉隆皇命建的河内城同古升龙皇城相比不仅高度降低而且规模也缩小了，只有端门至敬天的中心轴和旗台、北门不变。

**（三）合理开发与保护**

升龙皇城是越南重要的政治标志和历史见证，除了作为名胜古迹对游客开放外，还有重要的考古价值和政治影响力。

越南当局和其他国家学术机构对升龙皇城的学术考古一直在进行中，在适度、合理挖掘的情况下，越南考古学家对从大罗朝到丁朝、前黎朝、李朝、陈朝、黎初朝、中兴黎朝和阮朝等朝代的文化层有了非常充分的了解和认识，使升龙皇城的历史价值得到了充分的体现。

在政治标志方面，越南高层政治领导人将升龙皇城作为祭祀地点。每年大年初四，国家领导人和河内市领导人会前往升龙皇城上香植树，以缅怀先人，并对国家发展做出贡献的贤才祈福，以此维系民心。

除此之外，升龙皇城内的核心遗迹，正在被逐步、有计划地修复。越南文物保护机构联合国外专家，对核心部分损毁严重的宫殿进行修复和重建。其中最重要的敬天正殿，计划于2020年底修复完毕。

升龙皇城是越南河内城市重要的文化遗产之一，因此，保护升龙皇城是国家政府和全社会的责任与义务。社会、经济越是发展，我们越是要回头考虑和关注历史和传统文化。

## 三、附录：与北京在文化遗产领域大事记

2013年9月9日，越共中央政治局委员、河内市委书记范光毅率领的访华团在北京与国家文物局相关司室负责人进行了座谈。座谈中，董保华介绍了中国文物保护工作的基本情况，就越方关注的北京名城保护制度、私人博物馆的管理等问题进行了解答。范光毅对中国开展的各项文物保护工作表示赞许，希望通过此次访问，学习中方保护文化遗产的做法和经验，深化与中国的文化交流与合作。

2013年9月12日，越共中央政治局委员、河内市委书记范光毅一行参观汉阳陵博物馆，陕西省文物局局长赵荣、汉阳陵博物馆馆长侯宁彬等陪同参观。

2015年3月31日，各国议会联盟（议联）第132届大会在越南首都河内通过一项紧急决议，强烈谴责一切威胁国际和平与安全的恐怖主义行为。各国代表谴责对文化遗产的蓄意破坏和系统性掠夺，要求将责任者绳之以法。

2015年12月18日，河内市代表赴中国参加“巴马论坛—2015中国—东盟传统医药健康旅游国际论坛”。

2017年5月19日，越南社会主义共和国国家主席夫人阮氏贤女士到访北京。北京大学党委书记、校务委员会主任郝平在临湖轩会见了越南国家主席夫人一行，双方表达了对未来文化、教育领域合作的期望。

# 文化遗产

## ——马尼拉市（菲律宾），Manila（Philippines）

### 一、文化遗产概览

马尼拉是一座具有悠久历史的城市，它在印度文明、中国文明及中亚古文明的基础上，融合西班牙、美国的西洋文明，形成东西合璧的文化特点。1946 年 7 月 4 日，菲律宾正式独立，定都马尼拉。菲律宾境内共有 6 处世界文化遗产，其中一处——巴洛克教堂群——位于马尼拉的吕宋岛上。

马尼拉历史上曾经三次成为其他国家的殖民地，所以市内有很多具有历史意义及异域特色的遗产。如西班牙王城，位于帕西格河畔，被称为“都市中的城市”，它是典型的西班牙风格建筑，是西班牙殖民时期留下的建筑；美军纪念公墓，为纪念“二战”中牺牲的军人而建，17 206 名战士长眠于此，这是美国统治期间留下的遗产。但最知名、最具研究意义的当数巴洛克教堂群，建筑群规模宏大，科学、文化、历史价值突出，享誉世界。

### 二、菲律宾的巴洛克教堂文化遗产概况及价值

#### （一）文化遗产概况

1. 文化遗产简介

菲律宾的巴洛克教堂群坐落于菲律宾吕宋岛的巴奥艾、圣玛利亚、马尼拉以及班乃岛的米亚高地。其中以圣奥古斯丁教堂、奴爱斯特拉·塞纳拉·台·拉·阿斯姆史奥教堂、比略奴爱巴教堂最为著名。

这些教堂从 16 世纪开始陆续出现，是由西班牙及墨西哥殖民者所建造，大体顺沿了巴洛克建筑风格，使用了大量豪华气派的装饰。教堂结构以西班牙教堂为样板，根据当地气候条件做了改动。采用长方形平面，既无侧廊又无交叉廊的结构。这种设计加上坚固的备用墙壁、天棚低矮的回廊，成为菲律宾基督教堂的特征。菲律宾的巴洛

克式教堂群是东方基督教文化与建筑艺术相结合的建筑杰作。

2. 历史沿革

圣奥古斯丁天主教堂是菲律宾最古老的石造建筑物之一，它始建于 1571 年。初建时用的材料是竹子、泥巴及椰树叶子，这些材料极易燃，所以于 1574 年和 1583 年发生过两次火灾。教堂在 1599 年重建，1661 年竣工，大殿长 60 米，宽 15 米，用珊瑚和砖修筑的墙壁厚 1.7 米，墙垣、天花板和地面是大理石材料，天花板的石块上雕刻有各种各样的花草，雕刻技艺高超，非常逼真。备用墙壁高出外壁 5 米，顶部筑有小塔。教堂内装饰有大量雕刻、绘画和一些精细的木雕，且有防震设施。后来，这里还修建了以珊瑚为材料的钟塔。

吕宋岛南伊罗戈省圣玛利亚有著名的奴爱斯特拉·塞纳拉·台·拉·阿斯姆史奥教堂。教堂建于 1810 年，传说此地发现了圣母玛利亚雕像，故人们认为圣母有在这座山丘上建一座天主教堂的愿望，由此征兆，故而建。教堂正面两侧有圆塔，墙壁砌有花和叶的图案。教堂的钟塔为八角形平面的四层建筑，近似中国的佛塔。

米亚高位于班乃岛南部港口城市伊洛伊洛以西约 40 千米处，比略奴爱巴教堂就坐落在此地。教堂竣工于 1809 年，两侧矗立着两座钟塔，钟塔上方用棕榈等热带植物来装饰。这座教堂并不仅仅是教堂，它还是一座矮而坚实的防守堡垒，在战争中这座教堂曾起到防御要地的作用。

### （二）突出价值

1. 文化价值

菲律宾的巴洛克教堂群创造了一种适合菲律宾自然环境的建筑设计风格，这对该地区后来的教堂建筑产生了重要影响。菲律宾境内遍布教堂，除了少数原始土著还保留着原住民文化，大部分地区受欧美文化影响，建筑西化十分明显。

这四座教堂是菲律宾诠释巴洛克风格的杰出范例，代表着欧洲教堂设计和建造与当地材料和装饰图案的融合，形成新的教堂建筑传统，对该地区后来的宗教建筑设计产生了深远的影响。

2. 历史价值

教堂的重要特征，包括其建筑整体和独特的风格，都是该处文化遗产具有特殊价值的原因。碑刻石的所有的重要元素被完好地保存，既没有被自然侵蚀，也没有被人为破坏，持续传达着它们与宗教意义的动态联系。

除此之外，教堂的结构在相当程度上得到了很好的保护，尽管有些部分可能由于环境条件和时间的推移而损坏，但总体状况非常可观。

巴洛克式教堂被视为永恒的圣地，成为天主教信徒的朝圣地。

3. 科学价值

巴洛克教堂群的共同特征是其低矮但宏伟和巨大的外观，这说明了在遍地海盗、劫掠者和一个容易发生地震活动的国家里，低矮宏大的建筑物具有稳固保护性。教堂由凝灰岩和珊瑚灰岩及砖制成，并用石灰加固。它们显示出一些独特的特点，例如巴洛克风格的复殿和祭坛——特别是在圣奥古斯丁教堂（San Agustin Church），内教堂（Intermuros）和对立面的螺旋形扶壁以及墙立面的金字塔顶面上体现出来。

圣奥古斯丁教堂里的墙壁——以华丽的纳伊夫肖像作为装饰，表达了当地居民对基督生活的理解。当地居民还使用本土元素，如木瓜、椰子和棕榈树浮雕来装点教堂。除此之外，东西方风格的融合还体现在教堂钟楼的建造上，这些钟楼要么附着在主教堂结构上，比如圣奥古斯丁教堂和米努罗斯教堂，要么与主教堂分离，比如帕瓦伊和圣玛丽亚教堂。最后，巴洛克式教堂体现了当时卓越的空间规划科学，这一规划遵循1563年腓力二世颁布的《印度法》（Ley de las Indias），并且适用于西班牙殖民地领域内所有新发现的定居点。

### （三）保护与合理开发

教堂群中的三座教堂及其土地产权由其各自的公司单独合法拥有和管理，而另一座教堂——圣奥古斯丁，米努罗斯，则由奥古斯丁教团拥有和管理。教会传统上由教会当局和教区居民管理，在该处教堂群被列入世界遗产名录前，管理机构并没有拿出明确详细的教堂管理方案。国家文化艺术委员会（NCCA）是菲律宾国内的综合管理机构，NCCA 与其文化附属机构——国家博物馆（NM）和菲律宾国家历史委员会（NHCP）合作，后者是保护和修复项目的组织方和执行方。这三个机构与教会当局、产权所有人、利益相关者以及了解教会项目的人密切合作，负责对该处文化遗产的开发和保护。

巴洛克教堂群被列入世界文化遗产名录后，便开始受到国家立法的有力保护，根据总统令 260 号和 375 号，由于它们是国家文化宝藏和国家历史地标，国家文化艺术委员会需为其提供资金和资源来进行保护和定期维护。

文化遗产的保护，需要安全良好的人文与自然环境。良好的人文环境意味着政治稳定、宗教和谐、种族融合以及高水平的国民教育程度、社会安定无战争等。纵观历史，菲律宾国家政局经历长期的不稳定，这给马尼拉的文化遗产保护带来了诸多挑战。尽管马尼拉文化遗产面临严峻的挑战，但为了建立民族身份、国民自信，以及发展旅游业，改善国民经济，保护文化遗产已是大势所趋。

## 三、附录：与北京在文化遗产领域大事记

2006 年 4 月 9 日，应菲律宾文化艺术委员会邀请，以国家文物局局长单霁翔为团长的中国国家文物代表团一行 5 人，抵达菲律宾首都大马尼拉，对菲进行为期 5 天的参观访问。菲律宾文化艺术委员会主席 Ocampo 先生中午设宴欢迎代表团一行，双方进行了亲切友好的交谈，并就中菲文物保护合作和中菲联合打击文物走私合作初步达

成协议。

2008 年 1 月 15 日，在中华人民共和国总理温家宝和菲律宾总统阿罗约的见证下，中菲两国政府有关部门在马尼拉签署了《中华人民共和国政府和菲律宾共和国政府关于防止盗窃、盗掘和非法进出境文物的协定》以及《中华人民共和国国家文物局与菲律宾共和国国家文化艺术委员会关于文化遗产保护的协议》。中国国家文物局局长单霁翔和菲律宾国家文化艺术委员会主席奥卡姆博分别代表两国政府和主管部门签署了以上协议。

2016 年 5 月 8 日，菲律宾书法家若飞先生一行来访汪国新北京诗书画院，全国政协委员、中联部中国国际交流协会理事汪国新，中华海外联谊会常务理事郑桂兰，北京燕山红文化集团总经理汪廷等热情陪同接待。

2019 年 9 月 5 日，由菲律宾大学、菲律宾师范大学和菲律宾理工大学三所院校的 21 名师生组成的菲律宾高校师生访华团来到北京大学外国语学院，与该院东南亚系菲律宾语言文化专业的师生进行了文化交流和学术座谈。

# 文化遗产

## ——努尔苏丹市（哈萨克斯坦），Nursultan（Kazakhstan）

### 一、努尔苏丹市文化遗产概览

努尔苏丹市是世界上最大的内陆国家哈萨克斯坦的首都，这座城市十分年轻，有着200多年的历史。历经数代人的共同努力，其从一个堡垒发展演变成如今的模样。努尔苏丹的哈萨克族居民主要信奉伊斯兰教，市内的文化遗产规模小且大多为宗教寺院，于20世纪90年代后开始修建，建筑设施现代且多元，文化遗产的运营和发展处于起步摸索阶段。

努尔苏丹市是“一带一路”上的重要城市，与其他亚欧国家间的文化交往频繁且密切。努尔苏丹市引进与出口过许多与本民族传统文化有关的展览，既促进了区域文化交流，也与其他城市建立起深刻的友谊。此外，在遗产勘测、挖掘、考察和研究保护方面，努尔苏丹市也积极寻求海外合作，与多个国家签署相关领域合作交流的备忘录，联合展开考古和古迹修复工作，为恢复丝绸之路历史风貌做出了重要努力。

### 二、哈兹拉特苏丹清真寺文化遗产概况及价值

#### （一）文化遗产概况

1. 文化遗产简介

哈兹拉特苏丹清真寺（哈萨克语：Áziret Sultan meshiti）是哈萨克斯坦努尔苏丹的一座清真寺，寓意先知穆罕默德接受《古兰经》的年纪。它是中亚最大的清真寺。

哈兹拉特苏丹清真寺坐落于伊希姆河左岸，由卡塔尔的埃米尔谢赫哈马德·本·哈利法·阿勒萨尼资助，由黎巴嫩建筑师查尔斯·哈菲兹（Chales Hafiz）设计建造。整体建筑由玻璃、混凝土、花岗岩和铝塑复合板制成，洁白的墙壁与金灿灿的圆顶以及波光粼粼的喷泉水池形成鲜明对比，相辅相成，整体设计细节丰富、层次分明，矗立在蓝天白云之下，圣洁而又神秘。楼高40米，象征着先知穆罕默德接受

《古兰经》的年纪，而四座宣礼塔的高度为63米，即穆罕默德在世的年岁。该寺室内室外共可容纳5000人聚礼。入口处有一些男女鞋（男士一侧，女士一侧），在鞋房外面有一排女式蓝色连帽长袍。祈祷大厅（仅限男性，女性使用上层画廊）由蓝色、白色、金色和红色的铭文和几何图案组成，精致典雅。

2. 历史沿革

哈兹拉特苏丹清真寺于2009年6月在阿斯塔纳开工建设。从开工到完工，共有1000至1500名工人参与了清真寺的建设。哈兹拉特苏丹清真寺于2012年7月6日12：30正式向游客开放，丰富了哈萨克斯坦首都的文化地标。

2019年3月20日，哈萨克斯坦议会通过宪法修正案，将首都阿斯塔纳更名为努尔苏丹，以向刚刚卸任总统职务的哈萨克斯坦第一任总统努尔苏丹·纳扎尔巴耶夫致敬。与之相对应，哈兹拉特苏丹清真寺也有了别名努尔阿斯塔纳清真寺。

### （二）突出价值

1. 文化价值

哈兹拉特苏丹清真寺修建于2009年。努尔苏丹这座年轻的城市，为支持市民对伊斯兰教的信仰，耗费巨大精力、财力修建了这座清真寺。

清真寺是穆斯林联系交往的中心，哈兹拉特苏丹清真寺承担着宗教活动、宗教教育和文化教化的职责。哈兹拉特苏丹清真寺的建成极大地促进了努尔苏丹市内穆斯林的凝聚力。

2. 历史价值

哈兹拉特苏丹清真寺建成之后，努尔苏丹市便有了自己的文化和政治地标。此处文化遗产完成了多项政治和文化任务。如2015年美国国务卿约翰·凯里来访哈萨克斯坦，双方领导人便是在此地进行会晤，哈方向美方表达自己的重视和尊重。此外，每年斋月期间，哈兹拉特苏丹清真寺还组织千余人共用开斋饭，促进宗教联系。

### （三）合理开发与保护

哈兹拉特苏丹清真寺没有受到过历史的伤害。当局的工作重点是在开发清真寺的新职能和应用场景，同时在正常运营的时候最大程度避免日常活动对建筑造成的损耗。此外，还应给哈兹拉特苏丹清真寺区域划定法定缓冲区，加速其附近区域的基础设施和服务设施建设与开发，加强自身发展的同时辐射其他区域。

努尔苏丹市是“丝绸之路”上的重要城市，随着丝绸之路跨国申遗项目已成功列入世界文化遗产，丝绸之路经济带区域文化遗产保护和开发迎来了新的契机。努尔苏丹市加快通过明晰文化遗产保护的基础，深入剖析现存的文化遗产保护困境，进而提出构建完善规范的法制体系、保护为先协调综合效益、建立合理灵活的融资机制、旅游先行带动文化产业等有效举措，实现丝绸之路经济带文化遗产保护的提升和优化。

## 三、附录：与北京在文化遗产领域大事记

2014 年 6 月 22 日，联合国教科文组织会议审议通过中国和哈萨克斯坦、吉尔吉斯斯坦 3 国跨国联合申报的“丝绸之路：长安—天山廊道的路网”项目，包括陕西汉长安城未央宫遗址、唐长安城大明宫遗址、大雁塔、小雁塔、兴教寺塔、彬县大佛寺石窟、张骞墓 7 处遗产点在内的 33 处遗产成功列入《世界遗产名录》。

2017 年 6 月，中国首次在哈萨克斯坦国家博物馆举办“中国秦始皇兵马俑文物展”，纳扎尔巴耶夫总统和访哈的孟加拉国总统哈米德、拉脱维亚总统韦约尼斯等国家元首参观展览。

2015 年陕西与哈萨克斯坦开展拉哈特古城遗址考古合作，与哈文化体育部签署“文化遗产领域交流合作备忘录”。

2016 年与哈萨克斯坦签署“联合事务合作备忘录”，就该国拉哈特古城遗址考古研究事项达成共识。

# 文化遗产

## ——特拉维夫—雅法市（以色列），Tel Aviv（Israel）

### 一、特拉维夫市文化遗产概览

特拉维夫是以色列第二大城，人口约36万。特拉维夫是1909年由一群犹太移民所建立的，1910年被命名为特拉维夫。

特拉维夫是座20世纪创建的新城市，起初只有60家移民，现在人口一跃而为三十多万，笔直的马路上林荫夹道，是一座典型的欧美式的城市。市区内有电影院、剧场、夜总会、迪斯科舞厅等，样样俱全。在郊外，围绕该都市的卫星城镇正急剧增加，显示出特拉维夫的发展潜力。现代化的城区建在与海岸公路平行的3条砂岩山丘脊上，无论是高大的现代化饭店和大公司，还是一般的居民住宅楼，都是白色的平顶建筑，广场、人行道旁及一些建筑物前，各种造型奇特的现代雕塑点缀其间。加上大量的树木和大片的草坪，以及附近蓝色的地中海、沿海狭长平坦的沙滩，还有四周环抱着密集的柑橘园，白、绿、蓝、红组成了美丽动人的画面。

从20世纪60年代以来，在城市的扩建过程中，不断挖掘出古代以色列城和古犹太人聚居的遗址，一个个颇具特色的博物馆相继建成。在这些博物馆里，展品有古钱币、古玻璃器皿、古铜器、古瓷器、古希伯来文字、民间艺术品等。游人可以从这些文化古迹中，目睹犹太民族的历史和智慧。

### 二、特拉维夫白城文化遗产概况及价值

#### （一）文化遗产概况

1. 文化遗产简介

特拉维夫白城建于1909年，逐渐发展成为驻巴勒斯坦英军控制下的一个大都市。在19世纪30年代到50年代间，白城在帕特莱克爵士的城市规划基础上建成，体现了现代城市发展规划的基本原则。城中的建筑物由在欧洲培训和实习的建筑设计师设计

而成，以全新的文化理念创造了一个杰出的“现代运动”的建筑整体。

特拉维夫的建筑设计师虽然也有师从柯布西耶和孟德尔松的，但大多数则受到德国包豪斯学院的影响，因此他们的这些建筑也被称为“包豪斯建筑”。“二战”后，特别是以色列建国后，世界各地的犹太人纷纷移民以色列，住房成为急需解决的问题。当时以色列人对他们的新住房有着美好的设想，不仅要“电灯电话、楼上楼下”，还要有清洁的饮用水和完备的下水道，门前要有花园，这也与当时流行于欧洲的现代运动“包豪斯”建筑理念相契合。这批建筑虽形态各异，但理念相同，楼层不高、阳台长而宽大、窗户窄小，不仅美观实用且遮阳保暖，十分适合特拉维夫的地中海气候。现代化的特拉维夫在中东算是首屈一指的国际大都市，摩天大厦的光芒早已盖过了当年的小楼，“白城”仅是市中心的一些普通民宅。但在几十年后，正是这些不算堂皇的低矮建筑，为特拉维夫市赢得了一项世界文化遗产的荣誉。

2. 历史沿革

特拉维夫是世界上国际风格建筑最为集中的城市之一。这种建筑风格最初是在20世纪30年代由从欧洲建筑学校毕业的学生们带到特拉维夫的，他们深受20世纪20年代欧洲现代主义运动的影响，该运动的主旨是以不对称的布局和有规律的反复来取代古典建筑的对称，同时避免使用任何没有实际用途的装饰。这种现代主义风格、多功能、简洁而不经装饰的建筑被认为适合一座年轻而发展迅速的城市，特拉维夫就成了他们实践现代主义的试验场。

由于1869年苏伊士运河开通，古城雅法也随之兴旺起来，成为地中海东岸的一座重要港口城市。从1887年到1896年，犹太人在雅法兴建了一个早期定居点，1909年新城特拉维夫开始建设。第一次世界大战后，原属奥斯曼土耳其帝国的巴勒斯坦地区划归英国托管，此时由于欧洲反犹主义滋长，许多犹太人开始迁往巴勒斯坦，而纳粹在20世纪30年代对犹太人的大规模迫害更导致了大量犹太人移民至此。

1925年，特拉维夫的人口已达到3.4万人，当时城内是一片风格杂乱的建筑。就在同一年，由苏格兰建筑师帕特里克·盖德斯提出的特拉维夫城市总体规划得到批准，大批新式建筑遂于30年代早期开始拔地而起。这些建筑的设计者大多是欧洲备受争议的国际风格建筑师，他们的到来为特拉维夫创造了一种综合了现代主义运动主旨和文化，并结合气候及当时科技水平和生产方式等因素的新的建筑风格。

这一风格的建筑，大多占地面积不大，楼高一至四层并涂有浅色的灰泥，多数是住宅，但也有一些公共建筑。在1931年至1937年间，约有2700幢此类风格的建筑相继建成。目前，特拉维夫市约有4000幢这样的建筑。而成为世界文化遗产的特拉维夫白城，指的就是市内几条主要大街上约1000幢被列入保护计划的此类建筑。小楼的外墙大多为白色或浅白色，在阳光的映照下分外夺目，以色列人称其为“白城”。

### （二）突出价值

1. 文化价值

随着全球化的加深，各国都面对着一个开放的世界，不断吸收先进的国际文化并与之相融合，同时每个民族又要肩负保护自身特色、本土文化传统的重任。以色列世界遗产委员会从成立之日起就认识到，本地区丰富的世界文化遗产，对提升国家形象、吸引外来投资和促进地区旅游具有极大的推进作用，同时也能够大大增强犹太民族的凝聚力。为此，他们制订了详细的规划，提出了30多个具体的近期工作项目，有计划地进行发掘、保护和申报工作。

这些项目涵盖了从南部的内盖夫沙漠到北部的约旦河源头，还包括死海和红海，以及从圣经故事时代到历史上各个王朝在这块土地上留下的痕迹。以色列世界遗产委员会还认为，中东地区世界文化遗产的保护需要集体的责任感和共同的努力，应该让这些人类宝贵的文化和自然遗产得到国际范围的保护和利用。漫步在特拉维夫“白城”的罗斯柴尔德大街，16号是一座方方正正、中规中矩的建筑，这里曾是特拉维夫第一任市长梅尔·迪森高夫的家，现在则是以色列独立博物馆；9号是约瑟夫·耶利亚胡的房子，其本人是赫兹利亚体育馆的建筑设计师；12号属于弗格尔家族，因其有一个美丽的花园而远近闻名；13号的建筑则具有新艺术的风格，这些“现代运动”建筑理念的实践，使“白城”这一年轻的世界文化遗产与众不同，人类的智慧、个性和创造力在此将得到永久珍藏，而特拉维夫也正因这份遗产所蕴含的文化价值和民族精神更增添了一道耀眼的光环。

2. 历史价值

特拉维夫白城主要是由从欧洲移居巴勒斯坦的犹太建筑师于20世纪30年代至20世纪40年代所建，受到欧洲建筑影响较大。由于这些建筑设计师大多受到德国包豪斯（Bauhaus）学院的影响，因此这些建筑也被称为“包豪斯建筑”。尽管每个建筑师有其独特性，但是白城的建筑却分享着大体相同的外观：三至四层高，强调水平方向明晰，轻质的石膏墙或混凝土色，扁平的屋顶和对着窗口的楼梯，玻璃与砖石相间得当。在1931年至1937年间，约有2700幢此类风格的建筑相继建成。特拉维夫白城是人类城市化进程中非常重要的里程碑，它是人类对于未来更现代化家园设想的现实实践，也成为很多现代城市社区建设的参考范本，城市的作用和价值再也不是仅仅为人类提供居住、活动、社交的场所。

3. 科学价值

特拉维夫成立于1909年，在英国的统治时期下在巴勒斯坦迅速发展。白城地区是白城的中心部分，它是以帕特里克·格迪斯爵士（1925—1927）对城市总体规划为基础的，格迪斯爵士是现代早期最重要的城市规划理论家之一。特拉维夫是他唯一的大规模理论实践，它不只是一个“花园城市”，更是一个基于环境科学理论的城市实体，其集物质、经济、社会和人类需求为一体。他提出了“城市化”和“环境”等创新概念，并率先洞察了城市作为一个在时间和空间上不断变化的有机体，作为一个同质的城市和农村景观演变的本质。他以“地点”和“区域”的新视野为基础的城市规划科学原则，影响了20世纪世界范围内的城市规划。这些问题都反映在他对特拉维夫市的总体规划中。

这些建筑是由许多建筑师设计的，他们在欧洲各国都受过训练和实践。他们在特拉维夫的作品中，展现了现代主义的多元创作趋势，但他们也考虑到了当地的文化质量。无论是欧洲还是北非的作品，都没有展现出如此综合的现代主义画卷，也没有达到同样的规模。特拉维夫的建筑进一步丰富了当地的传统，设计根据现场的特定气候条件进行了调整，赋予了建筑和整体的特殊特征。

**（三）合理开发与保护**

特拉维夫白城美景特拉维夫市政府很早就认识到“白城”的历史文化意义，因此在保护和利用方面做了大量富有成效的工作。

20世纪80年代，该市制定了一系列旨在维持特拉维夫白城历史风貌街区和建筑的相关政策，这些政策明确规定市民对这些建筑只拥有居住和使用权，不拥有所有权；不得改变这些建筑的外观和结构；不能安装空调及影响建筑外观的其他设施；在邻近“包豪斯”房屋的地点盖新房，新房楼层不能高于这些原有建筑，且还必须缴纳与盖新房同等数量的资金作为保护这些历史建筑的基金。

1994年，特拉维夫市还组织召开了关于“包豪斯建筑”的国际会议，召集世界各国的专家学者共同认识评价“白城”建筑的文化艺术成就，为如何在保护中利用、利用中保护献计献策。不过，以色列国内有官员和学者认为，就得到世界文化遗产的荣誉而言，“白城”目前得到的保护还不全面。为此，政府向议会提出建议，通过立法来保护世界文化遗产，用法律来规范对这些文化遗产的保护和维修，对违反保护措施的居民和机构实施处罚，同时设立维护基金，筹集保护和维修所需的经费。此外，政府还十分注重对民众的宣传教育，从学校到社会，希望这种遗产意识和民族自豪感能够深深植根于每一位市民心中，不断提高民众保护文化遗产的自觉性。

每年6月，特拉维夫市都要通过集会或举办活动来宣传“白城”，使得“包豪斯建筑”的文化意义和知名度逐年提升。“白城”在被认定为世界文化遗产后，吸引了人们更多的注意，民众在感到高兴和自豪的同时也正在给予其更多的呵护。

基于以上，格迪斯爵士的规划精神在城市设计的各个方面（形态、地块、街道的层次和轮廓、开放空间和封闭空间的比例、绿地）都得到了完整的保留。除Dizengoff Circle外，城市基础设施完好无损，尽管市政正在努力恢复原来的规划，但增量变化可能会影响未来城市整体的完整性。由于1960—1990年期间的新建筑和商业发展，保护缓冲区出现了一些明显的变化，包括一些超出规模的办公和住宅建筑。这座白色的城市被包裹在一圈高层建筑中，这明显改变了最初与周围环境的关系。任何进一步的发展都可能影响它的视觉完整性。一些独立建筑的设计也进行了修改，在一定范围内，这种增加可以被视为传统延续性的一部分，但为了保持特拉维夫作为一个充满活力的城市，需要注意：改建建筑的数量不能够改变城市轮廓、原址的规模或参数。

# 文化遗产

## ——多哈市（卡塔尔），Doha（Qatar）

### 一、多哈市文化遗产概览

卡塔尔是一个年轻的国家，依靠石油和天然气等自然资源的出口来保持经济的增长。多哈是卡塔尔的首都和最大的城市，也是波斯湾沿岸的著名港口，是一座国际化大都市。多哈以盛产石油和天然气而闻名世界，除了丰富的自然资源外，卡塔尔还拥有众多的文化遗产。

与同样位于卡塔尔的被列入世界文化遗产名录的祖巴拉考古遗址不同，多哈市内的文化遗产要“年轻”很多。多哈市内一项极具地域特色的遗产便是瓦奇夫市场，该市场拥有近一个世纪的历史，与四周现代化的建筑形成鲜明对比。该市场是多哈最重要的建筑遗产之一，它为学者进行建筑和历史的研究提供了一个窗口。为保持建筑面貌的完整性，该处建筑经历过多次修护，旨在修复破损的历史部分，拆除不合理的改建和增建。在经过修缮和恢复后，这处遗产便“活”了起来，到目前为止，其一直作为市场供商户摆摊、游人闲逛，处于运营状态。除了集市外，作为一个伊斯兰教国家，市内还保存着数量众多的清真寺，这些清真寺大多对公众开放，作为宗教场所被使用。

### 二、卡塔拉文化村文化遗产概况及价值

#### （一）文化遗产概况

1. 文化遗产简介

卡塔拉是卡塔尔多哈市区内的一个文化村落。它位于西湾和珍珠之间的东海岸。卡塔拉文化村的建立是一个意义非凡的项目，创始人埃米尔·谢赫·哈马德·本·哈利法·阿勒塔尼阁下希望通过艺术和文化交流实现人与人之间的交流，其坚定的信念使这一项目得以实现。

卡塔拉文化村强调人类发展的多样性和可持续性，并且要与全球新兴文化保持同步。这是卡塔尔最大、最多维、多元的文化项目，为人们聚在一起体验世界文化提供了一个平台。卡塔拉文化村内有露天竞技场、歌剧院、多功能电影院、多功能会议厅、海滩、露天市场等先进设施，它也是阿尔巴希拍卖行的所在地，旨在成为多元文化活动的世界领导者。

卡塔拉文化村是卡塔尔的遗产和传统的守护者，努力传播对每种文化和文明重要性的认识。

2. 历史沿革

自公元 150 年以来，“卡塔拉”是地理和历史图册上出现的第一个卡塔尔半岛的名称。“卡塔拉”这个名字出现在公元 18 世纪初期的地理和历史地图中。在记录有阿拉伯半岛海岸线、海洋和海湾的法国地图中，该名称用“卡塔拉”代替“卡塔尔”，这是地理学家从托勒密地图上在公元 150 年到 1738 年之间使用的。

考虑到卡塔尔的文化和教育财富，追溯卡塔尔的词源既有用又有趣。这种文化丰富性在促进和建设卡塔尔社会中发挥着非常重要的作用。对我们古老根源的追寻，以及经历过的现代化和技术进步，构成了卡塔尔个性和价值观的坚实基础。因此建造方决定恢复卡塔尔的旧名，以保持我们与古代遗产的联系，并尊重卡塔尔自历史之初以来的杰出地位。

### （二）突出价值

1. 文化价值

卡塔拉文化村的诞生是出于长期的考量，卡塔尔被定位为文化灯塔与艺术灯塔，并通过戏剧、文学、音乐、视觉艺术在中东辐射自己的价值观和力量。这个文化村将是世界未来的一瞥，在这个世界上，具有不同文化背景的人们跨越了国界，拥护共同的事业，以促进人类命运共同体的团结和进步。卡塔拉文化村将是过去的灿烂与未来的辉煌相交会的地方。

卡塔尔文化村于 2010 年 10 月在多哈特里贝卡电影节（DTFF）期间揭幕，自那时以来，多哈特里贝卡电影节一直在此地举办。此外，卡塔拉文化村一直致力于各式各样的文化活动。许多卡塔尔文化机构在卡塔拉文化村设有办事处，其中包括卡塔尔工程师协会、卡塔尔美术协会、视觉艺术中心、卡塔尔摄影协会、儿童文化中心、戏剧协会和卡塔尔音乐学院。文化村是一个公共艺术场所，其宣扬自己历史、文化及艺术成就的同时也尊重、吸纳着其他民族的优秀文化。

2. 历史价值

为了实现《卡塔尔 2030 年国家愿景》，卡塔拉文化村竭尽全力通过艺术和文化交流来促进社会发展和国家综合国力的提升。其渴望建立一个富有创造力和创新精神的社区，促使卡塔尔人民了解周围的环境并了解全球文化和价值观。卡塔拉文化村是人们分享文化以培育理解与和平的地方，这在国家发展战略中具有重大意义，是历史中承上启下的一环。

在一个不断发展的数字化全球世界中，文化村为世界各地的人们提供一个平台，让他们聚在一起，分享他们充满活力的文化财富，拥抱使我们的世界与众不同的差异。

此外，卡塔拉文化村曾经举办的Fath Al–Kheir之旅是卡塔拉管理层为推广卡塔尔海洋遗产而组织的一次大型活动。第一次航行于2013年11月22日至12月18日在波斯湾举行。第二次航行于2015年10月6日下水。活动中的船只由40名身着传统服装的卡塔尔人驾驶，在阿拉伯海航行，主要目的地是阿曼和印度。印度驻卡塔尔大使称赞这是两国双边关系中的一个里程碑，推动了卡塔尔与印度的外交关系向好发展。

3. 科学价值

卡塔拉文化村是中东地区的文化艺术灯塔，致力于宣扬中东的文化艺术。其肩负着创造文化、展示文化和记录文化的责任。卡塔拉文化村是一座活的、不断进步发展的文化博物馆，相信在更加系统化、规模化的管理下，必定会为日后的中东历史研究、艺术史研究提供宝贵的史料素材。

**（三）合理开发与保护**

卡塔尔文化村于2010年开幕，是非常年轻的文化社区，还处于蓬勃发展的上升期。文化村内艺术文化场馆云集，均配备先进的辅助设施，帮助人们更好地理解和吸收丰富多彩的文化。文化区的工作重点放在文化村设施和场馆的维护以及新场馆的开发和建设上。

卡塔拉文化村定期举办多种多样的文化活动，以此来引流吸引游客和本地居民，逐渐成为文化社区的代名词。社区内，除了各类艺术形式的工作室外，还有工作坊——用以体验艺术，以及电影院、展览和现场表演，非常丰富。

在举办活动的同时，卡塔拉文化村也在不断地扩大规模，加入新鲜的元素，丰富文化社区的内涵。如其2015年启动的“卡塔拉广场项目”，占地3.8公顷，加入了品牌零售店，完善了文化村的功能。此外，文化村附近的基础设施和服务设施的开发和建设也在如火如荼地进行着，旨在加快文化村成为旅游地标的进程，促进经济增长的同时辐射中东文化。

## 三、附录：与北京在文化遗产领域的大事记

2014年6月22日，在卡塔尔首都多哈举行的第38届世界遗产大会上传来喜讯，经过世界遗产委员会会议审议，中国大运河项目和中国、哈萨克斯坦、吉尔吉斯斯坦跨国联合申报的丝绸之路项目，作为线路文化遗产列入《世界遗产名录》，在又一次刷新中国世界遗产总数的同时，也丰富了世界文化遗产的类型。

2019 年 5 月 29 日，卡塔尔驻华大使苏尔坦・曼苏里（Sultan S. Almansouri）访问北京大学。北京大学校长郝平、副校长王博在临湖轩会见来宾。郝平表示，卡塔尔是一个既具现代化和国际化特征，同时又很好地保留传承历史文化的国家。他衷心感谢曼苏里在任期间对中卡两国文化交流所做的突出贡献。

# 文化遗产

## ——德里邦（印度），Delhi（India）

## 一、城市文化遗产概览

印度历史底蕴深厚，是四大文明古国之一，起源于公元前2500年的印度河文明。其首都分为旧德里和新德里两部分。旧城区内保留许多重要古迹和遗产，新城区则是印度现代化的象征。在印度，几乎所有城市都拥有遗产构成要素。在印度人口超过5万人的130座城镇和聚落中，有35座拥有国际认可的遗产地。

由于印度悠久的历史，德里市内名胜遍地，被列入联合国教科文组织世界文化遗产名录的就有3项，它们分别是胡马雍陵、德里红堡群以及顾特卜塔和周围建筑。这些文化遗产代表着人类的智慧结晶以及莫卧儿王朝的巅峰。

除此之外，还有一些宗教寺庙、花园和陵墓。如小众宗教的寺庙——莲花庙，建成于1986年；贾玛清真寺，是印度最大的清真寺，始建于1650年，由5000多名工人前后花费6年时间建成；洛迪花园，德里市内的城市公园，是风光与建筑的完美结合。旧德里市充满着历史的印记。

## 二、胡马雍陵文化遗产概况及价值

### （一）文化遗产概况

1. 文化遗产简介

胡马雍陵（Mausoleum of Humayun）建于1556年，是莫卧儿王朝第二代皇帝胡马雍（Humayun）的陵墓，也是伊斯兰教与印度教建筑风格的典型结合。陵墓主体建筑由红色砂岩构筑，陵体呈方形，四面为门，陵顶呈半圆形。整个建筑庄严肃穆、亮丽清新，为印度乃至世界建筑史上的精品。胡马雍和皇后的墓冢在寝宫正中，两侧宫室有莫卧儿王朝5个帝王的墓冢。1993年联合国教科文组织将胡马雍陵作为文化遗产，列入《世界遗产名录》。

2. 历史沿革

这座1569年初建成的印度现存最早的莫卧儿式建筑，坐落在德里东部朱木拿河畔，胡马雍墓并不是墓中这位莫卧儿帝国第二代统治者本人的杰作，而是由皇后哈克·贝克姆主持修建、米拉克·朱尔扎·吉亚斯设计的。

这位皇后——一个波斯学者的女儿——是在1542年初与流亡的胡马雍结婚的。胡马雍的流亡完全归咎于他自身的软弱与优柔寡断，他的身上没有丝毫帝王之风。与阿富汗复兴的斗士舍尔沙的冲突是胡马雍不幸的开始。1539年和1540年他两度被舍尔沙打败，军队丧失殆尽，从而毁灭了巴布尔在印度的事业，使印度斯坦的统治又再次转入阿富汗人之手，胡马雍也不得不开始他约15年的流亡生活。后来他时来运转，得到波斯萨法维王朝的帮助，趁舍尔沙建立的苏尔王朝内乱之机，卷土重来，挽回了以往的失败，巴布尔开创的帝国总算失而复得。

这样的一波三折，一方面是由于胡马雍的无能造成的，另一方面却也同巴布尔的早逝使他无法巩固自己对于北印的征服有关。说起胡马雍父亲的去世，还有一则比较荒诞的逸事。据说胡马雍生过一次大病，巴布尔曾为此热切地向真主祈祷，要真主把他儿子的病转移到他自己的身上，因此在儿子开始好转的时候，父亲的健康就渐渐垮了下来，到胡马雍康复后两三个月，他就去世了。

而他那个叫作“幸运者”的儿子却未免太名不副实了。1556年1月24日，恢复了莫卧儿统治的胡马雍，还未尽情地享受得之不易的胜利，就意外地从德里的藏书楼的楼梯上跌了下来，并因此而丧命。当时他远未确保对印度斯坦的霸权，不过，他的儿子要比他强得多，这个叫阿克巴的第三代帝王扩大并巩固了其祖父开创的莫卧儿帝国，成为这座辉煌的“帝国大厦”的建筑师。

## （二）突出价值

1. 文化价值

胡马雍的陵墓是阿克巴时代莫卧儿建筑风格发展中一个突出的里程碑。它巧妙地融合了伊斯兰建筑和印度教建筑的风格，开创了伊斯兰建筑史上的一代新风。这组建筑群规模宏大，布局完整。整个陵园坐北朝南，平面呈长方形，四周环绕着长约2千米的红砂石围墙。陵园内景色优美，棕榈、丝柏纵横成行，芳草如茵，喷泉四溅，实际上是一个布局讲究的大花园。陵园门楼用灰石建造，是一个八角形的楼阁式建筑，表面用大理石和红砂石的碎块，镶嵌成一幅幅绚丽的图案。

陵园正中是其主体建筑——高约24米的正方形陵墓，它耸立在47.5米见方的高大石台上。陵体四周有4座大门，门楣上方呈圆弧形，线条柔和；四壁是分上下两层排列整齐的小拱门，陵墓顶部中央有优雅的半球形白色大理石圆顶。这种圆顶的设计及其修建的方法非常独特，在印度建筑中，至少在其完美的形式中，双层圆顶的显著优点初次体现出来，这是一种在西亚相当长时期以来所施行的圆顶建筑形式，它在胡马雍陵墓中的应用，证明这座陵墓的建筑者曾参与波斯的建筑实践。这种圆顶是由两个单独的拱顶组成的，一个在上，一个在下，上下之间留有间隙；外层拱顶支撑着白色大理石外壳，内层则形成覆盖下面墓室的穹隆。外层拱顶中央竖立着一座黄色的金属小尖塔，光芒四射。寝宫内部呈放射状，通向两侧高 22 米的八角形宫室，宫室上面各有两个圆顶八角形的凉亭，为中央的大圆顶作陪衬，宫室两面是翼房和游廊。胡马雍和皇后的墓冢在寝宫正中，两侧宫室有莫卧儿王朝 5 个帝王的墓冢。

从红砂石精细的镂花、花园式的内景到四周墙壁上的拱形大门，这一切构成了典型的莫卧儿风格。据说阿格拉的泰姬陵就是仿照胡马雍墓建造的。不管这种说法是否属实，人们确实很容易看出二者风格上的师承关系。

通常人们认为胡马雍墓受波斯艺术的影响，不过其底层平面图是印度的风格。它的外表大量使用白色大理石也是印度的风格，而没有波斯建筑所惯用的彩色砖装饰。整个陵墓给人一种威严、宏伟而又端庄明丽的感觉，一扫伊斯兰陵墓过于灰暗、阴森的风格。显然，它和整个莫卧儿时期的建筑一样，是伊斯兰教建筑的简朴和印度教建筑的繁华的巧妙融合。

2. 历史价值

印度的建筑在莫卧儿帝国时期达到了登峰造极的程度。18 世纪以前，这个帝国的几乎每一位皇帝都在他们身后留下了若干出色的大型建筑，可以说，除了莫卧儿帝国的第六代统治者奥朗则布以外，所有早期的印度莫卧儿统治者都是伟大的建筑师。

胡马雍的花园陵墓也被称为“莫卧儿的寝宫”，因为墓室里埋葬着 150 多名莫卧儿家族成员。这座陵墓位于一个极其重要的考古环境中，陵墓的中心位于 14 世纪苏菲圣人黑兹拉特·尼扎姆丁·奥利亚的神龛。由于当时人们普遍认为将尸体下葬在圣人的坟墓附近是有吉祥寓意的，所以莫卧儿家族的成员相继被埋葬在此处。七个世纪来，这座花园陵墓建筑已成为印度中世纪伊斯兰陵墓建筑最密集的集合。

胡马雍陵和其他 16 世纪的现代花园墓群形成了独特的莫卧儿时代花园墓群的合集。伊斯兰园林陵墓的规模、建筑处理和园林环境都是非常特殊的，具有重要意义。胡马雍的陵墓是印度最重要的一个建筑实例，它象征着强大的莫卧儿王朝——统一了部分印度大陆。

3. 科学价值

胡马雍的陵墓是阿克巴时代莫卧儿建筑风格发展中一个突出的里程碑。被列入世界文化遗产的建筑部分包括胡马雍陵的围墙、门廊、亭台楼阁和胡马雍陵前的附属结构，如尼拉·古姆巴德墓及其花园环境和伊萨汗的花园陵墓和其他 16 世纪的现代建筑。所有这些属性都充分体现了遗产的突出普世价值。古墓群中的陵墓在其历史上一直受到尊重，因此保留了其原貌和目的。

胡马雍陵以其典型的莫卧儿风格建筑和极具价值的遗迹群落，为人们研究了解印度历史与文化提供了独特的视角。

### （三）合理开发与保护

胡马雍陵与印度考古调查局（ASI）管理的其他遗址一样，被很多立法文件保护着，如1958年的《古代遗迹和考古遗址及遗骸法》和2010年的《古代遗迹和考古遗址及遗骸（修订和确认）法》等。自1997年以来，胡马雍陵墓及其花园一直是阿迦汗文化信托基金的一个重点保护项目，其在1997—2003年试图引用活水来恢复花园原貌，并从2007年开始对陵墓和其他附属结构进行保护和修复。

流水是莫卧儿王朝的一个基本元素，在胡马雍的陵墓里，地下陶管、水渠、喷泉、水道是花园不可缺少的组成部分。自被列入文化遗产起，主要的保护和修复工作就建立在考古调查、档案研究和文献资料的基础上进行，由印度考古调查局（ASI）– 阿迦汗文化信托基金（AKTC）多学科小组对该花园陵墓进行负责。

在对胡马雍陵进行修复的过程中，施工小组尽可能地保留其原貌，按照文献研究中的陵墓布局、花园风格和建筑材料进行工作。陵墓及其周围的结构基本上处于原始状态，人工干预程度很低。正在进行的结构保护工作的重点是使用传统材料，如石灰砂浆、传统建筑工具和技术来恢复其历史真实性，特别是通过从屋顶移除20世纪的材料，如混凝土层，并用石灰混凝土替换，移除下部单元的水泥灰泥，并用石灰砂浆替换原始图案，移除下部平台的混凝土，露出并重置原始石材铺面等类似的方法，这些方法被广泛应用于建筑群的其他建筑上，以最大程度保存遗产原貌。

## 三、顾特卜塔及其周围建筑概况及价值

### （一）文化遗产概况

1. 文化遗产简介

顾特卜塔位于新德里15公里的梅特乌里村，建于1193年。顾特卜塔由红色大理石和白色大理石砌成，塔高72.5米，基座直径14.32米，塔峰直径2.75米，从下往上逐渐变细。建有交互角和围绕塔身的刻凹槽。周围的考古地区包括一些著名建筑。建于1311年的宏伟壮丽的阿拉伊 – 达尔瓦扎门是印度 – 穆斯林艺术的精品。

顾特卜是印度穆斯林领袖穆罕默德的得力将军，在穆罕默德遇刺身亡后建立了德里苏丹国。顾特卜塔为一处世界遗产，是德里的一处标志性建筑，是世界上最美的石塔之一。遗址虽以古塔最为著名，但其周围还有许多其他遗迹，包括几座古墓、一座伊斯兰大学和著名的大铁柱。除了4世纪的大铁柱外，其他古迹均建成于三代国王统治期内。

2. 历史沿革

顾特卜塔由谁建成至今成谜。一说是1193年顾特卜塔因皇帝在战胜德里的最后一个王国后，立即建造了此塔，13世纪工程完工，标志着伊斯兰教在该市占统治地位。

另一说是艾巴克及其后代为纪念伊斯兰教在德里的传播而建成。但一般认为，该塔不是一朝一代的功劳，也非一次建成，而是经过多次续建而成。

塔内的楼梯极陡峭，1979 年一个旅游团因在塔内惊跑而造成数人伤亡，此塔内部也随之对外关闭。

顾特卜塔下的伊斯兰大学，即伊斯兰高等学府，位于首都新德里以北约 161 千米的萨哈兰普尔省秋班德镇。该镇在历史上曾是南亚伊斯兰学术文化中心之一。大学前身系建于莫卧儿王朝时期的清真寺经学院。1864 年扩建为秋班德经学之家和戛西米亚大学，后因反对英国殖民主义的需要，于 1880 年统一定名为秋班德伊斯兰大学。该校系综合宗教教育及科研的群体，包括有自小学到大学的一系列教学机构及伊斯兰学术研究和出版部门。

与伊斯兰大学毗邻的伊斯兰清真寺，是拆了 20 多座印度庙建成的，其中包括库瓦图 – 伊斯兰清真寺。尽管展现在眼前的是些断墙残垣，但从部分保存完好的精美石柱上，仍然可以想象出当年的盛景和气势。

### （二）突出价值

1. 文化价值

顾特卜塔的建造有一个重要意义，那就是纪念伊斯兰教在德里的广泛传播。在顾特卜德丁·艾巴克看来，顾特卜塔是伊斯兰教精神的体现，它是伊斯兰文化在东西方传播的丰碑。同时，尖塔也是通知教徒按时祈祷的地点。

伊斯兰教是与佛教和基督教并列的世界三大宗教。公元 7 世纪初诞生于阿拉伯半岛。它是由伊斯兰教的先知穆罕默德所创，世界上有 10 亿多信徒，他们大多分布在阿拉伯国家，以及中非、北非、中亚、西亚、东南亚和印度、巴基斯坦、中国；有些国家还以伊斯兰教为国教。

从公元 7 世纪初直到 17 世纪，在伊斯兰的名义下，以阿拉伯半岛为中心，曾经建立了伍麦叶王朝、阿拔斯王朝、印度莫卧儿王朝、土耳其奥斯曼帝国等一系列大大小小的王朝帝国；随着时代变迁，这些盛极一时的王朝都已成为历史陈迹，但是，作为世界性宗教的“伊斯兰教”却始终没有陨落；它从一个民族的宗教成为一个帝国的精神源泉，而后又成为一种宗教、文化、政治的力量，一种人们的生活方式，并且在世界范围内不断地发展着。

顾特卜塔下的伊斯兰大学和伊斯兰清真寺，与顾特卜塔一起，成为伊斯兰教的信仰所在地。

2. 历史价值

顾特卜塔、伊斯兰清真寺以及伊斯兰大学对伊斯兰教在印度发展做出的贡献不可磨灭。

千余年来，伊斯兰大学一直坚持民间办学方针。教学及研究活动涉及伊斯兰学术的各个领域，始终坚持逊尼派的思想观点，其教育及科研成果的影响远及中国、伊朗及非洲。近代以来，该校培养的本国及外国学生达10 000多人，其中5000多人获得大学本科文凭，1000多人著书立说，共完成著述2000余册。包括第一部用乌尔都语翻译注释的《古兰经》。以伊玛目．瓦利·阿拉沙为首的秋班德的学者们用阿语撰写的学术著作，在伊斯兰世界具有一定影响。在伊斯兰教法、教史、苏菲主义、认主学等方面也有一批力作。秋班德大学每年平均招收新生约2000人。该校培养的学者在印度各地开办了许多不同形式和规模的经学院和阿拉伯语学校，总数达1500多所，数十万穆斯林子女在这些学校里接受宗教教育。

在反对殖民主义及宗教迫害，维护印度穆斯林合法权益的斗争中，秋班德大学先后有近百名宗教领袖为之捐躯。该校的教法学者和穆夫提具有深厚的教法知识造诣，他们对现实生活中出现的种种新问题所做出的"法塔瓦"（Fatawa，即教法决断），有文字记载的约有10 000余条。

而顾特卜塔和伊斯兰清真寺作为精神灯塔，引领着一代代伊斯兰教众接近心中的神。

3. 科学价值

建筑，是民族和文明的个性体现。建筑艺术是伊斯兰艺术中重要的艺术形式之一。因而，伊斯兰建筑风格这一视角有助于我们对伊斯兰文明加深了解。伊斯兰建筑由于地区和年代的不同而形式各异，顾特卜塔及其周围建筑充分地补充了伊斯兰建筑的发展史，丰富了研究文献和材料。

### （三）合理开发与保护

1995年孟买和海得拉巴城市遗产条例的形成促成了全印度范围内对城市遗产条例必要性的认知。2004年，由德里村镇规划司（隶属于城市发展部）颁布的《国家标准建筑条例》提出保护名录内的遗产建筑、遗产范围及3类自然遗产。该条例同时要求建立邦政府层面的遗产保护委员会，并对遗产建筑的所有人提供激励措施。

世界遗产中心、印度考古调查局、教科文组织新德里办事处和阿迦汗文化信托基金不定期联合举办学术研讨会，与会代表来自阿富汗、孟加拉国、印度、伊朗、哈萨克斯坦、吉尔吉斯斯坦、巴基斯坦、塔吉克斯坦、土库曼斯坦和乌兹别克斯坦，旨在使各国文化遗产管理部门之间加强合作。

## 四、德里红堡群文化遗产概况及价值

### （一）文化遗产概况

1. 文化遗产简介

德里红堡建筑群是建在印度莫卧儿王朝第五代国王沙贾汉（1628—1658）的新首府——沙赫杰汗纳巴德的宫殿。因其大规模的红色砂岩围墙而得名。红堡毗邻1546年

Islam Shah Sur 建造的萨林加尔古堡，两者共同构成了红堡建筑群。私人寓所由一排亭子构成，亭子之间靠连续的水渠连接，这些水渠被称作 Nahr–i–Behisht，或“天堂水流”。宫殿的设计模仿了《古兰经》对于天堂的描述，殿内刻有这样一句话：“如果人间有天堂，那么天堂就在这里，不在别处。”人们把红堡看作莫卧儿王朝创造力达到顶峰的典范，在沙贾汉国王的带领下，其设计登上了新的高度。宫殿的规划以伊斯兰原型为依据，而每座亭子展现了具有莫卧儿王朝典型建筑特征的元素，反映出波斯、贴木儿王朝和印度建筑传统的相互融合。红堡的创新性规划和建筑风格，及其花园设计，对于后来拉贾斯坦、德里、阿格拉和其他地方的建筑及花园产生了极大的影响。历史事件的价值进一步强化了建筑本身的重要性。红堡建筑群通过其建筑反映了印度从莫卧儿王朝时期到印度独立之间各个阶段的历史发展。

这座城堡因其由红褐色的沙石建造而成，故名“红堡”，是一座颇具伊斯兰风格的古老建筑遗址，500 多岁的红堡是了解印度历史文化的好去处，这座城堡的辉煌过去见证了曾经的莫卧儿王朝的不可一世，寄托了王朝的第五任皇帝沙贾汗对爱妻泰姬玛哈的无限怀念，同时也记载了当年英国入侵印度的殖民遗迹。

红堡有护城河环绕，东北角为建于 1546 年萨林加尔古堡（Salimgarh），四面环以厚重的围墙。围墙为石质，总长度约 2500 米，高度临亚穆纳河一侧稍低，临德里主城区偏高，从 16 米至 33 米不等。

这座占地（195 × 548 × 34）立方米的巨大城堡犹如北京的紫禁城一样，由厚重的城墙和护城河保卫着，里面建有许多功能性的宫殿，如 Rang Mahal 是皇帝会见国内知名学士学者的地方，Khas Mahal 是皇帝会见各国使节和王朝高级官员的地方，Diwant Khas 则是类似于议事厅的地方等。

2. 历史沿革

德里红堡位于亚穆纳河西岸，是由莫卧儿王朝第五代皇帝沙贾汗（Shah Jahan）所建，为象征莫卧儿帝国强大势力的一个指标性建筑，自 1639 开始建造，耗费了近 10 年的时间才完成。

Lai Qila 的意思为红色城堡，整座城堡都是用红色砂岩所建，周围城墙高耸，气势非凡，在设计时兼顾到了美学及战略因素。可从德里门或拉合尔门进堡，拉合尔门面朝曾为莫卧儿王朝首都的拉合尔（现位于巴基斯坦国境）。城堡内的建筑包括明珠清真寺、公众厅与私人厅以及专供皇帝使用的冉玛哈勒宫等。

### （二）突出价值

1. 文化价值

德里红堡群的规划和设计代表了公元 1526 年由第一位莫卧儿皇帝发起的建筑发展史上的高潮，沙贾汗将伊斯兰、波斯、帖木儿和印度教等建筑传统融合在一起，进行了辉煌的修改和增减。在红堡群开发建设的过程中，建筑师们选用了许多创新的建筑构件，并且进行了创新的规划布局，其建筑风格以及花园设计强烈影响了拉贾斯坦邦、德里、阿格拉和更远地区的后期建筑和花园。德里红堡群一直是对其地理文化区域产生重大影响的活动场所。

莫卧儿王朝建筑的最终繁荣建立在当地传统的基础上，但通过引进思想、技术、工艺和设计使其不断丰富并发展，从而融合了伊斯兰、波斯、帖木儿和印度传统。德里红堡群体现了在其规划和建筑方面所取得的杰出成就。

2. 历史价值

自沙贾汗统治以来，德里红堡群一直是权力的象征，它见证了印度历史向英国殖民时期的转变，该处遗产也是印度人民最初庆祝印度独立的地点，至今每年仍在举办相关活动。因此，德里红堡建筑群是塑造区域认同感和归属感的关键事件，对区域内的历史文化产生了深远影响。

德里红堡群是莫卧儿王朝建筑和规划的分层次表达，也是后来英国军事上使用的堡垒。对德里红堡群完整性的最显著的影响来自河流的改道，从而改变了该处文化遗产与其预期环境间的关系，其通过铁路将萨利姆加尔堡分割开来。然而，萨利姆加尔堡与使用中的红堡以及后来的历史有着千丝万缕的联系。萨利姆加尔堡的完整性只能从其作为整个红堡建筑群的一部分的价值来看，德里红堡群中的莫卧儿和英国建筑的关联性与真实性毋庸置疑。红堡内雕工精细的国王大理石宝座和纯黄金打造并嵌有多种宝石的“孔雀王座”似乎还在向人们诉说着当年的盛况。

**（三）合理开发与保护**

根据 1959 年《古代遗迹和考古遗址及遗骸法》，该处遗产已被列为具有国家历史重要性的遗迹，当局已划立遗产缓冲区。尽管过去十年来，该处文化遗产的保护状况有所改善，但仍面临诸多挑战。管理方致力于红堡群的长久可持续开发，在进行合理开发与适度开放的同时，确保旅游业不会带来致命性的损耗。红堡建筑群由印度考古调查局直接管理，该局还负责保护印度所有国家级遗产和列入世界遗产名录的印度文化遗产。

## 五、附录：与北京在文化遗产领域大事记

2017 年 12 月，国际古迹遗址理事会（International Council on Monuments and Sites，以下简称 ICOMOS）第 19 届全球代表大会暨国际科学研讨会在印度德里召开。来自世界各地的近千名遗产保护从业者参加了本次大会。中国代表团由来自全国的近 20 名中国学者组成，国家文物局副局长宋新潮带队。ICOMOS 全球代表大会三年一度，聚集世界各地的同行，共同回顾三年的工作、确定未来发展的方向，并就遗产保护前沿课题展开科学研讨。

2016 年 1 月 12 日，新德里世界图书博览会举办《东方主战场》发行仪式，这是该

书首次以中、英、俄、法、西、阿、日七种语言版本在全球发行。《东方主战场》全景展现了中国人民抗日战争作为世界反法西斯战争东方主战场的历史地位和贡献，展现了中国共产党中流砥柱的作用和中华民族不屈不挠、英勇抗敌的精神。本书收录了近700幅珍贵历史图片，近50位抗战老兵、当事人、见证者，20位中、美、英、日、俄权威专家的访谈。在发行仪式上，中国新世界出版社与印度出版合作方签署了《东方主战场》英文和印地文在印度发行的版权授权书，不久此书便在印度各书店上架。

# 文化遗产

## ——德黑兰市（伊朗），Tehran（Iran）

### 一、德黑兰市文化遗产概览

伊朗是著名的文明古国之一。勤劳、勇敢的波斯人创造了辉煌灿烂的文化，在医学、天文学、数学、农业、建筑、音乐、哲学、历史、文学、艺术和工艺方面都取得了巨大成就。德黑兰是伊朗的首都，总人口达 8 429 807 人，是伊朗最大的城市。德黑兰有许多历史上著名的清真寺、基督教堂、犹太会堂及琐罗亚斯德教的火庙，拥有悠久的历史和文化瑰宝。

德黑兰文化底蕴深厚，德黑兰市内及郊区附近分布着众多古代宫殿和花园，如卡扎尔时代的避暑胜地——Negarestan 花园、卡扎尔时代的宫殿——马苏迪耶宫，以及著名的世界文化遗产古勒斯坦宫等。德黑兰市内的文化遗产绝大多数为古代的宫殿、花园及名人故居。

### 二、古勒斯坦宫文化遗产概况及价值

#### （一）文化遗产概况

1. 文化遗产简介

古勒斯坦宫是德黑兰最古老的建筑群之一，成为卡贾尔家族的政府所在地，卡贾尔家族于 1779 年上台，使德黑兰成为该国的首都。这座宫殿围绕着一个花园而建，宫殿最具特色的特征和丰富的装饰可追溯到 19 世纪。Gole 是花的意思，Stan 是地方，因此古勒斯坦指鲜花盛开的地方，寓意非常美。它成为卡贾尔艺术和建筑中心，是一个杰出的例子，至今仍然是伊朗艺术家和建筑师的灵感来源。它代表了一种融合了传统波斯工艺美术和 18 世纪建筑与技术元素的新风格。古老的伊朗艺术家的精致灵魂在古老的王宫和宜人的建筑群之间，利用建筑，绘画，石雕，瓷砖，抹灰，镜子，镶嵌和格子等艺术品，创造了一种新颖的组合和精美的建筑。

2. 历史沿革

德黑兰的阿尔格城堡建于萨非王朝塔赫玛斯一世（Tahmasp I，1524—1576）统治时期，后在赞德王朝的卡里姆·汗（Karim Khan）进行二次修缮。后来恺加王朝的阿迦·穆罕默德·汗（Agha Mohammad Khan）选择德黑兰作为首都，古勒斯坦宫的宫殿和花园便成为恺加王朝的官邸。在阿里·沙阿·卡哈尔（Fath Ali Shah Qajar）的统治期间，古勒斯坦宫的重要性越来越被强调。这位国王对古勒斯坦宫进行了更大规模的修葺。在纳赛尔·丁·沙迦·卡哈尔（Nasser al-Din Shah Qajar）统治期间，由于他的统治和他作为欧洲第一位伊朗国王的来访，古勒斯坦宫在他的三次旅行中发生了根本的变化，增加了很多典型的欧洲元素。

在卡扎尔王朝覆灭和巴列维王朝掌权后的几年里，皇家城堡见证了第一位巴列维王和第二位巴列维王的加冕典礼。同一时期，古勒斯坦宫被正式用于皇家接待，巴列维王朝也在尼亚瓦兰建造了自己的宫殿——尼亚瓦兰建筑群。

1925 年至 1945 年间，根据雷扎·沙阿的命令，该建筑群的大部分建筑被摧毁。他认为，拥有数百年历史的恺加王朝宫殿不应阻碍现代城市的发展。取而代之的是 20 世纪五六十年代现代风格的商业建筑。

古勒斯坦宫于 2005 年 11 月被列入世界文化遗产名录，目前由伊朗的文化遗产机构管理。

就历史记忆而言，具有 442 年历史的古勒斯坦宫是伊朗最独特的历史建筑群之一，这一建筑群不仅是该地区艺术史的重要组成部分，而且由于其古老而闻名于世。发生在其中或与之相关的事件，已成为伊朗历史上最重要部分的不可替代的收藏和鲜活的文献。

**（二）突出价值**

1. 文化价值

古勒斯坦宫是古老伊朗文化的象征，每一间建造巧妙、装点精致的宫室都诉说着历史的故事，淋漓尽致地体现了卡扎尔时代的建筑和艺术成就，其包括将欧洲主题的风格引入波斯艺术。在 19 世纪，它不仅被用作卡贾里国王的统治基地，而且还被当作娱乐休闲和艺术创造的中心。通过艺术创造，它成为卡扎尔艺术和建筑的源头。此外，古勒斯坦宫内还藏有大量古老的伊朗艺术品，馆藏方将其进行展览，供游客参观、了解，向伊朗国民和世界各族人民展示伊朗灿烂的文化底蕴。

2. 历史价值

奢华的古勒斯坦宫是卡扎尔时代的杰作，体现了早期波斯工艺和建筑与西方影响的成功融合。不仅如此，古勒斯坦宫还是卡扎尔时代建筑语言和装饰艺术的丰富性的见证。古勒斯坦宫殿内多处出现了源于欧洲的艺术灵感，成为综合欧洲和波斯风格的最早代表，这是19世纪末和20世纪伊朗艺术和建筑的特点。因此，部分宫殿建筑群可视为伊朗现代艺术运动的起源。

古勒斯坦宫的建筑群是波斯艺术建筑与欧洲风格和主题融合的一个重要案例，也是波斯采用欧洲建筑技术（如使用铸铁承重）的一个重要例子。因此，古勒斯坦宫可以被视为一个独特的融合体，体现东西方在装饰艺术、建筑布局和建筑技术方面的相互学习。

简言之，古勒斯坦宫是卡扎尔时期最完整的艺术和建筑作品，见证了当时的权力和艺术中心。因此，它被认为是卡扎尔时代的一个特殊见证。

3. 科学价值

由于建筑保存的完整性和藏品的丰富性，古勒斯坦宫吸引了很多伊朗和非伊朗历史学家以及艺术评论家的关注，它是伊朗建筑史和艺术史中极为重要的一课，也是学者在进行相关学术研究时不可越过的一站。

**（三）保护与合理开发**

根据伊朗《国家遗产保护法》（1930年），古勒斯坦宫被列为国家重点保护对象。根据1969年《关于为保护历史财产而取得土地、建筑物和房地的法律》，它进一步转为政府所有，因此受到立法文件和财产所有权的保护。该处文化遗产的缓冲区受ICHTO批准的法律法规保护。这些法律限制了建筑和基础设施的建设，禁止树木的砍伐，建造了一个步行区，并提出了各种改善立面和结构的措施。对古勒斯坦宫的开发必须严格遵守法规对德黑兰历史街区缓冲区和周围环境的限制，以保证从古勒斯坦宫内看向外界的视线不受周围建筑的影响。

该处文化遗产的管理分别有着短期、中期和长期目标，这些目标强调保护和修复古勒斯坦宫建筑群。该处遗产负责保护修缮事项的办公室是ICHTO的一个分部，专门负责该处产权。

## 三、附录：与北京在文化遗产领域的大事记

2014年2月27日，北京市市长王安顺会见了来访的伊朗德黑兰市市长穆罕默德·巴盖尔·加利巴夫一行。王安顺对加利巴夫市长率代表团来京访问表示欢迎。他说，中伊友好关系源远流长，两国高层接触频繁，政治互信不断增强，双方在教育、能源、科技等领域合作近年来稳步发展。北京市十分重视发展与德黑兰市的友好合作关系，两市作为各自国家的首都，在城市建设和发展方面有着许多共同之处，希望两市以北京企业建设德黑兰市地铁为契机，在加强高层互访的同时，着力推动经贸、人文、教育等领域的务实交往。

2019年5月22日，伊朗德黑兰大学校长艾哈迈德阿巴迪、国际事务副校长伽赫

拉玛尼、行政事务副校长扎玛尼等一行来访北京大学。北京大学校长郝平、副校长王博等在临湖轩会见了来宾。两校作为各自国家最优秀的大学代表，在巩固传统语言教学研究的基础上，应继续加强在前沿科学、信息科学、材料学、考古学等方面的合作，特别是在“一带一路”倡议下进一步提升两校间的合作交流层次和水平，希望通过艾哈迈德阿巴迪校长的此次来访全面深化两校的合作。

# 文化遗产

## ——乌兰巴托市（蒙古国），Ulaanbaatar（Mongolia）

## 一、乌兰巴托市文化遗产概览

乌兰巴托是蒙古国的首都，是蒙古国政治、经济、文化、交通、工业，科技中心。乌兰巴托有300多年历史，始建于1639年。1778年起，逐渐定居于现址附近，其是一座具有浓郁草原风貌的现代化的国际化都市。

乌兰巴托市曾经是蒙古国的宗教中心，十三世纪前蒙古人民信奉佛教。活佛八世的冬宫——现在作为历史博物馆，是乌兰巴托市内重要的文化遗产。十三世纪后，喇嘛教传入蒙古，一直占了蒙古人生活中一个重要部分。蒙古人民九成以上都笃信喇嘛教，单是乌兰巴托就建了不少喇嘛寺。但在社会主义时期，很多寺庙都遭到大肆破坏。被保留下来的喇嘛寺中，最著名的是甘登寺。

## 二、甘登寺文化遗产概况及价值

### （一）文化遗产概况

1. 文化遗产简介

甘登寺是蒙古首都乌兰巴托的一座蒙古佛教寺院，建筑风格受到多地影响。甘登寺始建于1838年，1938年被关闭，1944年恢复，现为蒙古最大的喇嘛教寺院。寺内建有高27米的“神勇无畏菩萨”站像，1996年开光，1990年起开始修缮和复建。藏语的名字翻译的意思是“大喜之地”。其也被称为大庙，是蒙古第一大喇嘛寺，目前，有150多名僧侣居住在甘登寺里，主持寺院的日常事务。甘登寺在1994年被移交给国家进行保护，被列为国家保护对象。

2. 历史沿革

寺院最开始是1809年由第五代哲布尊丹巴呼图克图（Jebtsundamba Khutuktu）下令建造的。第一座寺庙是Gungaachoilin Datsan，这座寺庙现在只有一根木柱留存了下来。1838 年，甘丹特根林神庙与哲布尊丹巴呼图克图的私人住宅一起修建。1904 年，第 13 位达赖喇嘛住在这座官邸。1840 年，金刚寺院建成。1869 年，祖庙建成。1913 年，高高的阿瓦洛基瓦拉神庙建成。1925 年，保存第八座哲布尊丹巴呼图克图遗迹的神庙修建完成，即现在的修道院图书馆。

20 世纪 30 年代，蒙古共产党政府在霍尔卢吉恩・崔巴尔桑的领导下，受到斯大林的影响，摧毁了除少数寺院外的所有寺院，杀害了 15 000 多名喇嘛。

幸运的是，甘登寺躲过了这次大规模的破坏，但于 1938 年关闭，随后在 1944 年重新开放，并被允许作为唯一一个在骷髅杆下运作的佛教寺院，作为对蒙古传统文化和宗教的象征性致敬。随着 1990 年马克思主义在蒙古的终结，宗教信仰的限制也被解除。

**（二）突出价值**

1. 文化价值

十三世纪前蒙古人民信奉佛教，相信活佛转世，而此处便是活佛八世的冬宫。在古代，这里是礼佛之地，是人民信仰的寄托之处。而现代，虽然蒙古人民早已不再相信活佛转世一说，但这里却记录下了这段宝贵的历史，丰富了历史宗教文化的多元性。

2. 历史价值

甘登寺内有一座巨大的铜像，这座铜像见证着历史变迁。最初的铜像是在向蒙古公众募款后建造的，其目的是恢复第八尊哲布尊丹巴在位时的繁荣景象，其曾宣称是蒙古皇帝，这座雕像是博格德贾赞丹巴的首席部长钦万坎多尔吉建造的。但俄罗斯军队在 1938 年拆除了原来的铜雕像。苏联时代结束后，阿瓦洛基特瓦拉雕像于 1996 年重建，由蒙古人民捐赠。新建成的铜像上有 2286 颗宝石，镶着金箔。

## 三、附录：与北京在文化遗产领域大事记

2004 年 4 月，中国政府启动了无偿援助修复蒙古国博格达汗宫的项目，中国文化部部长孙家正、国家文物局局长单霁翔在访蒙期间达成两国文化交流协议，中方无偿援助蒙古博格达汗宫博物馆门前区维修工程，包括博格达汗宫大门、东西便门的整体维修和彩画、砖照壁维修加固等 10 个单体工程，是博格达汗宫 40 年来实施的规模最大的一次保护工程，也是中蒙两国在文物保护修复领域首次进行合作。

2006 年 5 月，蒙古国博格达汗宫修复项目正式开工，财政部和国家文物局安排了专项经费 600 万元，并委托西安文物保护修复中心负责工程勘察设计和组织施工。

2007 年 10 月 8 日，由中国政府无偿援建的蒙古国博格达汗宫博物馆门前区维修工程在乌兰巴托举行了隆重的竣工典礼。蒙方对此项目给予高度评价，称修复博格达汗宫博物馆门前区工程是中蒙两国首次在文物古建维修领域进行的重大合作，开创了两国文化交流合作的新领域。

2011 年 6 月 27 日，在中国国务院总理温家宝和蒙古国总理巴特包勒德的见证下，中国国家文物局局长单霁翔和蒙古国教育、文化与科学部部长奥特根巴雅尔分别代表两国政府在北京人民大会堂签署了《中华人民共和国政府和蒙古国政府关于防止盗窃、盗掘和非法进出境文化财产的协定》并交换了协定文件。

2014 年 4 月 16 日，佛教文献蒙古文《大藏经》抢救性影印出版工程，历时 15 年的努力，近期终于圆满完成。

2014 年 8 月 21 日，为纪念中蒙建交 65 周年，文化部在蒙古国首都乌兰巴托举办“中国文化周”活动。由文化部主办、敦煌研究院和中国对外艺术展览有限公司共同承办《丝路拾珍——中国敦煌文化艺术展》与蒙古国观众见面。

# 文化遗产

## ——万象市（老挝），Vientiane（Laos）

### 一、万象文化遗产概览

万象市作为老挝首都，自16世纪中叶塞塔提腊国王从琅勃拉邦迁都于此后，一直是老挝政治、经济和文化中心。2007年11月，这里举办了全球法语国家外长级会议。借此机会，万象市政府希望通过美丽的城市夜景，进一步向世界展示万象的文化和历史底蕴，从而提高城市的国际形象和知名度。

老挝文化遗产大致分为物质文化遗产和非物质文化遗产两大类。物质文化遗产是指具有文化意义并可触摸的物质，包括具有老挝特色的动产与不动产，如：古董、手工艺品、雕塑、传统乐器、古迹等。非物质文化遗产是指具有文化意义的无形遗产，如：信仰、传统节日、社会礼仪、语言、传说等。

老挝的文化遗产分为地方级、国家级和世界级三个级别。地方级文化遗产指具有地方特色的文化遗产，如：博丽康塞省的佛塔和佛足印等。国家级文化遗产是指具有鲜明国家特色的文化遗产，如：万象的塔銮寺、琅勃拉邦的香通寺、桑鑫塞故事等。世界级文化遗产是指具有世界级意义，且被联合国教科文组织列为世界文化遗产的老挝国家遗产，如：琅勃拉邦市、巴色的瓦铺寺。

### 二、万象塔銮寺概况及价值

#### （一）万象塔銮寺美术馆概况

1. 万象塔銮寺简介

塔銮（Wat That Luang）：老挝古佛塔群。意译为“大塔”或“皇塔”，塔銮广场坐落于万象市区东北角，被视为老挝的国宝，是佛教文化艺术的结晶。塔銮是老挝佛教徒和民众顶礼膜拜的中心，系公元1560年赛塔提腊国王统治时期在一古塔的基础上历时6年扩建而成。后屡遭损坏，也屡经修缮，方保存至今。现在的塔銮是一座砖石结构的佛教建筑群，是一组群塔建筑，在建筑艺术上享有盛誉。占地 8400 多平方米，整个建筑呈四方形，灰砖结构，建筑风格独特。[①]

主塔底部由三层巨大的方座构成，四边正中均有膜拜亭；分三层，意比佛说三界，即欲界、色界、无色界。塔体四周建有回廊，用来陈列一些古佛像和文物，它还供远道来膜拜的僧侣过夜歇息。四周还建有几十米宽的草地，草地之外便是方形围廊，构成了塔銮。

塔銮已成为老挝人民生活中不可缺少的一部分，无论从它的地理位置、社会地位和建筑艺术均是老挝人民值得骄傲的名胜古迹。在纪念佛教 2500 周年之际，荷花状底座及顶端又以金箔修饰，焕然一新。

2. 历史沿革

据传公元前 3 世纪塔銮的下面埋了佛祖的头发和佛骨。14 世纪法昂征服了境内各地领主，首创了统一封建王国澜沧王国，建都琅勃拉邦。为了维护琅勃拉邦国都的核心作用，万象的区位地位降低了，塔銮也失去了往日的光辉。

直到 16 世纪赛塔提拉国王统治时期，万象被定为国都，又恢复了其重要地位。塔銮于 1566 年得以重修，直到 17 世纪，其成为老挝国家的文化象征。但苏里亚冯萨国王去世后，澜沧王国开始分裂，塔銮遭到了暹罗军队和缅甸军队大肆劫掠及蹂躏，塔内文物损失殆尽。1930 年由法国远东学院发掘，现存塔銮为 1930—1935 年间重修的建筑。

每年公历 11 月中旬（佛历 12 月中旬）为老挝全国一年一度最盛大的塔銮节庙会，在此期间，全国的僧侣和众佛教徒前来举行礼拜、布施等宗教活动，盛况空前。

### （二）突出价值

1. 文化价值

塔銮寺承载了老挝的佛教文化。据统计，老挝居民 85% 以上信奉佛教，万象市区的庙宇和宝塔随处可见。在老挝佛教鼎盛时期，市内有 149 座佛寺，如今保留下来的有 34 座。这些古老的佛寺，精美的佛塔以及精湛的浮雕都是老挝古代文化的宝贵遗产。

老挝佛教徒非常虔诚，几乎每个老挝男人至少都曾短时间加入寺庙出家修行，许多男人成为终身的僧侣。在老挝，大多数人都会向僧侣捐赠食物，以获得功绩并改善业力；老挝的寺院曾被视为僧侣的“大学”；老挝僧侣在老挝社区十分受尊重。

塔銮已成为老挝人民生活中不可缺少的一部分，是老挝最著名最重要的佛塔，无论从它的地理位置、社会地位、历史悠久及建筑艺术来看，均是老挝人民值得骄傲的名胜古迹。

---

① https://baike.baidu.com/item/ 塔銮 /1607094?fr=aladdin

2. 历史价值（宗教价值）

佛教在老挝历史上有着非常重要的地位。从 14 世纪法昂统一老挝建立澜沧王国开始，佛教就被定为老挝国教。1893 年法国殖民者入侵老挝，他们利用佛教来控制老挝人民的思想，遭到了许多爱国僧侣的顽强抵抗。由于其战略地位的重要性，“二战”结束后，刚刚获得独立的老挝又被美国殖民者占领，他们采用更加严密的手段来控制老挝佛教。1975 年，老挝人民民主共和国诞生，新政府仍然重视佛教，积极支持佛教界的活动，团结广大僧侣阶层，把佛教作为宣传解释老挝人民革命党的政策方针、维护社会稳定的工具。

3. 科学价值

20 世纪下半叶以来，基于科学认识的“范式”转换，许多科学家在东方传统宗教与现代物理学之间展开前所未有的跨文化对话。他们通过探究不同文化之间的“平行性”所蕴含的意义，寻找现代科学文明与其他文化形态之间相互理解和整合的可能性。其中，现代科学与佛教文化之间的对话，已成为科学与宗教对话的一个热点领域。这一现象显示，当代科学的进展为佛教文化发挥积极的建设性作用提供了新的历史机遇与动力。

**（三）保护与合理开发**

对于对历史文化遗产的保护，老挝政府做了很多努力，政府规定凡是在老挝生活的人都有责任参与保护、维护、恢复与修复老挝文化遗产，甚至老挝旅游的游客也应参与到其中来。

老挝政府鼓励个人、组织参与维修、修复文化遗产，且个人和组织在经过审批后可在国内举办文化遗产展览。个人或组织在作业中如发现文化遗产或有可能隐藏文化遗产的地方，须立即向地方政府及新闻文化相关部门报告，并停止一切作业活动，直到获得相关部门批准才可以再开工。

政府鼓励国内外的个人或组织研究老挝国家文化遗产并给予优惠政策。研究资料及研究成果需递交到新闻文化旅游部保存并根据规定做宣传。为研究工作而出口珍贵的文化遗产，需得到政府的批准。

随着社会的进步和经济的不断发展，老挝的历史文化遗产保护事业也进入了一个新的时期，政府出台了一系列保护文物的法律法规并制定了相应的文化遗产管理措施，涉及文化遗产的注册、建造、展览、买卖、传承、恢复与修复等，做到了文物保护有法可依。例如，在恢复与修复文化遗产方面，要求专业企业或具备该条件的企业必须是合法注册企业；需得到国家文化遗产注册部门的批准；且恢复与修复文化遗产必须保留原有特色。在保护与维护非物质文化遗产方面，要求保护与维护文化遗产的同时也要加强宣传和使用力度；创造、研究工作，必须保证具有国家特色、大众认可、积极向上的内容。

在文化遗产的使用方面，老挝政府教育人民要有爱国之心，让人民为老挝祖先的勤劳、创新、勇敢、民族团结感到骄傲。发展旅游产业，把旅游收入的一部分用于修复与保护文物，促进对文化遗产的保护。

## 三、附录：与北京在文化遗产领域大事记

2014 年 11 月 21 日，由中国全国友协、北京友协、万象市老挝—中国友好协会共同举办的“北京—东盟文化之旅”交流活动在老挝国际贸易会展中心举行了开幕式。活动由非遗展演、非遗手工艺展示和图片展三项内容组成。到场来宾与中国非遗传承人进行了互动，近距离感受中国传统艺术的魅力。其中图片展的主题为《魅力北京缤纷西城》，向老挝民众展示了北京具有代表性的历史人文景观和现代建筑。

2017 年 9 月 24 日，中国“一带一路”【走进老挝】国际合作文化之旅经贸交流访问团跟随挝方，对万象城城市文化进行了实地考察并参观了塔銮寺。这次活动增加了中挝双方的文化交流，使中方对挝方的历史、人文、宗教、艺术等有了更深入的了解和认识，通过向挝方赠送中国书画艺术作品，使得双方在“一带一路”的文化交流方面更上一层楼。

# 文化遗产

## ——金边市（柬埔寨），Phnom Penh（Cambodia）

### 一、金边文化遗产概览

金边是柬埔寨的首都，也是一座文化古城，市内有很多古迹和风景名胜。例如金边王宫，作为柬埔寨王国的权力象征，其保留了11世纪柬埔寨全盛时期吴哥建筑的风格。此外，金边也保留着红色高棉时期黑暗统治的罪证，市内的遗迹让无数国民铭记这段历史，感恩和平年代。金边也拥有着众多僧侣，被称为是世界上宗教职业比例最高的城市之一。这里寺庙林立，佛塔参天，古朴庄重的宗教建筑与现代化的摩天大楼、林荫大道交相辉映，使这座城市更令人向往。

金边还拥有较为丰富的文化娱乐设施，多为博物馆或纪念馆。柬埔寨国家博物馆是柬埔寨国内首屈一指的历史学和考古学博物馆，也是拥有世界最多的高棉艺术收藏品的场馆之一。馆内藏品丰富，主要展出史前时期至吴哥王朝的文物，展品主要有四类——石器、青铜器、瓷器和木器。吐斯廉屠杀博物馆和钟屋杀人场是游客深刻了解红色高棉历史的理想场所。在金边，游客还可以泛舟四臂湾上静观长河落日，或去金色时代艺术中心欣赏高棉表演艺术。

### 二、乌那隆寺概况及价值

#### （一）乌那隆寺概况

1. 乌那隆寺简介

乌那隆寺位于金边市区王宫北面不远处，金边国家博物馆附近，它是柬埔寨佛教摩哈尼伽派僧王主持的佛寺。由于乌那隆寺的古老历史，它得以成为柬埔寨国教（佛教）组织的总部，是柬埔寨规模最大的寺庙，大家还可以在这里看到僧人往来、读书、讨论的场景，是跟僧人近距离接触的好机会。

2. 历史沿革

乌那隆寺建于1441年，在1979年进行了重修。乌那隆寺十分欢迎柬埔寨全国各地的青年来学习和研究高棉文化，从而更好地传承这一文化。

据说，寺内收藏了古代一位佚名圣人的眉毛，而“乌那隆”代表着“圣眉”的意思，故取名为乌那隆寺，来纪念这位圣人。寺内有金边规模最大的佛塔，而环绕周围的则是五座较小的佛塔。1890年，寺院主持从斯里兰卡迎来了佛祖的一捧骨灰，供奉在塔中，这之后，无数达官贵人也趋之若鹜，将骨灰附葬于此，以致四周骨灰塔林立。

**（二）突出价值**

1. 文化价值

高棉族是亚洲柬埔寨的主体民族，以他们的建筑成就闻名于世。高棉族居民信奉佛教，佛教是人们精神生活的重要内容。小乘佛教于公元13世纪传入，后成为高棉族的正统宗教。

高棉族的民间信仰和祭祀习俗均与佛教有着密切的关系。几乎每个月都要组织与宗教有关的活动。主要有：泼水节，节日期间行浴佛礼等；祭月节，给孩子们吃香蕉和糯米片，预测一年的财运，沿河施放蕉筏灯，放风筝；播种和插秧季节举行传统的赛龙舟以求雨；耕作首次开犁时，也要举行仪式；祭谷节要呼唤谷魂，谷魂的形象是一尊手持稻穗坐在鱼背上的女性佛像。

在高棉族的村庄中，位于中心的寺院建筑，高大宏伟，在简陋的草房群中更为醒目。寺庙建筑不仅华丽，而且独特。寺内供有佛像，造型生动，民族风格浓郁。

寺院不仅是诵经讲道的场所，而且也是识字和传授科学知识的学校。寺庙已经成为人们精神生活的寄托，人死后的骨灰也要送入寺庙保存。寺庙没有自己的土地，它的一切费用，包括僧侣的生活，全靠村民施舍。

2. 历史价值

高棉族（越南语：người Cao Miên）是一个具有悠久历史和灿烂文化的民族。早在公元7世纪就有了自己的文字，高棉文化到11、12世纪发展到了顶峰，其标志就是灿烂的吴哥文明。实际上高棉人很早以前就是包括湄公河三角洲地区、泰国部分地区、老挝部分地区以及柬埔寨全境的主人。早在1300年前，这块土地属于真腊国。真腊国的疆域辽阔，包括柬埔寨（当时称“陆真腊”）和越南南方的湄公河三角洲（当时称“水真腊”）。

17世纪末，越南中部的占城国并入越南的版图，越南的疆界向南延伸，与真腊毗连。在此以后的100年间，当时越南南方的广南阮氏在政治上和军事上不断对真腊国施加压力，战火连天，最终湄公河三角洲也并入了越南的版图，居住在这个地区的高棉族居民成为越南的一个少数民族。然而越南的高棉族居民与柬埔寨居民在社会结构、民族文化、风俗习惯等方面仍然是相同的。

3. 科学价值

金边市的城市公共建筑的屋顶十分具有宗教特色以及研究价值。不管是佛教寺庙或是印度教为主的寺庙，其运用的雕刻元素基本都取自于吴哥窟神庙雕刻艺术，建筑屋顶上有印度神话中的蛇神——naga 蛇，屋檐也雕刻着精美的植物条纹，这都是效仿了吴哥窟尖塔的建造模式，层层递进以示尊贵之意。

**（三）保护与合理开发**

柬埔寨吴哥古迹保护和管理机构发言人隆戈萨称：中国在保护和发展柬埔寨文化遗产工作中发挥着越来越大的作用，这将促进柬中两国文明对话交流。

中国从 20 世纪 90 年代开始参与吴哥古迹保护的国际行动，帮助柬埔寨修复坍塌破损的寺庙古建筑，目前已完成周萨神庙和茶胶寺两个项目。

柬埔寨目前有三处世界文化遗产，吴哥古迹、柏威夏寺和三波坡雷古寺，中国已经参与吴哥古迹和柏威夏寺的保护。隆戈萨说，这是中国为世界遗产保护提供积极支持的实例，在柬埔寨文化遗产保护和发展领域，中国发挥的作用越来越大。

中国在参与吴哥古迹保护的过程中，不仅对文物修复有很大贡献，还帮柬埔寨培训了一批文物保护修复专家。通过这些项目合作，柬埔寨的文物保护工作人员逐渐成长为项目管理者、技术专家，这是两国文化合作的成果之一。

不少中国考古专家已为柬埔寨古寺庙修复工作多年，他们对这一事业的奉献值得敬佩。如今，有越来越多的年轻中国专家加入。在古寺庙研究保护工作中，科技起到了非常重要的作用，年轻专家为古寺庙保护工作带来了新观点、新思路、新技术。

2018 年，柬埔寨政府将吴哥古迹中的王宫遗址交给中国专家修复，而修复古寺庙需要高超技术、专业素养和对文物工作的投入。这个项目将进一步扩大两国长期的文化交流合作，中国专家也在尽力帮助这座古迹恢复往日荣光。

## 三、附录：与北京在文化遗产领域大事记

2018 年 5 月 21 日，在柬埔寨金边市市政厅内，北京市委常委、统战部部长齐静与金边市市长坤盛共同签署建立友好城市关系协议书，中柬两国首都正式结为国际友好城市。两市自 2003 年就开始了官方交往，在经贸、宗教、文化等领域取得了一系列合作成果。值得注意的是，西城区与金边市隆边区在 2014 年还结为了友好交往城区，在城市规划、商业发展、交通管理等领域开展了有益的交流与合作。

2018 年 10 月 24 日，中国北京市文史研究馆和金边中国文化中心联合主办的“中国书画展”在金边中国文化中心正式开展。展出的中国艺术家的书画作品是贴近时代和感悟生活的佳作，诗、书、画、印相得益彰，彰显了中国文人书画的笔墨情趣。“中国书画展”代表团团长、北京文史研究馆调研员平晓东表示，展览作为中柬文化交流的桥梁，可以让更多的柬埔寨朋友置身中国传统文化的魅力之中。

# 欧洲篇

# 文化遗产

## ——贝尔格莱德市（塞尔维亚），Belgrade（Serbia）

### 一、贝尔格莱德文化遗产概览

贝尔格莱德市是现塞尔维亚共和国首都，坐落在多瑙河与萨瓦克河交汇处，居多瑙河和巴尔干半岛的水陆交通要道，被称为“巴尔干之钥”。天然的优势让贝尔格莱德成了兵家必争之地。在历史的长河中，战争是这座城市绕不开的主题之一，给贝尔格莱德蒙上了悲情色彩。据记载，贝尔格莱德经历了40次战火，40多次从废墟里新生，因而又被称为“历经40次战火而不毁灭的名城”。

贝尔格莱德的卡雷梅格丹古城堡，见证了贝尔格莱德的历史沧桑，也印证了贝尔格莱德的地理战略地位。

### 二、卡雷梅格丹城堡文化遗产概况及价值

#### （一）卡雷梅格丹城堡概况

1. 卡雷梅格丹城堡简介

卡雷梅格丹城堡位于多瑙河和萨瓦河的交汇处，古罗马帝国时期就开始建造，后来经过不断的修缮和扩建，现在的城堡主要是奥斯曼帝国时期的建筑。城堡壮观雄伟、气势恢宏，有着一夫当关、万夫莫开的气势。城堡墙上的石砖斑驳陆离、坑坑洼洼、多有残缺，似乎还保留着战争的创痕，浸透着厮杀的血渍。城堡内有中世纪的大门，有深达几十米的中世纪的水井且至今仍可取水，有伊斯兰风格的坟墓和土耳其浴室，有坚固的地下工事。如果说贝尔格莱德是“巴尔干之钥”和“中欧的大门”，那么卡雷梅格丹城堡就是钥中之钥、门中之门。这里是贝尔格莱德最高点，控制了这里，就掌控了贝尔格莱德，也就打开了通往中欧的大门。

2. 历史沿革

古罗马人最早在这里建起了第一个城堡，公元5世纪，匈奴趁君士坦丁堡地震大

举入侵，东罗马帝国不得不将多瑙河以南，羊吉多那木（今贝尔格莱德）以东483千米割让给了匈奴。匈奴是游牧民族，擅长野战，最恨城堡。因此，匈奴入侵贝尔格莱德时毫无悬念地摧毁了东罗马人筑起的城堡。

公元11世纪，多瑙河成了东罗马拜占庭帝国的边界，卡雷梅格丹城堡理所当然成为重要的军事据点。

16世纪贝尔格莱德陷落，土耳其人给城堡起名卡雷梅格丹，土耳其语是战地城堡，卡雷梅格丹城堡因此得名。因城堡以白色为主，所以斯拉夫人便称之为“贝尔格莱德”，即白色之城，整个城市也因此得名。城堡的历史也可以说是贝尔格莱德市的历史。

### （二）突出价值

#### 1. 文化价值

贝尔格莱德是特色浓郁的文化之都，每年举办多个文化节日，包括贝尔格莱德电影节、贝尔格莱德戏剧节、贝尔格莱德音乐节、贝尔格莱德书展和贝尔格莱德啤酒节。贝尔格莱德有大量文化设施，包括国家大剧院、国家图书馆，以及众多的博物馆、美术馆、展览馆，等等。

贝尔格莱德正在建设一座中国文化中心，就在中国驻南联盟被炸使馆旧址之上。中国文化中心大楼外立面的造型创意来自中国古代著名画家米有仁（北宋书法家、画家米芾之子）的一幅山水画的意境。而中国文化中心所在的那条大街也被贝尔格莱德市政府命名为孔子大街，街头建有孔子塑像。

#### 2. 历史价值

塞尔维亚的近现代发展史充满了坎坷：1992年南斯拉夫正式解体；2003年南联盟改国名为塞尔维亚和黑山；2006年黑山独立，塞尔维亚变为了一个8.8万平方公里的内陆国家；2008年，科索沃地区单方面宣布独立，但未得到中俄等国的承认。

在历史的演变中，贝尔格莱德一直扮演着非常重要的角色，它重要的地理位置，号称欧亚十字路口，这也导致了它成为兵家必争之地，饱经风霜。由于历史上曾被各种不同的民族占领过，因此现如今贝尔格莱德市区内有着大量风格迥异的建筑物。

### （三）保护与合理开发

早在1994年南联盟时期，塞尔维亚就已经颁布实施《文化财产法》，确保文化财产对公众开放。塞尔维亚政府高度重视文化遗产保护工作，在2013年对《文化财产法》进行修订，使其成为该国文化遗产保护领域最全面、最重要的法律。《文化财产法》立足实际，规范文化财产的保护和使用，并为保护措施的执行提供了条件。

《文化财产法》不仅对文化财产进行了分类，根据不同类型的文化财产划分出六类保护机构，还将重点放在了对于从业人员的高标准和严要求上。值得一提的是，根据该法，塞尔维亚将为在其境内展出的极具文化艺术价值的外国展品提供国家担保。

## 三、附录：与北京在文化遗产领域大事记

2013 年 10 月 25 日，北京—贝尔格莱德“中国当代艺术新景象”艺术展在贝尔格莱德市南斯拉夫历史博物馆正式展出。展览汇聚了中国 40 位优秀艺术家的 60 件作品，涵盖油画、雕塑、摄影、影像、装置、设计等艺术表现形式。该艺术展是中国文化部面向东欧地区的重点文化交流项目，于此之前，在保加利亚、罗马尼亚和捷克也有过展出。

2017 年 9 月 16 日，由北京市政府、贝尔格莱德市政府、中国驻塞尔维亚大使馆联合举办的贝尔格莱德“北京日”活动在卡莱梅格丹城堡启动。活动主要包括了参观“魅力北京”图片展暨非遗展示，展卖北京老字号的特色商品，如：内联升布鞋、瑞蚨祥丝绸、吴裕泰茶叶、同仁堂药品、百花蜂蜜等，也宣传了京剧脸谱、瓷器等独具中国民俗特色的商品。除此之外，“北京日”活动还包括北京—贝尔格莱德产业合作洽谈会、青少年冰球友谊赛、中国电影展映、北京交响乐团音乐会等系列活动。

# 文化遗产

## ——马德里市（西班牙），Madrid（Spain）①

### 一、马德里文化遗产概览

马德里市拥有丰富的文化遗产：埃斯科里亚尔、埃纳雷斯堡、阿兰胡埃斯这三座小镇，均被列入了联合国教科文组织的《世界遗产名录》。马德里所追求的，莫过于汇集其无数的休闲、历史和文化元素，来吸引那些热衷于体验的游客们，极尽可能地展现这些世界文化遗产的魅力。

同时，马德里也是融合了传统艺术与开放的新观念的城市，是欧洲音乐、歌剧、舞蹈、电影、绘画、建筑及设计的先锋。从普拉多国家博物馆的画家哥雅、委拉斯盖斯、蒂斯亚诺到苏菲亚王后国家艺术中心博物馆的先锋派奇才达利、毕加索、米罗，再到泰森—伯尔内米萨博物馆的杜勒罗、加纳雷多、布鲁艾赫尔的作品一应俱全。当然，马德里的文化机构也在不断完善并年复一年实施发展计划，向当地人民和游客提供了更广泛多样化的文化年会，如定期举办会演、展览和节日庆典，使马德里更加热情开放、充满活力。

马德里政府非常重视教育普及和文化发展，政府在学校和博物馆的建设方面投入了很多精力，用来填补过去民众的“知识空白”。例如，在街道的墙壁或杆子上，会经常贴有有关艺术展览会或露天演唱会的宣传画报；公园里，会有志愿者把宣传册或戏剧院的门票免费分发给路人；在马德里，每个人都可以办一张图书卡，可以免费去任何一个公共图书馆借阅书籍，获取知识资源。

① 马德里自治区与马德里市文化遗产一致。

## 二、埃斯科里亚尔修道院（圣洛兰索皇家修道院）

### （一）埃斯科里亚尔修道院概况

1. 埃斯科里亚尔修道院简介

“世界第八大奇迹”“单调的石头交响乐”“建筑艺术上的噩梦”是自 1584 年埃斯科里亚尔修道院建成后，腓力二世对其最贴切的三种形容方式，这是一座集修道院、宫殿、陵墓于一身的建筑。

埃斯科里亚尔修道院全称“埃斯科里亚尔圣洛伦索王家修道院”，是世界上最宏伟的宗教建筑之一。该建筑虽名为修道院，实为修道院、宫殿、陵墓、教堂、图书馆、慈善堂、神学院、学校八位一体的庞大建筑群，气势磅礴，修道院内藏有欧洲各艺术大师的名作。

整个修道院的设计采用长方形格子结构，这样的设计是为了纪念殉难的基督教徒圣劳伦斯，因为他当年就是被这样的刑具折磨致死的。这种简朴纯粹，与以往截然不同的建筑风格影响了西班牙半个多世纪。这里还曾是一位神秘国王的隐居之所。而后在腓力二世统治后期，这里成了当时最强大的政治力量中心。1984 年，联合国教科文组织将埃斯科里亚尔修道院定为文化遗产，列入《世界遗产名录》。

2. 历史沿革

该修道院由西班牙国王腓力二世下令修建。最早的念头起源于 1557 年 8 月 10 日，那一天腓力二世的军队在法兰德斯的圣昆汀战役中击败法国，为纪念圣劳伦斯，这一天也是他的宗教节日，腓力决定修建一座修道院。国王派了两名建筑师，两名医生和两名石匠，外出寻找修建地址，要求温度适中且离新首都距离不能过远。

1561 年，腓力二世前往花岗岩石山——瓜达拉马山中的一个矿山小城——埃斯科里亚尔，意为“成堆的矿渣”。极具艺术修养的国王亲自挑选工匠和王宫的装饰材料，并亲自担任监工，以便检查修改由他设计的这一宏大建筑。相传，国王曾在山上找到一块偏僻的地方，现今称作腓力塔，从那里监视皇族墓地的工程进度。

这一建筑于 1563 年动工，1584 年竣工，历时 21 年。总工程师最初是来自托莱多的胡安・包蒂斯塔，米开朗琪罗的门徒，他死后，工程由胡安・德・艾雷拉继续负责。

### （二）突出价值

1. 文化价值

埃斯科里亚尔修道院体现了西方典型建筑的基本理念：布局坚持着抽象的几何对称原则。这在西方建筑中是非常常见的，与其背后的西方哲学大有联系。简单地说，传统的西方哲学追寻至善，向往一个在人类社会之上的理想国。因此，西方建筑对这些抽象的几何图案有着追求，在宫殿和花园的布局上讲究对称。

2. 历史价值

埃斯科里亚尔的外观过于庄严肃穆，朴实无华，就像它的总设计师腓力二世一样缺乏情趣。这里集合着王宫、教堂、墓地、图书馆等重要建筑。当同年代的中国明朝万历皇帝在骄奢淫逸时，西班牙的宫廷却像灰暗的“僧侣们的花园”。

建于16世纪末的埃斯科里亚尔修道院位于环境优美的卡斯蒂尔，是圣劳伦斯殉难之所。建筑设计一改以前的风格，为格子窗形式。这种简朴的建筑风格影响了西班牙半个多世纪。它是对神秘上帝的逃避。在腓力二世统治时代，这里成为最强大的政治力量的中心。

3. 科学价值

埃斯科里亚尔的建造期间正值特伦托会议后天主教改革的那几年，由其建筑的严肃性和宗教性可以看出西班牙的宗教精神和腓力二世对天主教的狂热追求。埃斯科里亚尔建筑群朴实的正面、对空间的矩形布置和建筑的四个角落的方形塔楼反映出了腓力二世严肃的性格和修行的信念。

数百万吨的花岗岩石用来修建世上最大的建筑——埃斯科里亚尔大教堂，拥有四千间房屋和上百公里的走廊。埃斯科里亚尔大教堂最早的居民是修士，国王授予他们居住权，但他们必须要受到两个条件的限制，其一是每天为王室成员祈福，其二是维护为腓力二世所最珍贵的天主教的神圣地位。王宫藏品是天主教圣徒最大的力量源泉，有共计七千块圣教徒的骨殖。据说，腓力二世拥有十二门徒的遗物和基督耶稣受难的十字架。

埃斯科里亚尔建筑群是一个庞大的矩形建筑群，包围着一个皇宫、一座修道院和一座教堂。整个建筑长207米，宽161米。长方形的四角上，各耸立了一座55米高、尖顶上竖立着一个金属球体的七层角楼。这种灰色长方体的整体外观，不仅增加了庄严肃穆之感，而且还有纪念基督教徒圣劳伦斯的象征意义。

## 三、埃纳雷斯堡大学城及历史区

### （一）概况

1. 简介

埃纳雷斯堡大学城及历史区位于西班牙马德里埃纳雷斯堡大学校园内，埃纳雷斯堡大学又名贡普鲁腾塞大学，是近代欧洲最重要的文化学术中心之一，也是西班牙文化向世界传播的基地。

2. 历史沿革

埃纳雷斯堡大学的历史可追溯到1293年，它的前身是由卡斯蒂利亚国王桑丘四世建立的“学术研究中心”。但其真正的建立者是红衣大主教弗朗西斯科·希梅内斯·德·西奈罗斯。大学的建立恰逢人类历史上的一个全新阶段：黑暗的中世纪刚刚离去，而近代历史正踏着文艺复兴的号角走来。1499 年，西奈罗斯收到了由教皇签发的圣谕，巩固了大学的地位。此后，胡安娜女王和卡洛斯五世又批准它扩建。

从 1499 年到红衣主教去世（1517 年），这段时间对理解埃纳雷斯堡大学的历史和评价这所全新模式的大学城的种种创新极为重要。创建者新颖的思路、学校完美的运行机制、精良的教师队伍、精美绝伦的楼群建筑、国王和教会的支持和保护、各科课程的合理安排以及后来其他学院的增长，等等，诸此种种都是这座令人叹服的“上帝之城”的坚实支柱，也使大学城达到了鼎盛时期。

**（二）突出价值**

1. 文化价值

1998 年联合国教科文组织把埃纳雷斯堡大学城及历史区列入世界文化遗产名录时给出的评语是，“埃纳雷斯堡是世界上第一座被规划成为大学城的城市，由西奈罗斯红衣大主教于 16 世纪早期建立。埃纳雷斯堡是后来西班牙传教士带到美洲的理想城市社区（又被称为上帝之城）的范本，同时它也为欧洲乃至全世界的大学提供了设计模型。”

埃纳雷斯堡大学的新模式是以“大学城”为基础的，是世界上第一所被规划成大学城的城市，上帝之城作为理想化的概念首次在这里得到物质化、实体化的表现，并成为近代大学的原始模式。由于对教师的培养、监督、激励机制完善，十六世纪时，埃纳雷斯堡大学和萨拉曼卡大学、巴亚多利大学并称为西班牙最著名的三所大学。十九世纪时，由于政局的变化以及自由派政府的大力推动，埃纳雷斯堡大学迁往首都马德里。

2. 历史价值

埃纳雷斯堡大学城发展的黄金时期是十六世纪。大学城的阿尔卡拉大学（又名贡布鲁登塞大学）从艺术、法律、神学三个系科开始发展成包括医学、文学和自然科学的全科大学，是十六世纪西班牙最好的大学。鼎盛时期，他们还编纂了第一部西班牙文语法书。1836 年阿尔卡拉大学由于政治原因迁往马德里而衰落，直至 1977 年西班牙重建民主政治后阿尔卡拉大学才在埃纳雷斯堡大学城原址恢复办学。

3. 科学价值

埃纳雷斯堡有着自己的目标，就是要建成一所风格独特的大学城。当时的红衣主教西奈罗斯力图让这所大学城在文艺复兴这个全新时代积极地参与社会和权力阶层的活动，而不是像禁锢在中世纪的修道院墙中，只为传授知识而存在。因此，埃纳雷斯堡大学把从事教会教育和神学研究、培养从政人员及传播西班牙文化作为其办学宗旨。

## 四、阿兰胡埃斯文化景观

### （一）概况

1. 简介

阿兰胡埃斯城位于马德里以南，是一座有着复杂设计关系的建筑：在自然和人的活动之间，在弯曲的水道和几何学风景之间，在乡村和都市之间，在森林风景和现代楼宇之间。设计复杂的阿兰胡埃斯文化景观，从多种来源派生而来。

阿兰胡埃斯是天主教双王——伊莎贝尔和费尔南多“出逃”之处。18 世纪时，波旁王朝的国王菲利佩五世将宫廷中心移到阿兰胡埃斯，卡洛斯三世和四世分别修建了王宫的两翼和“王子花园”以及“农夫之家”。

阿兰胡埃斯宫的正面充满东方风情，中国殿和阿拉伯殿是主要的游览景点。宫殿的花园设计独具匠心，岛屿花园的花草、雕像与喷泉相映成趣。王子花园体现了西班牙国王想把西班牙中部和海洋联系在一起的梦想。

2. 历史沿革

尽管阿兰胡埃斯的历史从中世纪才开始，但史前便有人类在此定居，并出现了人类文明。传说在塔霍河和哈拉马河的交汇处，汉尼拔在与罗马人的战斗中取胜。

在 15 世纪末，阿兰胡埃斯被常来此休憩的天主教双王指定为王室之地，哈布斯堡王朝国王在随后的时间进行了王宫和园林的修建。在菲利佩二世统治期间，皇家寓所建成，但在 1665 年的一场大火中化为灰烬。

在 17 世纪，为了感谢阿兰胡埃斯人民在西班牙王位继承战争中的支持，菲利佩将小镇改建为王室中心，并按照当时最流行的艺术趋势修建了公园、纪念碑、花园和教堂。在卡洛斯三世和卡洛斯四世统治期间，小镇成为最受欢迎的王室行宫。18 世纪后半叶，王宫规模扩大，王子花园完工，拉布拉多之家也建造完毕了。

### （二）突出价值

1. 文化价值

阿兰胡埃斯文化景观在 2001 年作为文化遗产被列入《世界遗产名录》。300 年来，西班牙王室对于阿兰胡埃斯文化景观倾注了许多精力，使得它向世人展示着奇妙的变化。我们不仅能看到人道主义和政治集权的观念，还可以领略到公元 18 世纪建造的法国巴洛克式花园的特色以及启蒙运动时期伴随着植物种植和牲畜饲养所发展起来的生活方式。

2. 历史价值

一块土地也许并不算丰饶，不能产生出伟大的艺术家，但它却可能由于被伟大的艺术家用来寄托情怀，从而闻名遐迩。阿兰胡埃斯小镇就是这样一个地方。一提到这个名字，更多的人会立刻想到西班牙伟大的盲人作曲家罗德里戈，在这里他的杰作

《阿兰胡埃斯协奏曲》问世。对于罗德里戈而言，阿兰胡埃斯的意义其实并不在那里著名的宫殿、喷泉和园林。1933 年，他和深爱着他的妻子维多利亚·卡米结婚，并来到这里欢度蜜月，他恐怕只能从搀扶着他的妻子的喃喃低语中，对这个小镇留下些许印象。那么，他为什么会对这个地方情有独钟，以至要为这个地方写上一部非凡的作品，人们不得而知。

3. 科学价值

阿兰胡埃成为当地重要的宗教中心。1678 至 1823 年间，这里曾是大主教教区所在地，其神学院、修道院和学校成了巴西北部宗教活动的发祥地。有两个重大事件（阿泽雷多·科蒂尼奥主教于十八世纪末开始的宗教教育现代化进程以及几年后创办的法学院）产生了巨大影响，使阿兰胡埃斯成了“巴西的科英布拉”，当然，其中不无某种夸张的成分。期盼到阿兰胡埃斯的教堂和修道院来一饱眼福，欣赏几个世纪以来积累的奇珍异宝的观光者们可能会失望而归，因为除有一小部分珍宝已陈列于市博物馆外，大部分已神秘地消失，可能已由其原主收回（由于缺少银行，富有的家族曾将其贵重物品委托教堂保管）。

阿兰胡埃斯在历史上也是危机频仍，给有计划地偷盗异珍奇宝、绘画、家具、书刊甚至瓷砖开了方便之门。阿兰胡埃斯遭受损失的原因主要不在于其上层人物的背信弃义、教士牧师的玩忽职守以及偷盗抢掠或年久失修，而在于 20 世纪初草率进行的修缮，其中包括 1911 年为大教堂进行的改建工程，以及 1907 年奉教长之命拆除加尔默罗会隐修院的残余部分。

**（三）保护与合理开发**

1985 年 4 月，西班牙设立了历史遗产局，负责该国历史遗产的恢复工作，制定和实施保护计划，建立和整理历史遗产档案，培训技术人员和专家等。同年 6 月又颁布了《历史遗产法》，对文化遗产保护做了详细规定，并于 1986 年和 2002 年进行了两次修改。

《历史遗产法》中最突出的一条就是，任何预算超过 60.1 万欧元的公共投资工程，都要将其预算的至少 1% 划拨出来用于历史文化遗产的保护。与私人共同投资的，要拿出国家投资部分的 1%。国家安全和国防部门工程除外。

这些钱主要用于历史文化遗产的保养、修复和加固等，同时也可以用于进行宣传工作，为博物馆、档案馆和公共图书馆添置设备，还可以用于营造或改善工程所在地周边地区的文化环境，如搞艺术创作、购置艺术品等。2004 年 10 月，西班牙政府建立了一个委员会，负责每年制定该项资金的使用计划并在各部委之间进行协调。由于西班牙各自治区在旅游方面有自己的独立管理权，因此国家设立了一个历史遗产委员会，负责协调中央和自治区政府之间的遗产保护工作。资金的使用有着严格的规定，首先要向有关部门提出申请，由历史遗产委员会研究并批准。

为鼓励人们资助历史文化遗产保护工作，2002年西班牙颁布了关于私人捐助的相关法律。根据该法，国家允许企业和个人上交有历史和艺术价值的财产以抵销欠税，对保护和宣传历史文化遗产的活动减免所得税。

2006年2月，首都马德里市政府宣布了一项决定，自2008年起，规定年限之前生产的、不能达到排放标准的汽车，一律不准进入市中心老城区，以减少尾气危害，保护那里众多的历史遗迹。

## 五、附录：与北京在文化遗产领域大事记

2017年11月8日，6名来自中国天津巨龙画院的画家携作品在西班牙首都马德里的日内瓦金融俱乐部展厅亮相，近百名嘉宾到场参展。画展共持续了10天。大部分参展作品是中国传统山水、人物和花鸟画，也有将西方油画技法融入传统中国画的中西合璧作品。

画家张运河带来了中国传统风格的画作，这体现了中国人对于民族文化的自信，以及加深西方对中国文化的认识的美好愿景。以西藏人民为主题创作人物画已有10多年的画家高博，也表达了把西藏人民的心灵之美展现给世界的希冀。

此次活动旨在促进中西两国文化交流，弘扬中国文化，在文化领域为“一带一路”倡议做出贡献。西班牙华侨华人协会主席毛峰表示，西班牙华侨华人一直致力于推动中华文化在西班牙的传播，此次中国画家的到来对他们的文化推广工作是巨大的支持。

2018年5月3日，“纯粹中国”中国杂技晚会《青春如画》在阿兰胡埃斯的卡洛斯三世皇家剧院精彩亮相。来自马德里理工大学的卢娜表示，中国艺术家们高超的技艺令她印象深刻，非常难忘，中国杂技团来到西班牙演出，是中西友好交往的象征，愿双方在今后不断增进文化交流与合作。

# 文化遗产

## ——巴黎大区（法国），Ile-de-France（France）

### 一、巴黎大区文化遗产概览

巴黎大区拥有众多的文化遗产，约有 2000 座以上的建筑物被列为历史古迹，有 70 家剧院、几百家艺术陈列室和千余家电影院。此外，巴黎大区还拥有 13 所大学、70 多所高等专科学校，占法国高校总数的二分之一以上，同时这里还集中了许多科研机构和约 60% 的法国科研人员。

巴黎大区是法国政治、经济、文化的中心地区，也是政府、立宪机构、重要行政机关和一些国际组织的所在地。在其 1.2 万平方公里的土地上种植着广袤的森林；所谓的巴黎大区，即法兰西岛，首先是指这片保护良好、植被丰富的自然区域，以及被其环绕，在这片土地上年复一年生活着的人们。可以这样说，路易十四所代表的波旁王朝之所以繁荣，正是因为它主要集中在法兰西岛上。其富有与繁荣的综合象征，不言而喻。

世人皆知的凡尔赛宫，宫殿的豪华与雄伟，是世界上任何建筑物所无法比拟的。且不说凡尔赛宫，即便是它的前身—被路易十四所喜爱的沃勒维孔特宫，为拿破仑一世所喜爱的枫丹白露等，无不使人感到迄今尚存的贵族文化气息。除此之外，还有以彩色玻璃而著名的沙特尔大教堂，拥有机械大钟的再现“最后的审判”的波威教堂，路易十四诞生地的圣日耳曼昂莱的讷夫城堡，以赛马场和巨大的粉红色钻石闻名的尚蒂伊等。

### 二、凡尔赛宫及其园林概况及价值

#### （一）概况

1. 简介

凡尔赛宫及其园林位于法国巴西郊，是欧洲四大宫之首，是欧洲最为雄伟、辉煌、豪华的宫殿，也是欧洲宫廷艺术的最佳典范。文艺复兴时期的艺术家在此纷纷留下墨宝，无人不沉浸在这世界最豪华的宫殿艺术之中。

凡尔赛宫宫殿立面分三段处理，为古典主义风格建筑的典范。古典主义建筑风格特别的特点就是建筑左右严格对称。所以凡尔赛宫在外观上造型轮廓整齐、庄重雄伟，被认为是理性美的代表，对 17、18 世纪的欧洲建筑产生了重大影响。其内部装潢则以巴洛克风格为主，少数厅堂为洛可可风格。

王宫长达五百八十米，正宫前面是一座风格独特的“法兰西式”的大花园，园内树木花草别具匠心，完全是人工雕琢的，极其讲究对称和几何图形化。这种类型的花园还被叫作“骑士花园”，因为观赏者得像一个骑士一样坐在高大的马匹上，以俯视的角度去看整个花园的造型。

王宫位于中间，宫室、政府办公厅、教堂、剧院等位于两侧，象征了至高无上的王权。

1979 年，联合国教科文组织将凡尔赛宫和园林作为文化遗产，列入《世界遗产名录》。

2. 历史沿革

凡尔赛宫的前身是 1624 年法国国王路易十三世在凡尔赛森林里建造的狩猎城堡。1661 年，路易十四世为再现罗马城建造的辉煌，指派建筑师设计成了一座豪华王宫。工程始于 1662 年，结束于 1780 年，历经一百多年的建造。凡尔赛宫成为当时欧洲最庄严、最辉煌的皇家宫苑。竣工后的凡尔赛宫吸引了众多法国名流贵族喧嚣作乐，这其实是路易十四从政治上、经济上抽掉反对王室的封建贵族们的根基的阴险谋略，但与此同时它也导致了法国大革命的爆发，使波旁王朝走向破灭之路。

### （二）突出价值

1. 文化价值

在法国乃至整个欧洲地区，贵族文化在欧洲大陆有着重要的影响，不仅仅是在艺术方面，在千年历史的沉淀下，贵族文化已经渗透到社会的每一个部分。而凡尔赛宫不仅可以被当作法国贵族文化的代表，甚至可以作为欧洲贵族文化的代表而阐释贵族文化对于艺术的影响。它不但是贵族璀璨的艺术宝库，也是欧洲贵族的活动中心，每一位贵族都潜移默化地探讨着贵族的发展，也影响着这之后贵族文化的衍生物。

现如今贵族文化已经被许多大众所曲解，简单地将金钱、势力、权力和贵族画等号，但其实通过了解以凡尔赛宫为首的贵族文化，可以感受到贵族文化是积极向上的，是一种能直接或者变相地影响其他领域的中心文化。从各个领域都能体会到贵族文化的渗透，艺术也在这种文化的影响下逐渐地形成一种为上流社会服务的艺术体系，这种形式就是为贵族服务的艺术。

2. 历史价值

凡尔赛宫始终是法国封建统治历史时期的一座华丽的纪念碑。从内容上讲不仅是法兰西宫廷，而且是国家的行政中心，也是当时法国社会政治观点、生活方式的具体体现。它是欧洲自古罗马帝国以来，第一次表现出能够集中如此巨大的人力、物力、财力的专制政体力量。当时，路易十四为了建造它，共动用了三万余名工人和建筑师、工程师、技师，除了要解决建造大规模建筑群所产生的复杂技术问题外，还要解决引水、道路等各方面的问题。可见，凡尔赛宫的成功，有力地证明了当时法国经济和技术的进步和劳动人民的智慧。

从艺术上讲，凡尔赛宫宏伟壮丽的外观和严格规则化的园林设计是法国封建专制统治鼎盛时期文化上的古典主义思想所产生的结果。几百年来欧洲皇家园林几乎都遵循了它的设计思想。例如，彼得一世在圣彼得堡郊外修建的夏宫、玛丽亚·特蕾西亚在维也纳修建的美泉宫，以及巴伐利亚国王路德维希二世修建的海伦希姆湖宫都仿照了凡尔赛宫的宫殿和花园。

3. 科学价值

1789 年的法国大革命及拿破仑发动的多次战争导致凡尔赛宫及波旁王朝众多的文物及历史真相难以得到真正的传承和发掘，但幸运的是，凡尔赛宫保存了莉兹女爵手写的 60 000 封信，这成为研究以路易十四为首的波旁王朝君主最重要的依据，也为后人对 17 世纪形成的罗马天主教贵族体系的创建、发展历史的研究带来了重要的事实依据。

## 三、枫丹白露的宫殿和园林概况及价值

### （一）概况

1. 简介

枫丹白露宫及其花园，位于塞纳河左岸的枫丹白露镇，坐落在 170 平方公里的森林内，这里泉水清冽，风景优美，气候宜人。12 世纪路易六世在泉边修建了城堡，供打猎休息使用，这就是后来的枫丹白露宫。“枫丹白露（fontainebleau）”由“fontaine belle eau”演变而来，“fontaine belle eau”的法文原义为“美丽的泉水”。枫丹白露宫建筑群由古堡、宫殿、院落和园林组成，其中常年开放的馆舍有文艺复兴馆和皇帝寝宫。从建筑艺术上看，枫丹白露可以说是法国古典建筑的杰作之一，各个时期的建筑风格都在这里留下了痕迹。在西方博物馆中，收藏和展览圆明园珍宝数量最多的就是枫丹白露宫了，宫中的中国馆可以说是圆明园在西方的再现。

2. 历史沿革

1137 年路易六世始建城堡。

14 世纪查理六世建“椭圆形广场”。

1530年弗朗索瓦一世整建，建弗朗索瓦一世长廊。

16世纪后期亨利四世大规模扩建，将“椭圆形广场”改为“白马广场”。

拿破仑时期重修在法国大革命中受到损坏的建筑。

1921年建立国家城堡博物馆。

1940年6月法国投降，希特勒在这里举行“庆功宴”，并设立占领军指挥部。

1944年8月，这里成为盟军司令部。

1945至1965年间，北大西洋公约组织以此作为基地，至今宫墙外还残留有“北大西洋公约组织”的标记。

### （二）突出价值

1. 文化价值

1981年联合国教科文组织将枫丹白露宫及其花园作为文化遗产，列入《世界遗产名录》。世界文化遗产评委会委员对于枫丹白露的宫殿和园林也是赞誉有加，称它具有文艺复兴时期建筑的韵味，并与法国传统艺术的韵味完美地融合在一起。

2. 历史价值

英雄总有落幕时，见证了拿破仑无上荣光的枫丹白露宫也同样铭记了他悲怆的一幕。1812年拿破仑远征俄国，大败，从此失势。1813年，拿破仑在莱比锡一战中被俄普奥联军一举击败溃不成军，在枫丹白露宫被迫签下退位诏书，随后被放逐到厄尔巴岛上。

一代英雄黯然退出世界舞台，枫丹白露宫近八百年的法国宫廷历史也随之落幕。拿破仑在流放之时还念念不忘他的枫丹白露宫，他说那里是最理想的国王寓所，一座划时代的建筑。

从1850年开始，这里来了许多写生的流浪画家，挤满了枫丹白露仅有的两家旅店，在这个宁静庄严的宫殿周围，画着日出和日落，森林和小溪。枫丹白露宫的一草一木、一砖一瓦，就在优美迷人的景色中诉说着往昔的辉煌和惆怅。

3. 科学价值

由拿破仑下令重新布置，枫丹白露“英式花园”借鉴了英国自然风景式园林特点，树木布置自由，品种繁多，小溪路径曲折有致，人们可在其中随意徜徉。

## 四、法国圣地亚哥—德孔波斯特拉朝圣之路

### （一）概况

1. 简介

在中世纪，数以百万计的虔诚的朝圣者跟随着他们的主教或民族朝圣着，不畏艰辛地穿越法国，以寻求拜访位于西班牙西北部的圣殿，这条路线就是举世闻名的圣地亚哥—德孔波斯特拉朝圣大道。

2. 历史沿革

公元1世纪时，十二使徒中的圣雅各殉道后，尸体被他的门徒秘密带到西班牙西北角大西洋沿岸埋葬。

公元813年的7月25日，伊利亚弗拉维亚的主教所多米如斯偶然间发现了尘封多年的圣徒骨殖。这一爆炸性消息迅速传遍了整个基督教世界。

随后，阿斯图里亚斯国王阿方索二世将圣徒的坟墓迁至现在的圣地亚哥—德孔波斯特拉城，并建造了第一座专门进行朝拜的巴西利卡式教堂。

“圣徒骸骨的发现”迎合了中世纪基督徒们对于上帝神迹的期待，也为他们捍卫信仰的圣战带来了强大的精神支持。

### （二）突出价值

1. 文化价值

1998年，UNSECO将法国朝圣之路上的著名的教堂，主座教堂，圣殿，修道院等总数有上百个汇编成了一个世界遗产项目——法国圣地亚哥—德孔波斯特拉朝圣之路。圣地亚哥—德孔波斯特拉在整个中世纪是成千上万虔诚朝圣者们的终极目标，他们从欧洲各地蜂拥至此。列入世界遗产的项目包括系列重要的历史古迹，标明了朝圣者穿越法国的路线。

2. 历史价值

从11世纪到18世纪，来自欧洲大陆各地的信徒持续不断地进行着艰辛而又充满慰藉的朝圣行走，最终形成了以圣地亚哥—德孔波斯特拉为终点，向整个欧洲大陆延伸出网状的道路，同时在沿线留下了数以千计的有形和无形遗产。

3. 科学价值

这条大道在整个中世纪晚期宗教与文化的交会和发展中扮演着重要的角色。圣地亚哥—德孔波斯特拉朝圣之路见证了当时中世纪宗教势力的强大以及宗教对各个阶级、各个国家的人们的深远影响。

## 五、普罗万城概况及价值

### （一）概况

1. 简介

普罗万城是世界上唯一一座保存了13世纪建筑的真实性和城市规划的市集之城。它坐落于巴黎以东处，城镇四周城墙雄伟，历经修葺至今仍保持原状。古镇沿山而筑，山丘上的部分为上城，主要建有教堂、谷仓、钟楼等；下部分为下城，集中着民宅、商铺等。城镇四周环绕着中世纪高耸的城墙，最高处是一座12世纪的要塞，建在当年古罗马要塞的废墟之上。

作为中世纪西欧商业城镇的典范，普罗万城至今仍较完整地保持着当年的建筑格局。城镇规划有序，建筑错落有致。上城的中心有一处广场，矗立着一个高高的石制十字架。当年集市期间，许多商人就一直于此经商。还有一处什一税谷仓，现在改为了博物馆，馆内展有一些代表当年商人交易活动的物品和蜡像。

由于普罗万没有像其他中世纪古城那样流于近代城市的工业化，故而整座城市都被列入《世界遗产名录》。

2. 历史沿革

普罗万城从公元1000年开始繁荣，当时这里的伯爵组织了“市集通道”，出钱护送整队前来市集的商人，使城市的商业文化得到充分发展，并在之后香槟地区的蒂博四世公爵的统治期间达到顶峰，该地区的文学、经济、艺术和时尚均是盛极一时。14世纪后，欧洲的商路改道到阿尔卑斯山口，人们开始越来越充分利用直布罗陀海峡，普罗万城繁盛的商贸逐渐谢幕。

### （二）突出价值

1. 文化价值

2001年12月，联合国教科文组织将其列入世界文化遗产名录。对此，世界文化遗产委员会的评定理由是：普罗万印证了11~13世纪欧洲经济、贸易、文化和城市建设规划上的巨大影响，至今一直保持着城市的原始结构和真实风貌。它是建筑上的一个杰出典范，代表着欧洲大陆经济文化交流的发端。

在庆祝普罗万被列入世界遗产名录的官方仪式上，法国总统希拉克曾饱含深情地说道：“我向普罗万的每一个居民致敬，因为在他们身上，担负着守护这座给法国带来伟大骄傲的城市的重任。我相信他们心中的强烈感情会促使其珍惜这座城市，并将与所有的来访者一起分享和爱护这一遗产而获得成功。”

2. 历史价值

普罗万城曾经见证了国际贸易组织和羊毛工业的早期发展，是中世纪西欧商业城市的良好典范，城中历史的痕迹随处可见，其中既有大量用于主办展览会和相关活动的商业建筑，还有被浪漫艺术家誉为“小威尼斯”[①]的精致水利网，那些狭窄蜿蜒的马路大部分还保留了旧货街、牧草小道、德国人街等一目了然的别致名称；快乐门、“夏特尔广场”、穹顶酒窖、圣十字教堂等古迹或呈现昔日这座欧洲著名商业城市的风采，或展示从13世纪开始几乎没有发生过改变的城市建设和防御体系。

每年4月到11月，这里文化表演不断，放飞食肉猛禽、骑士比武、丰收庆典，与诸多古迹一同将古城当年的繁华盛景呈现在人们眼前。

3. 科学价值

与其他的防御城市相比，普罗万的不同之处在于它避免了近代的城市化和工业化。

---

① 中世纪普罗万城的纺织企业需要大量工业用水，城建者便引渠开沟、沿水筑屋，形成了如今水乡结合的景观，故被称为“小威尼斯”。

它的城墙是欧洲最雄伟的，除了经历过几次加固，都一直保持原状。原住民的结构也从来没有被改变过，农场主或者农民住在城市的中心，那些从祖上继承下来的古建筑里，他们依然从事着农业生产，也依然遵循着几代人以前的生活方式。用于生产的农用拖拉机依然会从城市的主要道路上驶过。

普罗万城一直致力于保留过去的人文气息，同时利用现代的技术使居民的生活条件得以改善。为此普罗万耐心地协调发展了建设和保护古城两个层面的问题。所以城市中有工业，有现代商业，也有城市人口的增加和结构改变，于是就把城区划分成不同的部分，分为上城和下城，内城和外城。

### （三）保护与合理开发

法国根据过往经验，致力于长期修复策略，通过四个环节来重新赋予文化遗迹的意义：第一，从历史文献资料开始，进行历史研究，感受景点的变迁及其环境。第二，进行实地工作，以理解地点的现状，对文献中及实地所获得的不同资料和数据反复核对，以便找回其历史面貌。第三，考虑到新的用途及现有的经济能力，制定一个修复方法，包括确定优先实施部分。第四，建立一套短期、中期、长期的技术与财富管理计划，以此推动文化的再生。

## 五、附录：与北京在文化遗产领域大事记

2014 年 4 月 11 日，为庆祝中法建交五十周年，在第九届“中法文化之春”艺术节开幕之际，由中国国家博物馆与法国国家博物馆联合会共同举办的“名馆 · 名家 · 名作——纪念中法建交五十周年特展”，在国家博物馆西大厅隆重开幕。展览展出的十件美术作品，囊括了罗浮宫博物馆、凡尔赛宫和特里亚农宫博物馆、奥赛博物馆、毕加索博物馆、蓬皮杜现代艺术中心这五家世界著名博物馆的精品力作。这也是法国博物馆界历史上第一次五馆合作的联合办展。其中，凡尔赛宫一直是世界文化遗产中的璀璨明珠，凡尔赛宫所展出的这幅《63 岁时着加冕服的路易十四全身像》代表了这座皇家建筑群的源头和精髓。

2019 年 11 月 11 日，根据发布的《中法关系行动计划》，中法两国决定于 2021 年合作举办中法文化旅游年，共同促进文化创造和人文交流。中法两国重申重点发展文化合作。双方支持在故宫博物院共同举办“中国与凡尔赛宫”展览以及中国国家博物馆与阿拉伯世界研究中心在巴黎共同举办“丝绸之路”展览，承诺为两国博物馆进行展览合作或互换提供便利。

# 文化遗产

## ——科隆市（德国），Cologne（Germany）

### 一、科隆文化遗产概览

科隆横跨莱茵河两岸，是德国第四大城市。公元前38年，曾是古罗马要塞，也曾作为汉萨同盟主要成员。因科隆位居欧洲东西和南北交通要地，中世纪时该地区的经济已十分发达。十九世纪中叶后，随着鲁尔煤田这一德国最大煤炭基地的开发和铁路修筑，科隆的发展更为迅速。

科隆还是一个以罗马式教堂和哥特式大教堂闻名于世的城市。屹立在莱茵河边的科隆大教堂是世界上目前最高的双塔教堂，它已成为科隆市的象征和游客们向往的名胜之地。1996年，在世界遗产委员会第20届会议报告上，根据文化遗产标准C（Ⅰ）（Ⅱ）（Ⅳ），科隆大教堂被列入《世界遗产目录》。

### 二、科隆大教堂概况及价值

#### （一）概况

1. 简介

科隆大教堂位于科隆市中心，始建于1248年，几经波折，于1880年最后完成。大教堂是欧洲基督教权威的象征，是哥特式宗教建筑艺术的典范。它为罕见的五进建筑，内部空间挑高又加宽，高塔直向苍穹，象征人与上帝沟通的渴望。除两座高塔外，教堂外部还有多座小尖塔烘托。教堂四壁装有描绘圣经人物的彩色玻璃；钟楼上装有5座响钟，最重的达24吨，响钟齐鸣，声音洪亮。科隆大教堂内有很多珍藏品。“二战”期间，教堂部分遭到破坏，近20年来一直在进行修复，作为信仰象征和欧洲文化传统见证的科隆大教堂最终得以保存。

科隆大教堂是欧洲北部最大的教堂，它以法国兰斯主教堂和亚眠主教堂为范本，是德国第一座完全按照法国哥特盛期样式建造的教堂。考古发掘表明，在今天科隆大教堂高高耸立的地方，曾存在过一座罗马的神殿，围绕它的是富裕商人的豪宅。第一座基督教堂建于公元 320 年，当时的洗礼盆在今天的大教堂内还可以看到。

2. 历史沿革

1164 年“东方三王”遗骸运抵。

1180—1230 年安放有“东方三王”遗骸的三王圣髑盒。

1248 年 8 月 15 日奠基仪式。

1322 年大歌坛落成典礼。

约 1355 年高 157 米的尖塔动工。

1744 年歌德首次参观大教堂。

1814 年部分中世纪时的西部正面设计图失而复得。

1816 年发现另一半中世纪西部正面设计图。

1842 年重新动工。

1880 年 10 月 15 日建造时间长达 632 年又两个月的大教堂终于竣工。

1948 年 700 周年庆典。

1998 年 750 年周年庆典。

**（二）突出价值**

1. 文化价值

科隆大教堂以轻盈、雅致著称于世，成为科隆城的象征，也是世界最高的教堂之一。有一版面值均为 5 芬尼的邮票印刷于 1948 年，是专门为科隆大教堂设计的。但是后来政府认为科隆大教堂被印刷成黄色是错误的，因此宣布这版邮票销毁。但是由于一些原因，邮票阴差阳错地保留了下来，如今成了珍贵的历史资料。

2. 历史价值

1880 年 10 月 15 日，这座当时荣膺世界最高建筑物的科隆大教堂举行了盛大的竣工典礼，成为建筑史上最杰出的成就之一。

科隆大教堂除了它自身特有的价值和其包含的艺术价值外，还体现了欧洲天主教的力量和耐力。1942 年，英美联合空军轰炸德国。科隆位居莱茵河要津，其下游腹地是化工业的集中区，成为受轰炸最惨重的城市之一。战争结束时，科隆老城有近百分之九十的建筑被摧毁。由于德国天主教透过罗马教廷提出要求，这座古教堂才免遭轰炸。科隆大教堂虽然没有被毁掉，但也中了盟军十多枚炸弹。战争结束后，康拉德·阿登纳总理对于家乡科隆情有独钟，主持重修了科隆大教堂。

20 世纪末，泛酸的空气正无情地侵蚀每一块斑驳的石头，一波又一波的整修开始了。科隆市政府在保持大教堂的建筑特色的同时，对教堂的内部进行了修葺，使其焕然一新。

3. 科学价值

科隆是欧洲最重要的工业基地，也是德国最大的褐煤生产基地。大教堂建成仅 160 多年，由于长期受到工业废气和酸雨的污染、腐蚀，双塔由原来的银白色变成了黑褐色。当地文物部门为恢复教堂原来的建筑风貌，用莱茵河的水给 157 米高的双塔“洗澡”。尽管不能恢复原来的光亮、明丽，但毕竟比原来清新了许多。后来市议会知道了，决定保留双塔被污染了的黑褐色，以引起世人对环保工作的重视，增强人们的环保意识。

大教堂的“阴阳脸”，促使科隆市政府出台了一系列的政策措施，消除和减少污染，保护好世界历史文化遗产和历史文化名城。如：加强对环境保护的立法；严禁尾气污染严重的车辆进入市区；搬迁市内污染严重的企业；正式成立“环境保护区”……

特别超前的是，在 20 世纪中叶，他们就提出了“减少碳排放、节约能源、提倡绿色生活”的口号，成为“倡导低碳、防止气候变暖”的践行者。

**（三）保护与合理开发**

科隆市为大教堂策划一个缓冲区，但仅局限在莱茵河左岸大教堂的周边地带。在发生大教堂周围拟建高层建筑的事件后，遗产委员会提出了一项报告，再次要求道依茨区拟建高层建筑对大教堂的视觉影响予以考虑，并在莱茵河右岸也划定缓冲区，以控制建筑开发，突出世界遗产的价值。大教堂的价值不仅在其本身，还包括与周围环境共同形成天际线以及文化遗产之间的关系，因此要寻求合理自市设计解决途径。设置合理的缓冲区是重要手段之一。

- 设置步行区域与经济振兴、环境改善策略相结合。
- 突出大教堂中心地位，创造宜人的步行空间尺度与丰富的吸引力。
- 延伸步行系统，与各种开放空间相衔接。

## 三、附录：与北京在文化遗产领域大事记

2018 年 10 月 27 日，为庆祝科隆与北京结为友好城市 31 年，德国科隆市市长何珂将一项名为“魅力科隆”的 360 度全景展作为礼物带给北京市民，让更多的人通过世界著名文化遗产科隆大教堂顶端这个独特的视角来饱览整座城市的魅力与风采。德国科隆市市长何珂与北京市副市长王宁在鸟巢前双手紧握，两座城市之间的友谊再一次加深。

这项活动是在鸟巢南广场搭建起了一座全景环形展厅，展厅的入口犹如一道“任意门”，令观众一步即可穿越到科隆大教堂高耸的双塔之上俯瞰莱茵河的美景。这座 360 度的环形展厅展示出一幅俯瞰科隆的巨幅写真，以此将这座莱茵河畔的大都市以近距离的方式生动形象地呈现在观众面前。该展的原始取景源于摄影大师 HG Esch 从科隆大教堂的十字交叉塔楼上的拍摄。

# 文化遗产

## ——基辅市（乌克兰），Kyiv（Ukraine）

### 一、基辅文化遗产概览

乌克兰的首都基辅，被誉为“罗斯众城之母”，是东斯拉夫人建立的最古老的城市。“基辅”这一地名的由来相传是波良人部落首领三兄弟——基伊、塞克和霍里夫共同“建造城堡，以长兄的名字命名为基辅”。

圣索菲亚大教堂是基辅最伟大的标志，也是传统东正教的主要避难所之一。圣索菲亚教堂建于1037年，具有典型的巴洛克式建筑风格。在古希腊语中，“索菲亚”代表“智慧”之意。它是智者雅罗斯拉夫为庆祝古罗斯军队战胜突厥佩切涅格人以及颂扬基督教而修建的。1990年，联合国教科文组织将基辅的圣索菲亚大教堂和别切鲁斯卡娅大修道院作为文化遗产，列入《世界遗产名录》。

### 二、圣索菲亚大教堂概况及价值

#### （一）概况

1. 简介

圣索菲亚大教堂是基辅最伟大的标志，也是传统的东正教的主要避难所之一。基辅－佩乔尔斯克修道院的历史可以追溯近千年之久，公元1051年，修道士在基辅附近的山洞里修建了修道院。修道院的第一个定居者是安东尼修士，他的潜心静修生活鼓舞和感染了当地的居民，他们纷纷前来祈求祝福，同时也带来生活必需品。其中的一些人决定留下来和他生活在洞穴里。随着人数不断增多，定居者扩大并修建了新的洞穴，随后建立了教堂。

佩乔尔斯克修道院也因洞穴（乌克兰语中洞穴被称为佩乔尔斯克）而得名，作为最有影响力的东正教修道院，在蒙古统治以前享有崇高的地位，被称为基辅－佩乔尔斯克－拉夫拉。在11世纪70年代，修道院经历了大规模的石质建设。直到12世纪末修道院建筑群才宣告竣工。

2. 历史沿革

早在 11 世纪初，圣索菲亚大教堂就成为肖像画的中心，直到 11 世纪末还保持着领导地位。经历了随后的天灾和战祸后，损毁建筑的重建工作于 1720 年开始，这一时期是乌克兰巴罗洛式建筑的鼎盛时代。多米季昂大教堂和盖特礼拜堂都被重建为巴洛克式建筑风格，于是 18 世纪中期独特的建筑群形成且一直保存至今。

教堂的建设在乌克兰文化发展中有着重要意义：诞生了新派教堂建筑、提高了建筑师和画家的技艺、扩大了当地艺术学校的规模。著名的历史学家、作家、科学家、艺术家、物理学家和出版商都曾在教堂的前身——拉夫拉居住和生活过。1113 年，就是在这里，历史学家内斯塔完成了他的传世之作《流失岁月里的故事》，这本书后来成为人们了解 16~17 世纪基辅尔罗斯人的知识源泉。修道院以及教堂也成为基督文化传播的中心。

1917 年"二月革命"后，修道院生活在权力频繁交替、战祸和人为破坏的动荡岁月里延续。布尔什维克掌握政权后推行强烈的无神论主义，教堂被破坏、基督文化也随之衰落。1926 年，政府宣布原来的基辅 – 佩乔尔斯克 – 拉夫拉为国家历史和文化遗产，并把它变成全乌克兰博物馆镇。1930 年宗教团体停止了他们的活动，第二次世界大战期间，拉夫拉遭到了极为严重的破坏。而后在 1988 年，庆祝俄罗斯诞生千年庆典时期，拉夫拉得以重建，恢复其往日的光辉。

**（二）突出价值**

1. 文化价值

基辅的圣索菲亚大教堂是乌克兰国家建筑历史文化保护区，1990 年作为世界文化遗产列入《世界遗产名录》。

世界遗产委员会描述：基辅的圣索菲亚大教堂的设计可与君士坦丁堡的圣索菲亚大教堂媲美，象征着"新君士坦丁堡"，它建于 11 世纪，是基辅基督公国的首都。这一地区于 988 年经圣·法拉蒂米尔洗礼后基督化。该文化遗产在精神和文化上的影响对东正教思想在俄罗斯 17 世纪至 19 世纪的传播做出了贡献。

2. 历史价值

9 世纪，乌克兰民族的第一个国家基辅罗斯崛起。基辅罗斯是东欧平原上最早出现的文明古国之一，在弗拉基米尔大公及其儿子雅罗斯拉夫统治时期，基辅罗斯的人口达到 500 余万，疆界空前广阔，成了当时欧洲最大的国家。这一时期，基辅罗斯的政治、经济和社会生活繁荣昌盛，由此奠定了今天俄罗斯、乌克兰共同的文化基础。公元988 年，弗拉基米尔娶拜占庭帝国的安娜公主为妻，正是这一年，这一地区经圣·法拉蒂米洗礼后基督化，宣布基督教为国教。

所以，今天俄罗斯的国徽上带有拜占庭文化的标记——双头鹰。历代沙皇也以拜占庭文化的继承人自居。从沙俄时代直至苏联时期，乃至今天的俄罗斯，基辅罗斯一直被奉为俄罗斯历史的发端，基辅城也被称为“俄罗斯诸城之母”。

3. 科学价值

大教堂用砖和石料砌成，布局严谨，气势雄伟，面积 2035 平方米，内有宽敞庄严的长廊。半圆形屋顶上，有的还贴着薄金片，圆柱和角柱上装饰着许多美丽的图案。教堂内绘制了许多壁画和马赛克画。其中《祈祷的圣母》是用 300 多万块、177 种玻璃石制成的，画面上的圣母像高 5.5 米。大教堂还创建了中世纪俄罗斯最早的图书馆。

## 三、别切鲁斯卡娅大修道院概况及价值

### （一）概况

1. 简介

别切鲁斯卡娅大修道院，又称彼切尔洞窟修道院，是乌克兰首都基辅的著名古迹之一。占地 28 公顷，内有许多教堂及博物馆（包括古代珍宝博物馆、图书和图书印刷博物馆、乌克兰民族装饰艺术博物馆等），其中洞窟教堂历史最为悠久。基辅彼切尔洞窟修道院院区于 1990 年被联合国教科文组织列入世界文化遗产名录。

该修道院建于 1051 年，最早作为修道室，而后安葬各个时代的名人和著名修道士。这里保存了 11 位教士的干尸，尸体保存在洞穴内。由于洞穴内特殊的气候环境，这些尸体自然风干成木乃伊。木乃伊被认为是奇迹，是神的力量的体现，修道院因此声名远播。

12 世纪，洞窟教堂曾是东欧宗教和文化中心，这里有圣像画室和缮写室，将经文译成教会斯拉夫语，并翻译成外国文学。1240 年蒙古入侵期间，洞窟教堂曾作为基辅市民的避难所。18 世纪，沙皇曾在此囚禁政治犯。“十月革命”以前，俄国及东欧国家的东正教徒纷纷来此朝拜，许多知名人士也曾在洞窟教堂隐居并从事创作。

### （二）突出价值

1. 文化价值

别切鲁斯卡娅大修道院所承载的文化意义并不局限于宗教层面，在某一特定时段，它是社会各阶层的精神家园，是文学风尚的引领者，是君王将相的表演舞台，是王公贵胄的终老地，是战争时期百姓的避难所，更是富甲一方的经济、政治力量……确切地说，该修道院是勾连起各色人物、各方势力、诸多事件的文化节点。

2. 历史价值

别切鲁斯卡娅大修道院在俄罗斯历史中所占据的翘楚地位，即便是有关修道院的细枝末节，也生发为具有重大意义的文化历史现象。比如：保存在洞窟修道院的圣安东尼的遗骸、125 具木乃伊和东正教文化中干尸崇拜的关联；“罗斯宁静主义”、苦修和节欲的精神传统与俄罗斯民族性格之间的密切关系；在《往年纪事》中提及的“修道

士们在洞穴上方建筑了一座小规模的教堂——圣母升天教堂”和圣母崇拜的关联，利哈乔夫院士指出，基辅洞窟修道院是圣母升天神话的主要形成源头，他在《基辅洞窟修道院修士轶事》中考察罗斯建造圣母升天教堂的思想基础……

不夸张地说，别切鲁斯卡娅大修道院是根系庞大、语义充盈的文化系统，它关涉到古俄罗斯政治、经济、军事、宗教、文学、绘画、建筑、造型艺术乃至图书发行等广义文化的方方面面。

3. 科学价值

别切鲁斯卡娅大修道院异常清楚地揭示了其作为交流的媒体是如何在宗教信仰、社会政治以及经济法律等诸多方面的影响。语言和文字的传播是宗教团体和城市社会起源和发展先决条件和重要因素。语言和文字使得法律规章、概念和设计得以保留和传递。因此今天我们可以超越时空的限制在古老的思想中寻找构建现代社会的各种基础。

持续了一个世纪之久地从手写稿到印刷品的转变对于修道院此后在图书馆和教育机构的扩大、出版业的出现、图书贸易的扩大、大规模印刷业的发展，以及视听读物出现、地区政治、经济和社会的发展等方面产生了极为深刻的影响。修道院的影响远远超过了地域的界限。它以神的城镇和美德的发源地、资深学者和教育机构所在之地而闻名君主时代的政绩西方世界。

别切鲁斯卡娅大修道院有着多种内涵，这取决于时代和使用这个名字的机构。它的名字在不同的语言环境中可以使人产生许多联想。因为它代表着许多迥然不同的机构和组织：偏僻的寺院、修道院、高深的修道士、主教区、城镇共和国，许多乌克兰的联邦、自治区、区、行政区域、州、州政府、风景和地区等。

### （三）保护与合理开发

为了进一步保护历史、艺术、科技遗产免遭破坏，乌克兰在 2014 年成立了国家蓝盾委员会，该委员会致力于保护国家所有时期的纪念碑，不论政治派别和社会背景。

1954 年，联合国教科文组织在海牙通过了《保护武装冲突中文化遗产公约》，乌克兰于 1957 年 2 月 6 日加入该公约。联合国教科文组织于 1972 年 11 月通过了《保护世界文化和自然遗产公约》，乌克兰于 1988 年 10 月 12 日加入该公约。

乌克兰 2004 年印发的《国际人道主义法》手册中明确指出，个人捍卫文献遗产的职责是受到国际人道主义法保护的；对文献遗产及其保护者进行直接攻击是严重违背国际人道主义法的。手册中将文化遗产的定义描述为对人类及其精神生活起到重要影响的文化所有物，反映艺术、宗教或不朽人物的纪念碑也属于该范畴。

在国际大会上通过的公约、乌克兰国内法案以及国际法惯例都强调，在遭遇武力冲突时国家保护自身的文化遗产的职责。

国际蓝盾委员会督促乌国各党派都要履行保护国内文化遗迹、文献保管机构的义务和责任。当然，该国际组织除了在乌克兰国内相关文化遗产保护组织间建立协调机制，提供专业指导之外，在必要时还会对已遭破坏的世界文化遗产的修复、归还工作做出评估。

## 四、附录：与北京在文化遗产领域大事记

2016 年 5 月，应乌克兰国家文化部前部长－绮利尼亚克·米哈伊尔先生的邀请，北京市道教协会弘道济世专项基金管委会兼组织委员会副主任、著名艺术鉴赏家刘瀚锴先生携中国艺术家代表团赴基辅进行艺术交流和友好访问。中方代表团参观了世界文化遗产——别切鲁斯卡娅大修道院，修道院院长刘波米伊尔向中方一行人介绍了该修道院的历史进程并向中方赠送了修道院的经典纪念画册。

2018 年 9 月 25 日，“流金溢彩——乌克兰博物馆文物及实用与装饰艺术大展”在北京故宫博物院举行了开幕仪式。该展览主要展出了来自乌克兰普拉塔历史文化遗产博物馆的藏品和 20 世纪下半叶到 21 世纪初乌克兰艺术家的当代纹饰作品。由于特里波耶和斯基泰的历史传统对乌克兰文化产生了深远影响，其考古文物与当代纹饰作品的展示之间有着紧密的呼应。值得一提的是，“彼得里科夫”这种独特的艺术已被列入联合国教科文组织人类非物质文化遗产代表名录。

2019 年 6 月 26 日，山东省非物质文化遗产展在基辅开幕。山东省副省长于洁，中国驻乌克兰大使馆代表，乌克兰文化部副部长受邀出席活动。

# 文化遗产

## ——柏林市（德国），Berlin（Germany）

### 一、柏林文化遗产概览

柏林是德国首都，是德国最大的城市。柏林无论是从文化、政治、传媒还是科学上讲都称得上是世界级城市。柏林都会区有知名大学、研究院、体育赛事、管弦乐队、博物馆和知名人士。城市的历史遗存使该市成为国际电影产品的交流中心。柏林共有三处世界遗产：柏林的博物馆岛、波茨坦与柏林的宫殿和庭院、柏林现代住宅群落。

### 二、柏林博物馆岛概况及价值

#### （一）柏林博物馆岛概况

1. 柏林博物馆岛简介

柏林博物馆属于18世纪启蒙运动的一种社会现象的产物，是由位于市中心的、具有极高历史和艺术价值的多个博物馆组成的建筑群。柏林的博物馆岛共有五个博物馆，由最著名的德国建筑师设计，分别建于1824年至1930年间。这代表着一种理想的实现，也展示了20世纪博物馆设计方式的转变。各个博物馆的设计都有意地在其艺术藏品之间建立起有机联系，而各建筑的规划和建筑质量又大大提升了馆中藏品的价值，这些藏品展示了各个时期人类文明发展的历史。这五个博物馆构成了一个独特的建筑群，在城市结构中构成了城市规划的重点，成为一种城市象征。

2. 历史沿革

1830年—柏林旧博物馆始建

1859年—普鲁士皇家博物馆（现为柏林新博物馆）对公众开放

1870年—这片区域被正式命名为博物馆岛

1876年—国家画院（现为国家绘画陈列馆）对公众开放

1904年—腓特烈国王博物馆（现为博德博物馆）对公众开放

1930 年—佩加蒙博物馆对公众开放

1999 年—博物馆岛被认定为世界文化遗产

博物馆岛集中了德国博物馆的精华，如展现古埃及历史的佩加蒙博物馆、汇集了世界美术大师作品的国家绘画陈列馆、曾作为兵器库的德国历史博物馆等。1695 年弗里德里希三世为兵器库奠基，1730 年才全部完工。从 1731 年到 1876 年普鲁士王国一直把它作为国家重要的军事器械库，1952 年原东德政府将其改作历史博物馆。两德统一后德国政府投入大量资金对岛上的所有建筑进行重新维修。

### （二）突出价值

1. 文化价值

博物馆岛的文化价值与其在某种类型的建筑和整体（现代艺术和考古博物馆）的概念和发展中的历史作用联系在一起。从这个角度来说，柏林博物馆岛是世界上最令人印象深刻的建筑群之一。博物馆岛的城市和建筑价值与五个博物馆收藏的重要藏品密不可分，这些藏品见证了文明的演进。最为巧妙的是，无论是作为室内设计的一部分，还是整体的风格和对单体的诠释，博物馆中的建筑空间又与陈列的收藏品有机地联系在一起的。

博物馆岛上的五座博物馆都藏有极为珍贵的藏品，比如佩加蒙博物馆中的佩加蒙祭坛和巴比伦伊始塔尔门，分别展现了巨人战役为主题的古希腊雕刻和巴比伦文化，此外还展现了 8 到 19 世纪的伊斯兰艺术成就；旧博物馆中藏有古希腊、古罗马和伊特鲁斯坎等多个文明的雕塑、货币等古老艺术品；德国历史博物馆藏有囊括了史前时代到德国统一时期这一长久历史阶段的 8000 余件藏品；国家画院展览的主要是德国 19 世纪的绘画和雕塑，还藏有法国印象派大师莫奈、塞尚等人的名作。

2. 历史价值

博物馆岛上五个博物馆分别展现了不同历史时代不同主题的藏品，比如展现了古埃及历史的佩加蒙博物馆，展现了世界美术大师作品的国家绘画陈列馆等。这组经过百年历史建造完善起来的博物馆群体建筑在二次大战中 70% 以上被毁，第二次世界大战之后，东西柏林分裂，博物馆中的藏品也被分散在东西柏林多处。直到柏林墙的倒塌，德国统一之后，博物馆岛上的博物馆才得到了修复，并陆陆续续于21世纪初开放。

3. 科学价值

柏林博物馆岛是一个城市公共论坛在城市和建筑上实现的杰出范例，它对城市来说具有像雅典卫城一般的象征价值。其罕见的规划和建筑的连续性是恰到好处的。一个多世纪以来，博物馆建筑群这一概念一直被世界各地的建筑师和规划师不断地学习和模仿。

### （三）保护与合理开发

自 20 世纪初以来，政府先后于 1907 年、1909 年和 1923 年发布了三部法律来保护这个区域。1977年，柏林博物馆岛作为一批具有国家级和国际重要意义的古迹，被列入德意志民主共和国中央名胜古迹名单。1995年的《柏林历史保护法》将柏林博物馆岛的保护级别升为三级保护：博物馆岛作为历史保护区，保护范围为博物馆岛的整片区域，包括了建筑物、建筑物之间的开放空间、桥梁和其他法律规定的区域。

根据法律规定，柏林博物馆岛西侧的相邻区域也被列为自然保护区（根据《柏林历史保护法》）或受城市保护法规（根据《联邦建筑法规》）保护。该区域的一部分定义为柏林博物馆岛周围的缓冲区。

城市的规划，包括了土地使用规划和非正式的总体规划内城区以及柏林－米特地区发展计划中，包含了有关保护米特地区保护区城市结构的规定。现行的法定措施允许土地的主管当局在与城市规划有关的所有事务中采取行动，并批准建筑许可。

普鲁士文化遗产基金会和柏林国家博物馆共同管理博物馆及其建筑物和藏品，以保持该遗产的品质。他们与其他合作伙伴合作，向他们委托专门的保存活动。作为政府一级的负责机构，由于联邦政府和所有16个联邦州参与了普鲁士文化遗产基金会的工作，普鲁士文化遗产基金会有着潜在资金支持和强力、灵活的管理方式。联邦运输，建筑和城市发展部负责建筑工程的实施。联邦建筑和区域规划局审查并批准规划，保护工作，专家建议，设计，联邦项目和建筑应用的技术建议等方面。在州级别，参议院和柏林城市发展与环境部负责博物馆的规划和工作，而柏林古迹办事处负责所有保护工作。在米特区，地方当局关注该岛以外的保护区，包括缓冲区。而柏林纪念碑办公室则规定了所有保护和保护措施。通过主要合作伙伴之间的持续互动以及其他相关机构的参与，可以确保有效的管理。

## 三、波茨坦与柏林的宫殿与庭院概况及价值

### （一）波茨坦与柏林的宫殿与庭院概况

1. 波茨坦与柏林的宫殿与庭院简介

波茨坦和柏林的宫殿与庭院是18世纪和19世纪建筑和景观园艺的独立建筑群的杰出代表，具有重要的艺术地位，由当时德国北部最重要的建筑师和园林设计师及其合作者共同设计。他们与富有想象力的雕塑家，画家，工匠，建筑工人和园丁一起，在波茨坦周边地区创造了无忧宫，新花园，巴伯斯贝格公园等高质量的，享誉世界的，具有欧洲风格的艺术品、建筑和园林。

文化景观及其公园和建筑物是1730年至1916年在河流，湖泊和丘陵之间的区域设计和建造的。波茨坦的基本概念是根据彼得·约瑟夫·伦内的计划实施的。彼得·约瑟夫·伦内在19世纪中期设计了该计划，将哈维尔的景观转变为当今的文化景观。这些设计仍然决定着波茨坦文化景观的布局。波茨坦公园的建筑群是非凡的文化遗产。

2. 历史沿革

1745 年—腓特烈大帝下令修建无忧宫作为自己的夏季行宫

1945 年—在此签订了《波茨坦公告》

1990 年—列入世界文化遗产

1992 年—扩大了认定范围

1999 年—再次扩大了认定范围

### （二）突出价值

1. 文化价值

波茨坦和柏林的宫殿和庭院是一项非凡的艺术成就，其折中性和先锋性的特征赋予了它独特性：一系列建筑和景观杰作都被建造在一个单一空间里，表现了对立矛盾的风格的同时，又不影响已逐渐设计的总体构图的和谐性。弗里登斯基教堂于 1845 年开始建造，标志着蓄意的历史主义；罗马圣克莱门特大教堂的这种“拿撒勒”雕塑纪念于 1745 年 4 月 14 日开始建造，是波茨坦宫殿和公园的第一座建筑，是一个卓越的洛可可式宫殿。

波茨坦是城市设计中的杰作，它根据自然背景，在设计中运用了对称和自然的原则，从有利的视觉角度来规划城市中园林和宫殿建筑，而后者又借鉴了英式花园的风格。尽管建筑样式丰富和风格多样，整座城市却形成了一种有机的和谐。除了巴洛克或古典风格，这里还有洛可可风格等来自欧洲各国的众多文化影响下的结晶，波茨坦和柏林的宫殿和庭院正是这种混合风格的卓越典范。波茨坦和柏林的宫殿和庭院通常被称为“普鲁士凡尔赛”，综合了 18 世纪欧洲城市和宫廷的艺术风格。克诺贝尔斯多夫、辛克尔和莱内，这些著名的艺术家使 19 世纪盛行的复古主义在早期的无忧宫庭园建筑中留下了足迹。

2. 历史价值

1945 年 7 月 17 日，波茨坦会议在此举行，并在此签订了《波茨坦公告》，即《中美英三国促令日本投降之波茨坦公告》。这份公告迫使日本提早投降，并且规定了日本投降以后的处理事宜，奠定了战后国际秩序的法律基础，是“二战”期间重要的公约，其影响力仍然延续至今。

3. 科学价值

波茨坦和柏林的宫殿和庭院是与欧洲君主制权力概念相关的建筑创作和园林绿化发展的杰出典范。由于该风格非常宽泛，这些建筑群属于区别极大的皇室贵族的住所的类别，例如维尔茨堡和布伦海姆（分别于 1981 年和 1987 年列入世界遗产名录）。

### （三）保护与合理开发

根据 2004 年 5 月 24 日颁布的《勃兰登堡州历史文物保护法》，整个波茨坦和柏林的宫殿和庭院被划为纪念区，并受到联合国教科文组织的《柏林波茨坦文化地标保护区条例》的保护。

波茨坦和柏林的宫殿和庭院还受《波茨坦市建设指导计划》以及《关于建立“柏林－勃兰登堡普鲁士宫殿和花园”的国家条约》的保护。这些条约允许游客进入宫殿，其他建筑物（博物馆）和公园的游客数量取决于保护和保存准则。

1998年颁布的《城镇规划状况/规划意图》中对波茨坦的环境规划计划非常重视。最终环境规划文件在2005年由市议会通过，并且会不断改进。2011年1月27日，勃兰登堡联邦州，波茨坦市，国家历史古迹保护局和普鲁士宫殿签署了关于波茨坦镇领土上世界遗产财产缓冲区的合约。普鲁士宫殿和柏林－勃兰登堡州花园基金会确保财产及其附近环境的视觉和结构完整性得到持久保护和持续保存。2004年11月24日，在联邦首都柏林领土上签署了关于世界遗产的缓冲区的声明。波茨坦宫殿内外的建筑活动也受当地的建筑计划和区域土地使用计划的约束。

有关建筑保护的管理和组织工作，则通过普鲁士宫殿和柏林勃兰登堡花园基金会（SPSG），波茨坦市，勃兰登堡州和柏林的国家历史古迹办公室，科学研究和文化部以及柏林城市发展与环境部门之间密切合作来实现。

波茨坦和柏林的宫殿与庭院由波茨坦市、柏林和SPSG负责管理。波茨坦市已进一步指定了其行政责任范围内的财产区域的本地站点协调员。SPSG拥有所有宫殿的详细文档（照片，测量/调查，地图）。SPSG设有一个纪念碑委员会，以考虑有关修复等问题的基本措施。

## 四、柏林现代住宅群落概况及价值

### （一）柏林现代住宅群落概况

1. 柏林现代住宅群落简介

柏林现代住宅群落包含六个聚落区，呈现当年柏林不同都市分区结构。这些地区约于1913年至1934年起建，建筑师以当代风格进行设计。该世界文化遗产主要是由六个部分组成，分别是：第一次世界大战之前兴建的法肯贝格公园城市以及魏玛共和时期所兴建的席勒公园聚落、布里兹巨型聚落、卡尔－莱吉恩住宅城、白城与西门子巨型聚落城等六处。它们代表的是战后社群住宅区的时空意向。清楚与新颖的造型是当时社会期待的样式，它决定二十世纪建筑与都市房屋的走向。当时具代表性的设计规划者为布鲁诺·陶特，马丁·瓦格纳，当然汉斯·夏隆或沃尔特·格罗佩斯亦参与规划。柏林当代聚落最老的区是由陶特设计的法肯贝格公园城市，20世纪30年代初新即物主义风潮影响了白城与西门子大聚落城的规划风格。

2. 历史沿革

1913年—1916年：建造法尔贝格公园城市

1924年—1930年：建造席勒公园聚落

1925 年—1930 年：建造布里兹巨型聚落

1928 年—1930 年：建造卡尔 - 莱吉恩住宅城

1929 年—1931 年：建造白城

1929 年—1934 年：建造西门子巨型聚落城

2008 年：被认定为为世界文化遗产

**（二）突出价值**

1. 文化价值

以当年的眼光来看，这些建筑无疑是十分“前卫”的。鲜艳的颜色和鲜明的对比，展现了表现主义者特别富有表现力的设计语言，是来自艺术和建筑的前卫美学思想与政治左派的社会思想的结合。

2. 历史价值

六个建筑群体现了欧洲住宅建筑价值变化的一个例子，因为它们为改善居住和生活条件做出了决定性贡献，这是广泛的住房改革运动的体现。他们的城市规划，建筑和开放空间规划质量以及当时制定的生活水平成为德国国内外社会住房的榜样。

3. 科学价值

古典现代主义的建筑师为“一战”后的住房短缺问题提供了最好的建筑解决方案：现代的，价格合理的，带有厨房，浴室和阳台的公寓；房屋虽然无后院和侧翼，但光线充足，前后通透。这些高质量的建筑，其突出的设计语言，平面图和住区的城市形象成为整个 20 世纪的典范。

**（三）保护与合理开发**

现行法律，尤其是 1995 年颁布的《柏林历史遗迹和古迹保护法》确保了这些遗迹受到充分的保护。建筑物和开放空间处于良好的保护状态。包括政策，结构和计划在内的管理体系被证明是适当的，并且照顾到了所有相关利益相关者。

## 五、附录：与北京在文化遗产领域大事记

2019 年 9 月 13 日，柏林波茨坦广场举办“魅力北京”公众日活动，在德国柏林中国文化中心举行“北京—柏林友城关系 25 周年庆祝活动”。

# 文化遗产

## ——布鲁塞尔首都大区（比利时），Brussels Region（Belgium）

### 一、布鲁塞尔文化遗产概览

布鲁塞尔是比利时首都和最大城市，位于比利时的布鲁塞尔首都大区。布鲁塞尔是欧洲历史悠久的文化中心之一，现今是许多国际组织的总部所在地，被誉为“欧洲首都”。布鲁塞尔共有布鲁塞尔大广场和建筑师维克多·奥尔塔设计的主要城市建筑两处世界遗产，分别于1998年和2000年被联合国列入世界遗产名录。

### 二、布鲁塞尔大广场概况及价值

#### （一）布鲁塞尔大广场概况

1. 布鲁塞尔大广场简介

布鲁塞尔大广场是围绕着鹅卵石铺成的矩形集市广场，现今可以查到的关于布鲁塞尔大广场最早的书面记载可追溯到12世纪。广场上现存的大部分建筑建于17世纪晚期。它是建筑中的瑰宝，是西方文化中建筑与艺术风格的折中融合的杰出且成功的典范，表现了这个重要的政治和商业中心的生命力。

大广场展现了布鲁塞尔的恢宏历史。布鲁塞尔是历史悠久的北欧商业城市，在其发展的鼎盛时期，九年战争爆发，奥格斯堡同盟入侵布鲁塞尔，而大广场受到了路易十四军队长达三天的轰炸，大部分建筑受到了毁灭性的打击。轰炸过后，在时任市长的组织下，一场持续了四年大广场重建运动如火如荼地展开了。如今，大广场仍然反映了九年战争这一段历史，并象征了布鲁塞尔资产阶级的权力和自豪感——他们选择将自己的城市恢复到昔日的辉煌，而不是像其他地方一样以现代风格进行重建。

市政厅是布拉班特哥特式建筑的顶峰，它的钟塔高耸入云，使其更加突出，是大广场最著名的地标。这座建筑建于15世纪初期，部分躲过了奥格斯堡同盟的轰炸，并经历了几次改建，其很大程度上归功于19世纪后期的修复运动。市政厅的高度与轰炸之前的哥特式建筑保持一致，并完全复原了19世纪提倡的文物保护的理想环境。市政厅对面的国王之家则按照历史主义风格进行了重建并完美地融入了整体之中，并于1887年被改造为布鲁塞尔市博物馆。在这些象征着公共权威的纪念碑的两侧，是被大公司入驻的房屋。它们建筑风格和艺术形象各有千秋，但都是在很短的时间内建成的，它们以17世纪晚期的山墙和装饰物的独特方式处理，有的是弦马装饰，有的更为古典，以鲜明的方式展现了巴洛克式的建筑特色。每座房子都有一个名字和特定的属性，用金色来强调，让人联想到居住者的地位。有趣的是，这是一个罕见的正方形广场，却没有教堂或任何其他礼拜场所，突出了其商业属性和行政属性。

2. 历史沿革

11世纪初—在此地建设了一个“低地市场”

13世纪初—广场上架设了三个室内市场

1401年—布鲁塞尔市政厅在此修建，历经55年

1504年—布拉班特公爵下令修建国王之屋

1695年—广场受到法军炮击而严重损毁

18世纪晚期—布拉班特革命者将广场严重破坏

1865年—广场中央修建了纪念莱奥波德一世国王的喷泉

1914年—德军到达此地，宣布占领布鲁塞尔

1998年—被列为世界遗产

### （二）突出价值

1. 文化价值

大广场是不拘一格的、风格多样的，但又是成功地融合了建筑和艺术风格的杰出典范，体现了该地区的文化和社会特色。大广场周围的建筑历史悠久，许多建筑的石材立面、广场上的雕刻装饰品和木制品等，无不表现了长久以来布鲁塞尔的历史文化变化和文艺复兴以来艺术风格的变化。广场上有许多象征性的艺术品，比如英雄小于连的雕塑等。

广场的主要建筑布鲁塞尔市政厅雄伟恢宏，是一座典型的布拉班特哥特式建筑。走廊里布满了五彩缤纷的壁画，其中藏有比利时的君主像，有西班牙、法国、荷兰等国的国王画像和拿破仑画像，以及各种代表着贵族、圣人和语言任务等珍贵的雕像艺术品。

2. 历史价值

布鲁塞尔大广场于1695年受到了法国国王路易十四的大军的轰炸。在法军的炮火下，市政厅大楼只剩下断壁残垣。在接下来的四年里，大广场进行了重建。而18世纪晚期，布拉班特革命者又将大广场洗劫一空。大广场见证了许多历史事件。

广场一侧有一座五层的建筑物，即著名的天鹅博物馆，这里曾是马克思与恩格斯当年居住和工作的地方。天鹅咖啡馆成为他们共同创建共产主义通讯委员会一致公认协会的活动地点，马克思也在此写出了《哲学的贫困》和《共产党宣言》等历史著作。维克多·雨果也在此写出了享誉世界的文学名著《悲惨世界》。

3. 科学价值

通过其建筑的本质，以及其作为公共开放空间的卓越品质，大广场以一种独特的方式展示了一个高度繁荣的北欧商业城市的演变和成就。

### （三）保护与合理开发

大广场的所有建筑物均已被列为古迹。由市政府发起并由古迹和遗址局进行控制的保护措施和定期恢复运动有助于维护整体的完整性。

自从列入《世界遗产名录》以来进行的形态学和遗产研究之后，布鲁塞尔首都大区政府发布了几项法令，以扩大保护措施，以覆盖与大广场相邻的建筑物的内部。大广场的地基已被列为遗址，缓冲区内，尤其是通向广场的街道和马赫街沿线的150多个建筑物得到了保护。

在布鲁塞尔地区，现行法律并未将《世界遗产名录》上所列财产与其他受保护财产的管理区分开来。古迹和遗址总局会与布鲁塞尔市历史遗产单位的建筑师和私人拥有者进行协商，以监督对建筑的干预，除特殊情况外，必须按照法国建筑商会制定的程序执行特定程序《布鲁塞尔空间规划法典》。古迹和遗址管理局还负责发放地区性补贴，以支付部分财产的修复和维护费用。

除针对所列的世界遗产的具体措施外，布鲁塞尔市还主动实施了针对大广场的监管和缓冲区规划的具体措施。在由26个密集建造的建筑岛组成的缓冲区中，这些建筑岛承受着商业、房地产和旅游业的压力。布鲁塞尔市在保存传统的城市结构和历史建筑的特定特征方面面临许多挑战，为了应对这些挑战，布鲁塞尔市通过了一项管理计划，旨在更好地协调遗产，城市扩张，道路系统，交通，旅游，拨款，住房及其缓冲区的不断增加。在这种情况下，对大广场和缓冲区进行了一般性分析，发现以下几个问题尤其突出：旅游压力，经济压力和商业发展，房地产压力，行政压力，内岛的致密化和形态损失，道路拥堵和停车，居住和社会融合，废弃建筑物和楼层问题，侵蚀/污染与紧急干预，等等。接下来需要在各方面都加大力度，特别是在预算和人员方面，才能有效地执行所有这些行动。

## 三、建筑师维克多·奥尔塔设计的主要城市建筑概况及价值

### （一）建筑师维克多·奥尔塔设计的主要城市建筑概况

1. 建筑师维克多·奥尔塔设计的主要城市建筑简介

在布鲁塞尔，有四座出自设计名师，“新艺术运动”首次发起人之一维克多·奥尔

塔之手的建筑，它们分别是塔塞尔公馆（Hôtel Tassel），索勒维公馆（Hôtel Solvay），埃特维尔德公馆（Hôtelvan Eetvelde）和奥尔塔公馆（Maison & Atelier Horta）。这四座建筑是19世纪末欧洲建筑中的先锋之作，是新艺术运动的杰出代表。这四所房屋证明了这位比利时建筑师的才华横溢，通过对建筑的最小细节（从门把手或门铃到最少的家具）的精心关注，实现了卓越的整体感。这些建筑所代表的风格革命的特点在于开放式布局，漫射的光线和装饰曲线与建筑结构的完美结合。

奥尔塔是新艺术运动最早的发起者和倡议者之一。他的这些作品所代表的艺术革命的特点是它们在整个建筑中采用的开放式平面，光的扩散和变换，装饰的创建完美地体现了装饰的弧线，包括建筑物的结构，以及新材料钢和玻璃的使用以及现代技术实用程序的引入。通过合理地使用金属结构，这些金属结构通常是可见的或微妙的。维克多·奥尔塔构思出了灵活、明亮、通风的居住区，直接适应了居民的个性。

塔赛尔公馆和埃特维尔德公馆采用由玻璃覆盖的流通区连接的双人间的原理。索勒维酒店是新艺术时期奥尔塔最雄心勃勃、最壮观的作品。室内装饰得益于令人惊讶的发明创造力，其图案从马赛克地板一直流到粉刷墙壁，包括铁艺作品和定制家具等。

这四栋房屋恢复了19世纪资产阶级房屋和私人豪宅的传统，结合了住宅和代表功能，需要微妙的空间组织和差异化的流通。经过维克多·奥尔塔的创意天才的重访，并形成了一个连贯的整体，说明了将建筑和装饰作为一个整体来对待的意愿。

2. 历史沿革

1893年—修建塔赛尔公馆

1894年—修建索勒维公馆

1895年—修建埃特维尔德公馆

2000年—列入世界文化遗产

### （二）突出价值

1. 文化价值

布鲁塞尔建筑师维克多·奥尔塔的主要城市建筑是人类创造力的天才作品，代表了有影响力的新艺术运动风格在艺术和建筑中的最高艺术表现。

新艺术运动在19世纪末期的出现标志着西方建筑发展的决定性阶段，预示着随后的发展，布鲁塞尔维克多·奥尔塔的城市建筑为其激进主义作了非凡的见证。

塔赛尔公馆的立柱采用了铁而不是石头主导前部的柱子，并且在铁柱上设置了一个大凸窗，营造了开放感和轻盈感，这一设计在当时看来可谓是十分超前的。在室内，奥尔塔采用了创新的开放式平面，充分利用了自然光，增强了采光性。

2. 历史价值

维克多·奥尔塔的主要城镇房屋是新艺术运动建筑的杰出范例，出色地说明了艺术、思想和社会从19世纪到20世纪的过渡。

3. 科学价值

维克多·奥尔塔是比利时著名的建筑师和设计师，被普遍认为是新艺术风格的开创者，他将钢框架和天窗扩大采光的思路和对铁、钢、玻璃的创新性使用对后来的建筑产生了巨大的影响。

### （三）保护与合理开发

该建筑群被列为古迹。有关对这些文化遗产的任何干预措施的书面信息，在执行之前，必须先提交给古迹和遗址局，并且，除此以外，应遵循《布鲁塞尔土地开发法》设定的特定程序。在此程序的框架内，皇家古迹遗址委员会对该项目发表建议。在准备城市许可证和工地之后，要经过古迹和遗址局这一负责管理区域性拨款的特许，而这些拨款将用于支付财产的部分恢复和维护费用，最多能覆盖总成本的 80%。

布鲁塞尔首都大区政府为维克多·奥尔塔众议院和讲习班的恢复和维护运动以及安排访客接待中心提供了重要的财政捐助以及科学和行政支持。

对奥尔塔建造的建筑物进行的几项研究包括在恢复运动的框架中，也可以独立于这些运动而进行，这些研究使人们对奥尔塔的工作和实施的技术有了全面的了解。

由于所列入的建筑物是私有财产，因此尚未制定管理计划。对于奥尔塔博物馆（这是唯一向公众开放的建筑），采用总体规划来指导预计的修复和干预。

## 四、附录：与北京在文化遗产领域大事记

1979 年，北京市政府赠送一件马褂给小于连雕像

2006 年，为了纪念神六发射成功，我国又捐赠了一件印有五星红旗的宇航服

2014 年，为了庆祝中华人民共和国成立 65 周年，从 2014 年起，每年的 10 月 1 日都为小于连穿上中国传统服装

# 文化遗产

## ——阿姆斯特丹市（荷兰），Amsterdam（Netherlands）

### 一、阿姆斯特丹文化遗产概览

阿姆斯特丹是荷兰的首都，也是荷兰最大的城市。历史上，由于荷兰海上实力的强大，阿姆斯特丹曾是荷兰乃至全欧洲最重要的港口。现今，阿姆斯特丹是荷兰的文化中心。历史悠久的运河网、荷兰国家博物馆、安妮之家等著名景点都在此市。阿姆斯特丹共有两处世界文化遗产：阿姆斯特丹防线和辛格尔运河以内的阿姆斯特丹 17 世纪同心圆型运河区，分别于 1996 年和 2010 年被列入世界文化遗产。

### 二、阿姆斯特丹的防线概况及价值

#### （一）阿姆斯特丹的防线概况

1. 阿姆斯特丹的防线简介

阿姆斯特丹防线是在首都阿姆斯特丹附近 15~20 公里的 135 公里长的圆形防御工事，由国防部在 1881 年至 1914 年之间建造。

它由 3 至 5 公里宽的洪水区（淹没）和 36 个要塞，两个沿海要塞，两个贸易要塞，四个炮台和两个沿海炮台组成。另外，还建造了更多的入口水闸，二次电池和仓库。这样做是为了捍卫荷兰王国的最后防线——国民保卫队。

尽管那时没有多少居民对要塞有很多了解，但城镇和农村地区有着非常多民间的军事力量，同时非常普遍。还有围绕荷兰的三个超级大国的外部威胁：英国、德国和法国。由于先进的炮兵，步兵，飞机，核武器等技术，国防线实际在荷兰的国防中失去了作用。但也因为外部威胁的消失，“二战”后实际上变成了数个国家共同防御。

2. 历史沿革

1815 年—国王威廉姆一世下令制定国家防线计划

1874 年—防御线法得以通过

1949 年—艾瑟尔河防线建成

1996 年—列入世界文化遗产

### （二）突出价值

1. 文化价值

自 2005 年以来，由于堡垒、堤防、运河的盆地的连贯性，加上完善的绿植和较大的开放性，阿姆斯特丹防线已被规划为国家风景区。

2. 历史价值

阿姆斯特丹防线是现代欧洲综合防御体系的一个杰出例子，自 19 世纪后期创建以来，该体系一直保存完好。它是一系列防御措施的一部分，不仅预期了它的建设，在第二次世界大战前后都对其产生了影响。

3. 科学价值

斯特灵要塞是现代广泛的综合防御系统的杰出例子，它充分展现了从 19 世纪的砖结构到 20 世纪使用钢筋混凝土的过渡。这种过渡以其对混凝土的使用进行的实验以及对非钢筋混凝土的使用的强调，是欧洲建筑史上的一个重要事件。

### （三）保护与合理开发

北荷兰省是站点持有者。除此之外，养护责任也由国家政府，乌得勒支省的 23 个市政当局和三个水务局负责。此外，阿姆斯特丹防线的许多管理机构和部门所有者（例如自然保护组织和私人团体）也发挥着作用。阿姆斯特丹防线的北侧与另一处世界遗产比姆斯特迂田重叠。

对文化遗产的保护是多层次的和全面的。该防线受《省级纪念碑和历史建筑条例》和《 1988 年国家纪念碑和历史建筑法》保护。

2011 年，荷兰政府通过了《国家基础设施和空间规划政策策略》。该议程于 2012 年生效，确保维护荷兰发展中的世界遗产。根据这项国家政策，阿姆斯特丹的防线在《一般空间规划规则法令》中采用了基于《荷兰空间规划法》的特定保护制度。该制度涉及具有法律约束力的规则，该规则指示各省确保在地方分区计划中维护世界遗产的属性。

2005 年，北荷兰省为阿姆斯特丹防线设立了一个计划办公室，以管理该文化遗产（保护和开发）。计划办公室负责执行 2009 年《加固防线实施计划 2009–2013》，该计划由北荷兰省省议会于 2009 年通过。同年颁布的《阿姆斯特丹防线的景观质量计划》对质量保证进行了规定。

自 2010 年起，阿姆斯特丹防线就应遵守《2040 年省级战略结构议程》。相关省级法规列出了阿姆斯特丹防线的主要属性和突出的普遍价值，并制定了处理阿姆斯特丹空间问题的措施。位于乌得勒支省的阿姆斯特丹防线的部分由《乌得勒支 2005—2015 年区域规划》的相关规定进行规划和保护。

阿姆斯特丹防线计划办公室计划建立三个游客中心：一个在斯特灵的东南侧（2011 年开放的潘普斯堡），一个在西侧（贝诺登·斯帕恩丹堡）和一个在西北（比克·克罗梅尼迪克堡）。由于阿姆斯特丹防线位于一个具有空间和经济动态的区域，因此规划工具和管理机制对于确保空间发展不会对该文化遗产的突出普遍价值及其原始自然景观产生不利影响至关重要。

## 三、辛格尔运河以内的阿姆斯特丹 17 世纪同心圆型运河区概况及价值

### （一）辛格尔运河以内的阿姆斯特丹 17 世纪同心圆型运河区概况

1. 辛格尔运河以内的阿姆斯特丹 17 世纪同心圆型运河区简介

阿姆斯特丹运河区是 16 世纪末至 17 世纪的另一个新的“港口城市”规划的结果。这一运河网络位于历史名城镇以及中世纪市镇的西面和南面，其围绕着老城区，这些网络的修建是一个长期过程，主要任务是通过运河来排干同心弧形沼泽地，并填平中间的空地来扩大城市空间。这些新的空间可以用于统一发展建造商业房屋与大量的纪念性建筑。阿姆斯特丹的城市扩张是这一历史时期分类发展中规模最大，同时也是最均衡的。直到 19 世纪它还仍旧为世界各地所参考。

阿姆斯特丹运河区通过完全人工创建大型港口城市，大规模地展示了示例性的水力和城市规划。运河区墙立面是这种中产阶级环境的特征，这些住宅既是海上贸易丰富城市的见证，又是与加尔文主义改革有关的人文宽容文化的发展的见证。在 17 和 18 世纪，阿姆斯特丹被视为理想城市的实现，它被用作世界各地新城市众多项目的参考范例。

2. 历史沿革

17 世纪初—随着移民的增加，政府开挖四条运河

1660 年—对运河进行了第四次扩建，辛格尔运河成为城市护城河

2010 年—被列入世界文化遗产

### （二）突出价值

1. 文化价值

阿姆斯特丹运河区于 16 世纪末的设计完成，而在 17 世纪建成一座“港口城市”。它是水利工程，是城市规划以及合理的建筑和资产阶级建筑计划的杰作。这是一个独特而创新的大型而和谐的城市整体。

2. 历史价值

在近两个世纪的时间里，阿姆斯特丹运河区涉及了许多建筑技术上的国际交流，不仅涉及土木工程，城市规划和建筑，而且涉及一系列技术，海事和文化领域。在 17 世纪，阿姆斯特丹是国际商业贸易和知识交流的中心，也是人道主义思想的形成和传播的中心，还是当时世界经济的首都。

3. 科学价值

阿姆斯特丹运河区代表了城市建筑群的杰出典范，该建筑群要求并体现了液压、土木工程、城市规划、建筑和建筑技术方面的专业知识。在17世纪，它建立了完全人工的“港口城市”以及各种外观和荷兰单一住宅类型的模型。阿姆斯特丹运河区是当时世界上最高建筑水平和规划水平的体现和见证。

### （三）保护与合理开发

大量建筑物受到国家和市政遗产的保护。在阿姆斯特丹中央自治市镇（市中心）的运作范围内，保护的程序十分复杂。新的保护措施使得过快的城市更新和增长过程得到了约束和管理，在文化遗产范围内随处可见的广告得到了控制，城市北部新城区高层建筑对城市景观的影响得到了改善。运河城区内老旧的水利系统已经更换，外墙房屋得到了重建，道路也重新修缮和拓宽。

在阿姆斯特丹中央行政区的职责范围内，并在古迹局的保证下，所有管理措施均形成有效而协调的体系。阿姆斯特丹世界遗产局现已实施了有关建筑物的水平管理和设置了监督机构。

## 四、附录：与北京在文化遗产领域大事记

2018年10月，北京市文化局与通州区人民政府主办的运河国际艺术交流活动在通州区文化馆剧场前厅开展，以运河文化为主题，以京杭大运河、希腊科林斯运河、荷兰阿姆斯特丹运河、德国基尔运河、巴拿马运河为展示主体，通过图片、视频、手工艺品、服饰、声音装置等，向观众展现运河文化的独特魅力。

# 文化遗产

## ——莫斯科市（俄罗斯），Moscow（Russia）

## 一、莫斯科文化遗产概览

莫斯科是俄罗斯的首都，是俄罗斯经济文化中心，也是俄罗斯最大的城市。莫斯科最早建立于1147年，从莫斯科大公时代开始，到沙皇俄国至苏联及俄罗斯联邦大多数历史时期一直担任着国家首都的职能（期间短暂迁至圣彼得堡），迄今已有800余年的历史，是世界著名的古城。莫斯科拥有众多名胜古迹，是历史悠久的克里姆林宫所在地。莫斯科共有三处世界遗产：克里姆林宫和红场、科罗缅斯克升天教堂和新圣女修道院建筑群。

## 二、莫斯科克里姆林宫和红场概况及价值

### （一）莫斯科克里姆林宫和红场概况

1. 莫斯科克里姆林宫和红场简介

克里姆林宫是坐落于莫斯科中心地带的一组建筑群，是俄罗斯的象征，为俄罗斯联邦政府行政总部所在地及象征建筑，同时也是俄罗斯总统驻地。其南面俯瞰莫斯科河，东临圣巴西尔大教堂与红场，西接亚历山大花园与无名烈士墓。历史上克里姆林宫一直作为历代沙皇的住所、墓地和俄罗斯的宗教中心和象征。克里姆林宫是世界上最大的建筑群之一，四周由宫墙围四座宫殿、四座大教堂、十九座塔楼而成，是俄罗斯克里姆林式建筑的代表之作，享有“世界第八奇景”的美誉，是历史古迹、文化象征和艺术古迹的宝库。

2. 历史沿革

1320年—伊凡一世建造克里姆林宫，克里姆林宫成为莫斯科公国中心

1472年—伊凡三世重建乌斯宾斯基大教堂

1479年—乌斯宾斯基大教堂竣工

15~16 世纪—中央教堂广场上逐渐建成圣母升天教堂、天使教堂、报喜教堂、伊凡大帝钟楼和多棱宫等

1788 年—参议院大厦（今政府大厦）竣工。

1812 年—拿破仑下令用炸弹炸毁克里姆林宫，克里姆林宫遭到很大破坏。

1838 年—大克里姆林宫重建

1935 年—克里姆林宫瞭望塔上的双头鹰被红色五角星取而代之

1961 年—克里姆林宫大礼堂投入使用

1978 年—莫斯科的专家们开始对克里姆林宫进行了长达十数年的修建工作

1990 年—克里姆林宫与红场被列入世界文化遗产名录

在苏维埃政权统治期间，尤其是 20 世纪 20 年代后期，克里姆林宫的建筑群遭到严重的破坏，位于克里姆林宫城墙中的 54 个建筑物中，有 28 个不复存在，其中包括升天教堂和报喜教堂等重要建筑。圣母升天教堂中的文物遭到严重的偷窃和破坏。

“二战”期间，为了防止克里姆林宫遭受到德军的轰炸和破坏，克里姆林宫披上了巨大的伪装布，将绿色的屋顶重新粉刷，瞭望塔上的红星被撤下，各种陵墓则藏在一座两层楼高的伪装建筑中。德军无法针对克里姆林宫做出针对性的袭击，轰炸并未造成严重的损坏。

**（二）突出价值**

1. 文化价值

克里姆林宫的墙壁上包含一系列独特的建筑和造型艺术杰作。这里有许多非凡的宗教古迹，例如报喜教堂，圣母升天教堂，大天使教堂和伊凡大帝钟楼。红场上的圣瓦西里大教堂仍然是俄罗斯东正教艺术的重要建筑。

从古至今，我们都可以看到克里姆林宫对于俄罗斯建筑的巨大影响。例如文艺复兴对俄罗斯产生的巨大影响，便是从克里姆林宫散发出去的。由意大利建筑家鲁道夫·费奥拉瓦迪设计克里姆林宫开始，并随着其他来自意大利的建筑家设计多棱宫，文艺复兴的风潮逐渐吹遍当时的俄罗斯。除此之外，我们还能从克里姆林宫的塔楼中同样看到文艺复兴风格的影子，而这些塔楼也正是同一时期来自米兰的建筑家修建的。文艺复兴风格的表达还能更多地在阿尔维西奥·诺维于 1505 年至 1509 年间重建的天使大教堂中看到。

除此之外，克里姆林宫的建筑形式融合了拜占庭、俄罗斯、巴洛克等不同的建筑风格。

2. 历史价值

从 13 世纪起，到圣彼得堡的建立，克里姆林宫与俄罗斯历史上的每一个重大事件都有联系。由于沙俄迁都至圣彼得堡，这两百年间克里姆林宫都被视为一种宗教象征。而 1918 年，苏联再次将首都迁回至莫斯科，克里姆林宫又与历史产生了直接的联系。

红场上的列宁墓便是苏联象征的一项重要体现。为了纪念俄国的革命，革命英雄的葬礼在此举行，还专门设下了无名烈士墓。克里姆林宫以各种各样的形式，见证了千年来俄罗斯的沉浮历史，它是历史与现代的重要连接。

3. 科学价值

莫斯科克里姆林宫的三角形拱顶中有四个拱门，并由20个塔楼加固，保留了约里·多尔戈鲁基于1156年左右在莫斯科河和涅格林纳亚河河流交汇处的山上建立的木制防御工事的工艺和作品。

**（三）保护与合理开发**

根据俄罗斯联邦和莫斯科市的法律和法规，建立了对克里姆林宫和红场的有效保护，建立了管理和改善世界遗产“莫斯科克里姆林宫和红场”的法律和体制框架。

根据1991年12月18日RSFSR总统令（第294号），莫斯科克里姆林宫被列为俄罗斯国家特别受保护的文化财产——俄罗斯立法中文化和历史古迹的最高保护地位。

“莫斯科的克里姆林宫和红场”是具有联邦级别重要性的文化遗产。2002年6月25日第73–FZ号联邦法律“对俄罗斯联邦国家的文化遗产（历史文化遗迹）进行保护”，规定了对联邦遗址的保护和管理的相关条例。负责保护文化财产的联邦行政机构是俄罗斯联邦文化部文化遗产领域的控制、监督和许可司，它负责有关文化遗产地点和有关领土的修复、使用和支助的所有方法和控制职能。

克里姆林宫与红场坐落于莫斯科的市中心。莫斯科市政府负责文化遗产保护和城市规划法规的相关政策，由文化遗产部，城市发展部以及莫斯科城市发展与建筑委员会代表。1997年，批准了保护缓冲区的边界，以保护该财产，并维护和恢复历史建筑环境以及对克里姆林宫的整体视觉效果的保护。

## 三、科罗缅斯克耶稣升天教堂概况及价值

**（一）科罗缅斯克耶稣升天教堂概况**

1. 科罗缅斯克耶稣升天教堂简介

1532年，为庆祝伊凡四世的诞生，在莫斯科附近的科罗缅斯克皇家地产上修建了这座耶稣升天教堂。这是最早修建的下部是砖石结构上面是木屋顶的传统教堂之一，对俄国教会建筑风格的发展产生了极大影响。

升天教堂是由一位意大利建筑家设计的，升天教堂的出现标志着一种新的俄罗斯的建筑风格的出现。拜占庭式的拱顶建筑被彻底摒弃，在俄罗斯的建筑风格与西欧建筑家的成就和谐结合的基础上，形成了升天教堂的新形象。光从教堂中心射入和垂直延伸的教堂代表了平面中的一个十字。在八面体金字塔之上有一座雄伟的塔，顶部有一个小圆顶。

教堂的装饰风格融合了意大利文艺复兴时期的建筑风格。教堂的内部空间虽然非

常狭窄，但与高度结合产生了一种宽广的效果。教堂的内部装饰有壁柱和带纹饰的柱头。这种装饰性的细节在俄罗斯教堂的设计中很少见。不幸的是，古圣像和壁画并没有保存完好。

2. 历史沿革

1532 年—为了纪念伊凡四世的降生而修建

1918 年—被收归国有

1994 年—被列入世界遗产

**（二）突出价值**

1. 文化价值

科罗缅斯克升天教堂是最早修建的下部是砖石结构，而上部是木屋顶的传统教堂之一，对俄国教会建筑风格的发展产生了极大影响，其融合了拜占庭、巴洛克、希腊式建筑的精华。

2. 历史价值

这座教堂见证了伊凡四世的降生，其中收藏了许多 15 世纪至 19 世纪的圣象。

3. 科学价值

教堂对于城市规划非常重要，主导着周围的建筑结构和景观，并为庄园的所有元素提供视觉上的统一。科罗缅斯克升天教堂是在 16 世纪建造的，尽管当时教会建筑有严格的教规，但其非凡的美丽和优雅的形式是无与伦比的。它的单柱结构不同于通常的四柱五圆顶结构，使它更像一个具有建筑特色的纪念雕塑，融合了拜占庭、希腊、罗马、哥特式和古代俄罗斯传统的精华。此后，科洛梅诺斯科耶的扬升教会在全国广为流传，直到 17 世纪中叶才有所改变。帐篷式风格在俄罗斯建筑中是重要的并有决定性的，因为它后来成为俄罗斯民族建筑传统的体现。

**（三）保护与合理开发**

1918 年，作为一座杰出的文化和历史古迹，升天教堂收归国有。人民委员会理事会法令《关于对艺术，古代文物的私有，社会和机构财产的注册和保护》（1918 年）确认了它的地位。在登记时，升天教堂是科罗缅斯克博物馆区的建筑，考古和自然综合体的一部分。

提供必要保护框架的主要法律法案是 2002 年 6 月 25 日第 73–FZ 号联邦法律“关于俄罗斯联邦人民的文化遗产（历史文化遗产）”。升天教堂是一个保留宗教用途的国家公园。目前，升天教堂是俄罗斯东正教宗主教辖下的重要场所。在主要的宗教节日里举办宗教仪式，其余时间则用作博物馆。

升天教堂由莫斯科国立艺术历史博物馆和自然景观博物馆直接运营和管理。这两个机构直接向莫斯科文化遗产局负责。

作为长期历史和文化遗产保护计划的一部分，为了发展 2003—2007 年的科罗缅斯克博物馆保护区，相关机构采取了一些必要的措施来保护和宣传该升天教堂，包括在该处安装信息牌，带有世界遗产标志的纪念石等。教堂的东立面还设有一张告示牌，上面印有联合国教科文组织 2012 年徽记。

该博物馆根据俄罗斯联邦和莫斯科市的法律和法规以及地方计划和指示行事，全日保持有效的场地管理。

## 四、新圣女修道院建筑群概况及价值

### （一）新圣女修道院建筑群概况

1. 新圣女修道院建筑群简介

新圣女修道院位于莫斯科的西南面，是瓦西里三世在 1524 年为纪念俄罗斯古城斯摩棱斯克摆脱立陶宛统治而修建的一座女子修道院，由于位于通向莫斯科市的要冲之地，因此这座修道院也兼作城堡，具有保卫首都门户的要塞意义，历史上曾作为保卫莫斯科的要塞使用过，是莫斯科市分割防御体系的一系列附属建筑的一部分。沙皇家族的成员和后代也被埋在修道院地下的墓地。从 1923 年起，这里的墓地也埋葬了不少名人，比如契诃夫，奥斯特洛夫斯基等人。该女修道院的内部装饰华丽，是俄罗斯最高建筑成就的典范。

整个建筑群的主建筑是斯摩棱斯克圣母教堂，里面藏有大量 16 世纪的绘画和圣象，内容象征着 15 世纪末俄罗斯的国家统一。在斯摩棱斯克圣母教堂周围有着四个小教堂环绕，类似于克里姆林宫的天使报喜教堂。其高高的底层，雄伟的比例和中央山墙是伊凡四世下令修建的修道院大教堂的典型代表。修道院内斯摩棱斯克教堂 5 个圆顶引人注目，高 72 米的六层钟楼直指苍穹。

2. 历史沿革

1524 年—瓦西里三世修建了新圣女修道院

1610 年—波兰部队占领修道院

1724 年—新圣女修道院同时作为医院和孤儿院

1812 年—拿破仑军队进攻修道院

1922 年—修道院关闭，成为妇女解放博物馆

1994 年—修道院重新开放

2004 年—列入《世界遗产名录》

2015 年—修道院大火

历史上有不少俄罗斯王室成员和贵族被送进了修道院，包括伊凡四世的女儿，彼得大帝的妻子和妹妹等。进入 17 世纪中叶，乌克兰和白俄罗斯不少修道院中的修女被转移到了新圣女修道院。

### （二）突出价值

1. 文化价值

新圣女修道院是保存完好的修道院建筑群的杰出典范，在17世纪后期的建筑中特别代表了“莫斯科巴洛克式”风格。

女修道院被一幢高耸的砖石墙包围，里面有十二座塔，南北都有大门。它有两个主要的规划轴，其重点是斯摩棱斯基大教堂。它是奉献给俄罗斯东正教的最高神殿，也是斯摩棱斯克母神的偶像，并且是修道院最古老的石材建筑。大教堂内部的壁画于16世纪晚期创作，这些壁画在色彩、展现和保存的完好上可以说是独一无二的。这些创作于1683年，镀金装饰的五层木框圣象的雕刻展现了典型的莫斯科巴洛克风格。

修道院到18世纪初以前，新圣女修道院一直享受皇家庇护，也正因此它的富丽堂皇非同一般，是全莫斯科最典雅优美的。十月革命后修道院被迫关闭，改为国家历史博物馆的一个分馆，苏联解体后才又作为女子修道院重新开放。新圣女修道院的闻名，除宏伟建筑外，还有它珍藏的大量文物和凄婉动人的历史故事。

由于众多名人埋葬于此，新圣女修道院又被称作“名人公墓”。这里的墓碑艺术与墓主的生平集合在一起，各具特色，承载了这些伟大人物的生平，是俄罗斯雕塑艺术发展的缩影，形成了特有的俄罗斯墓园文化。

2. 历史价值

新圣女修道院是唯一同时充当堡垒的古代女修道院。16~18世纪，新圣母修道院被选为皇室成员、富有的大封建主和贵族家庭妇女的修道院。新圣女修道院与克里姆林宫有着密切的联系，并且与俄罗斯的政治，文化和宗教历史，重大历史事件以及俄罗斯国家的重要历史人物有着密切的联系：帕迦尔斯基就是在这里成功抵御了16世纪末的蒙古军队和17世纪的波兰和立陶宛军队的入侵；包括伊凡四世和鲍里斯·戈杜诺夫于17世纪初期造成的“混乱时代”；彼得大帝之父，阿列克谢·米哈伊洛维奇以及他的女儿索菲亚·阿列克谢夫娜公主，以及彼得一世之间的权力斗争；爱国者们1812年对拿破仑的反抗战争等。

3. 科学价值

新圣女修道院是所谓的“莫斯科巴洛克式”最杰出的例子，在莫斯科地区成为一种时髦的风格。除了精美的建筑和装饰细节，该遗址还具有城镇规划价值。

修道院的其他主要建筑包括建于1683—1690年的钟楼。古代的莫斯科修道院或者其他的莫斯科巴洛克风格的建筑中没有与其类似的。由于其极高的高度（72m），别出心裁的布置，优雅的比例和精美的装饰，钟楼一直是莫斯科历史名城整个西部的主要高层建筑，因此为修道院的城市规划价值做出了贡献。

### （三）保护与合理开发

新圣女修道院建筑群是受政府保护的具有联邦重要性的历史和文化古迹（2002

年6月25日的联邦法律第73-FZ号“关于俄罗斯联邦国家的文化遗产（历史文化古迹）”）。根据俄罗斯联邦总统令，它被列为俄罗斯联邦国家特别受保护的文化财产。2013年，它被授予俄罗斯联邦杰出文化财产的地位，可以为相关古迹提供最高水平的法律保护。

批准新圣女修道院建筑群的保护缓冲区在保持景观视觉完整性方面起着决定性作用，并有助于在不断发展的条件下保持财产和环境的统一。新圣女修道院迫切需要确定重要观景地点的具体特征，并确定其使用的法律形式。

世界遗产“新圣女修道院建筑群”管理计划将是保护杰出的普遍价值和协调所有利益相关者的重要工具。目前，该建筑群的纪念物由俄罗斯东正教莫斯科教区免费使用，该教区协助俄罗斯联邦文化部监测、保存和修复这些财产。建筑物中都配备了视频监控以及消防和安全信号系统。在获得国家资助之前，该财产的保护和维护费用由俄罗斯东正教莫斯科教区负担。

当前的保护和管理手段，其重点在于防止对文化遗产的严重威胁，减少其脆弱性以及对整体真实性和完整性造成负面影响的可能性。其中包括：有效的联合法律管理系统和主要利益相关者的合作，这些利益相关者包括市政，地区，联邦，非政府和宗教组织，基金会，学术和教育机构以及当地居民；资源管理；保护，恢复，博物馆化和财产领土可持续发展的创新结合；俄罗斯东正教博物馆的莫斯科大剧院活动；创建教育计划；快速引进文化，科学和朝圣旅游等。

## 五、附录：与北京在文化遗产领域大事记

2019年8月29日，故宫博物院和莫斯科克里姆林宫博物馆联合举办的“穆穆之仪：来自莫斯科克里姆林宫的俄罗斯宫廷典礼展”在故宫博物院神武门展厅开幕。

# 文化遗产

## ——巴黎市（法国），Paris（France）

### 一、巴黎文化遗产概览

巴黎是法国首都和最大都市，是法国的政治和文化中心，在近一千年来一直是西方最大的城市之一。巴黎作为一个历史名城，与邻近都会区总共有 3800 个法国国家遗产和 4 个世界遗产。

### 二、巴黎塞纳河畔概况及价值

#### （一）巴黎塞纳河畔概况

1. 巴黎塞纳河畔简介

巴黎市建在马恩河与瓦兹河交汇处的塞纳河弯折处。该文化遗产包括塞纳河的桥梁，码头和塞纳河沿岸历史悠久的部分（在苏利桥和伊纳桥之间）以及西特岛和圣路易斯岛。西河岛和圣路易斯岛及其河岸的交汇处，南北通道的建立，河道上的设施、码头和河道，作为一个地理和历史实体的集合，形成了一个独特的城市滨河建筑的例子。在这里，历史的不同层次的巴黎，和谐地重叠在一起。

从塞纳河上可以看到从圣路易斯岛到新桥，从罗浮宫到埃菲尔铁塔，从协和广场到大和小宫殿。法国首都的许多主要古迹都建在河边。巴黎圣母院大教堂和圣礼拜堂是中世纪的建筑杰作；新桥（Pont Neuf）说明了法国文艺复兴的精神；玛莱区和圣路易斯区的连贯性展现了 17 世纪和 18 世纪的巴黎城市规划；河岸边是法国古典主义最精湛的建筑，包括罗浮宫，荣军院，巴黎高等军事学校等。塞纳河河畔还有众多保存完好的在 19 世纪和 20 世纪在巴黎举行的世界博览会的建筑。最出名的无疑是埃菲尔铁塔，这是巴黎和铁建筑界公认的标志。拿破仑三世时期，奥斯曼建立的大型广场和大道已经影响了全世界的城市规划。

2. 历史沿革

358 年—罗马人在此建造宫殿，巴黎建城的开始

508 年—巴黎成为墨洛温王朝的首都

987 年—雨果·卡佩在巴黎创立了卡佩王朝

1163 年—巴黎圣母院开始修建

1204 年—罗浮宫开始修建

1358 年—巴黎市民起义冲入王宫，太子出逃

1453 年—百年战争结束，查理七世收复巴黎

1564 年—修建杜伊勒宫

1670 年—荣军院修建

1757 年—协和广场建成

1789 年—法国大革命爆发，市民攻占巴士底狱

1830 年—凯旋门修建

1889 年—埃菲尔铁塔建成

1940 年—巴黎遭德军占领

1944 年—“二战”胜利，巴黎解放

1991 年—塞纳河沿岸和埃菲尔铁塔被列入世界遗产

2019 年—圣母院重大火灾

**（二）突出价值**

1. 文化价值

塞纳河两岸散布着从中世纪到 20 世纪的一系列建筑和城市杰作，包括巴黎圣母院和圣礼拜堂，罗浮宫，万国宫研究所，荣军院，协和广场，军事学院，莫奈（造币厂），香榭丽舍大街大皇宫，埃菲尔铁塔和夏洛宫等。

埃菲尔铁塔是一座于 1889 年建成的位于法国巴黎战神广场上的镂空结构铁塔，高 300 米，天线高 24 米，总高 324 米。埃菲尔铁塔得名于设计它的桥梁工程师居斯塔夫·艾菲尔。铁塔设计新颖独特，是世界建筑史上的技术杰作，因而成为法国和巴黎的一个重要景点和突出标志；由于其建造的流程性和工业性，它也成为当时进行中的世界工业革命的象征。

巴黎圣母院大教堂位于巴黎塞纳河城岛的东端西堤岛上，是巴黎的主教座堂。圣母院约建造于 1163 年到 1250 年间。其哥特式的建筑风格，祭坛、回廊、门窗等多处雕刻和绘画艺术，堂内所藏 13~17 世纪的大量艺术珍品，令其闻名于世，有着极高的艺术价值。

罗浮宫位于法国巴黎市中心的塞纳河右岸，始建于 1204 年，由法王腓力二世下令修建，原是法国的王宫，现在是罗浮宫博物馆，拥有的艺术收藏达40万件，包括雕塑，

绘画，美术工艺及古代东方，古代埃及和古希腊罗马等 7 个门类，是世界上最古老、最大、最著名的博物馆之一。

2. 历史价值

塞纳河沿岸的建筑物，例如巴黎圣母院和圣礼拜堂，成为哥特式建筑传播的源泉，而协和广场和荣军院的远景则对欧洲首都的城市发展产生了影响。豪斯曼的城市规划激发了新世界的大城市设计灵感，特别是拉丁美洲大城市的建设。最后，埃菲尔铁塔和大皇宫和小皇宫，亚历山大三世桥和夏洛特宫是世界展览的生动见证，在 19 世纪和 20 世纪相当重要。

除此之外，塞纳河沿岸的建筑物见证了巴黎和法国近千年来的历史变迁。比如罗浮宫。罗浮宫有着非常曲折、复杂的历史，曾是法国的皇宫，见证了拿破仑时代的辉煌，波旁王朝的奢华，法国大革命的血腥。巴黎圣母院则见证了多位国王的登基和驾崩，法国大革命时期的混乱，是古代巴黎的象征。

3. 科学价值

沿着塞纳河沿岸的纪念碑，建筑和代表性建筑物都与壮丽的河水景观相结合，展现了近 8 个世纪以来多种多样的建筑风格、装饰艺术和建筑方法。其宽阔的广场和林荫道深深影响着 19 世纪末和 20 世纪全世界的城市规划。

**（三）保护与合理开发**

该遗产的整体享有最高级别的法律保护（《遗产法》《城市规划法》《环境法》）。塞纳河畔是一个以上法律规定的所保护的其中一个地点，并且进一步包括六个列出的地点，尤其是荣军院，战神广场和特罗卡德罗花园。在历史古迹方面，所有重要古迹都已完整列入法律规定的保护计划中。

国家直接或间接地拥有塞纳河码头（河流公共领地），大部分古迹及其相关空间的所有权。巴黎市拥有公共区域，市政厅，教区教堂以及许多其他土地和建筑物。

巴黎市没有专门用于世界遗产的管理计划或管理机构。但是，由于法律和法规的保护，所有者或租户的管理受到国家的控制。

巴黎市，州和地方政府于 1999 年制定了《巴黎塞纳河沿岸城市和景观要求》。2015 年批准的“季节性安装规范”旨在控制巴黎塞纳河下层码头通道的临时使用和占用的现象。作为塞纳河畔发展的一部分，自 2014 年以来左岸和 2016 年右岸开始对几乎整个区域的下层码头进行彻底关闭。

## 三、附录：与北京在文化遗产领域大事记

2018 年 1 月，习近平和马克龙共同见证中法双方签署《中国国家文物局局长与法国文化部长关于文化遗产领域合作行政协议》

2019 年 3 月，习近平和马克龙再次共同见证中法双方签署《关于在防止和打击非

法贩卖文化财产领域加强交流和专业人士培训的联合声明》

2019 年 11 月 6 日，中国国家文物局局长刘玉珠与法国文化部部长里斯特在北京人民大会堂签署了《中华人民共和国国家文物局局长与法兰西共和国文化部部长关于落实双方在文化遗产领域合作的联合声明》

# 文化遗产

## ——罗马市（意大利），Rome（Italy）

### 一、罗马文化遗产概览

罗马是意大利首都以及全国的政治经济文化中心，是世界著名的历史文化名城，古罗马文明的发祥地，因建城历史悠久并保存大量古迹而被昵称为“永恒之城”。罗马同时是全世界天主教会的中枢，拥有700多座教堂与修道院、7所天主教大学，市内的梵蒂冈城是罗马主教（即教宗）及圣座的驻地。罗马城内存有着近2000年历史的万神殿、竞技场、众多凯旋门和历史广场等。罗马与佛罗伦萨同为意大利文艺复兴中心，现今仍保存有相当丰富的文艺复兴与巴洛克风貌。1980年，罗马的历史城区被列为世界文化遗产。

### 二、罗马历史中心，享受治外法权的罗马教廷建筑和缪拉圣保罗弗利概况及价值

#### （一）罗马历史中心，享受治外法权的罗马教廷建筑和缪拉圣保罗弗利概况

*1. 罗马历史中心，享受治外法权的罗马教廷建筑和缪拉圣保罗弗利简介*

根据神话传说，罗马城由罗穆卢斯和瑞摩斯于公元前753年修建。罗马首先作为罗马共和国的首都，后来是罗马帝国的都城，再后来到了公元4世纪，则成了整个基督教世界的中心。1980年，正式被联合国教科文组织并入《世界遗产名录》，1990年，这个世界遗产地的范围扩大到了罗马八区的城墙。该文化遗址包括了一些著名的古代建筑，例如：古罗马广场，奥古斯都的陵墓，哈德良的陵墓，万神殿，图拉真柱，马可·奥里利乌斯柱，以及罗马教皇的许多宗教和公共建筑。

世界遗产保护区涵盖了17世纪最广泛的城墙内罗马的整个历史中心以及城墙外的圣保罗大教堂，是复杂而多层次的。包括整合在城市结构中的杰出考古区域，从而形成了非常杰出的整体。从15世纪开始，教皇推动了这座城市及其形象的复兴，反映了

文艺复兴时期古典主义和后来的巴洛克风格的精神。从建立之初，罗马就一直与人类历史联系在一起。罗马曾是一个统治地中海世界多个世纪的帝国的首都，此后罗马成为基督教世界的精神首都。

2. 历史沿革

公元前 753 年—罗马建城

公元前 390 年—罗马修建起城墙、水渠和亚壁古道

公元前 264 年—公元前 146 年：布匿战争击败了迦太基

公元前 215 年—公元前 148 年：马其顿战争胜利，占领了马其顿

公元前 44 年—恺撒被暗杀

公元前 27 年—进入罗马帝国时代

公元 1 世纪—罗马斗兽场和帝国议事广场建设

756 年—“丕平献土”，罗马被献给了教廷

800 年—查理大帝在罗马加冕

846 年—阿拉伯人洗劫了圣保罗教堂

1309 年—教皇搬迁至阿维尼翁

1871 年—成为意大利王国首都

1929 年—承认梵蒂冈教廷独立地位

1946 年—意大利共和国成立

## （二）突出价值

1. 文化价值

该文化遗产包含近三千年历史上产生的一系列无与伦比的艺术价值的痕迹：古代建筑遗址（如罗马斗兽场，万神殿，帝国议事广场的建筑群），历经几个世纪建设的防御工事（如城墙和圣天使堡），从文艺复兴时期和巴洛克时期到现代的城市发展（如纳沃纳广场和由希克斯图斯五世标记的“三叉戟”，包括罗马人民广场和西班牙广场），装饰有精美图案的民间和宗教建筑，马赛克和雕塑装饰以及圣保罗大教堂，都是由历史上最著名的艺术家创作的。

罗马城中的万神殿是供奉诸神的庙宇，初建于公元前 27 年，是古罗马建筑的代表作之一，是古罗马精湛建筑技术的典范，也是至今完整保存的唯一一座罗马帝国时期的建筑。万神殿中葬着拉斐尔等著名艺术家和意大利君主专制时期的统治者。

其中的古罗马竞技场，修建于公元 72 年，也是古罗马建筑的代表作之一。它融合了古希腊式的建筑特点，有着不亚于现代的建筑美感。虽然现存下来的并不完整，但其庞大、雄伟、磅礴的气势仍然给人以巨大的震撼。

罗马论坛曾是古代罗马城政治、经济、文化和宗教生活的中心，是罗马城和罗马帝国政治权力的中心，是世界最古老的一座议事广场，反映了整个罗马历史的面貌；

帝国议事广场是罗马论坛的一系列扩展建筑，建成于罗马共和国末期和罗马帝国早期，君士坦丁凯旋门位于其间。可以容纳约2000人的卡拉卡拉浴场（建于212年至217年）除了洗浴池外，同时拥有花园、健身房、会议厅、图书馆和理发店等服务设施，是个古代的公共娱乐场所，它的供水排水系统和中央供暖系统的技术问题在当时都被完美地解决了，现在的卡拉卡拉浴场仍用于夏季歌剧演出。圣天使城堡曾是罗马帝国皇帝哈德良的陵墓，中世纪时改建成一座城堡。其他著名的建筑还有许愿池和它的18世纪巴洛克喷泉特莱维喷泉，高约26米，宽约20米，是罗马最大的喷泉，也是全世界最受欢迎和最著名的喷泉之一，传说闭着眼睛背对着许愿池投硬币，愿望就会成真，因此吸引了众多游客纷纷向池内投硬币许愿。除此之外还有纳沃纳广场和威尼斯广场等多座大型广场，18世纪的西班牙广场和广场上的西班牙阶梯曾是电影《罗马假日》的经典取景地。

几个世纪以来，在罗马发现的艺术品对全球城市规划，建筑，科技和艺术的发展具有决定性影响。古罗马在建筑，绘画和雕塑领域的成就不仅是古代的普遍典范，而且在文艺复兴时期，巴洛克时期和新古典时期也成为一时的流行风潮。罗马的古典建筑、教堂、宫殿和广场，以及丰富的绘画和雕塑，都是艺术史上一个不容置疑的参照物。巴洛克艺术以一种特殊的方式诞生于罗马，然后传播到整个欧洲和世界各地。

2. 历史价值

两千多年来，罗马一直是基督教世界的中心。作为罗马帝国的中心，其权力在当时广为人知的世界范围内扩展，这座城市是广阔文明的中心，在法律，语言和文学中表现出最高的表现力，并且至今仍然是西方文化的基础。罗马的起源也与基督教信仰的历史直接相关。由于使徒墓，圣徒和烈士陵墓以及教皇的到来，罗马已经存在了几个世纪，并且至今仍然是朝圣的象征和最崇高的目标之一。

罗马的考古遗址的价值和以城市本身命名的文明中心，已得到普遍认可。罗马保存了大量的古代遗迹，这些遗迹一直可见，并且保存得极为完整。他们是各个发展时期以及艺术，建筑和城市设计风格的独特见证。

3. 科学价值

整个罗马的历史中心及其建筑物，证明了三千年历史的不曾间断。该地点的特色是建筑语言的分层，广泛的建筑类型以及城市规划中的原始发展，这些都和谐地融入了城市的复杂形态中。

值得一提的是重要的民间古迹，例如论坛，浴场，城墙和宫殿。宗教建筑，从圣玛丽大教堂，圣约翰·拉特兰教堂和在城墙外的圣保罗等早期基督教大教堂到巴洛克式教堂；水利系统（排水，渡槽，文艺复兴时期和巴洛克式喷泉以及台伯河沿岸的19世纪防洪墙）。这种明显复杂的样式融合在一起，形成了独特的建筑群，并随着时间的推移不断发展。

### （三）保护与合理开发

罗马历史中心的保护和管理特别复杂，这不仅是由于其巨大的规模，还由于其诸如行政中心在内的许多功能以及它作为涉及意大利和罗马教廷的跨国财产的地位。

随着罗马市政厅的合法成立，作为拥有扩展权力的公共机构，意大利开始了简化治理的过程，从而将处理财产的促销和展示的机构能力统一到一个主题中。

跨国财产受罗马教廷和意大利共和国的立法保护。在罗马教廷方面，第355号保护文化遗产法（2001年7月25日）保护了该遗址。意大利法律中，有包括在国家一级的第42号立法法令（2004年1月22日）和在地区一级的第24号法律（1998年7月6日），和概述景观遗产保护策略的领土景观计划对文化遗产提供保护。

在地方一级，《罗马总体城市规划》对整个城市进行了管理。这是保护、促进和展示世界遗产的创新和灵活规划的工具。具体来说，它将“历史名城”的分类扩展到整个世界遗产和城镇周围地区。这里的法规考虑了城市结构的完整性和建筑类型的特征，允许采取不同的做法和质量控制。它选择定义和规范战略规划领域（例如台伯河，论坛，城墙）以及潜在发展领域。它还概述了保护，促进和展示场地的筹款机制。

罗马的首都，文化遗产和活动部，拉齐奥地区和罗马维卡里亚特签署了一项协议，对遗址进行管理。该议定书确定罗马资本为该财产的参考机构，并呼吁建立一个技术科学委员会，后来扩大为包括罗马教廷任命的成员，以起草《管理计划》。

委员会在起草《管理计划》的同时，系统地审查了主管机构的行动计划，从人类和环境的角度着眼于关键问题，机遇和需求，并在主要利益攸关方的参与下举办了讲习班和听证会。

## 三、附录：与北京在文化遗产领域大事记

2019年3月23日—习近平主席访问意大利，与意大利总理孔特还签署了多份有关文化遗产的合作文件，包括关于防止文物非法进出境的谅解备忘录和关于世界文化遗产地结对的谅解备忘录

2019年3月25日—中意文化合作机制第二次会议在意大利罗马召开

2019年4月24日—“归来——意大利返还中国流失文物展”在中国国家博物馆开幕

# 文化遗产

## ——雅典市（希腊），Athens（Greece）

### 一、雅典文化遗产概览

古希腊是西方文明的发源地之一，为后世留下多方面而深厚的影响。雅典是希腊的首都，最知名的文化遗产当数雅典卫城和达夫尼修道院。

### 二、雅典卫城概况及价值

#### （一）雅典卫城概况

雅典卫城是希腊最杰出的古建筑群，面积约 3 公顷，始建于公元前 580 年。

雅典卫城包括希腊古典艺术最伟大的四大杰作——帕特农神庙、通廊、厄瑞克修姆庙和雅典娜胜利神庙，诠释了一千多年来在希腊繁荣、兴盛的文明、神话和宗教。

雅典卫城及其古迹是古典精神和文明的普遍象征，构成了希腊古代留给世界的最大建筑和艺术综合体。公元前 5 世纪后半叶，雅典在战胜波斯人和建立民主之后，在古代世界其他城市国家中处于领先地位。在随后的时代，随着思想和艺术的蓬勃发展，一群杰出的艺术家将雅典政治家佩里克斯的宏伟计划付诸实践，在雕塑家佩迪亚斯的启发下，将岩石山变成了独特的思想和艺术纪念碑。希腊卫城是古希腊建筑和雕刻艺术的集大成者，形制优美协调，散发着浓重的古典韵味，是古希腊审美理想的体现。其遗迹中展示了古希腊的璀璨文明。①

1. 雅典卫城简介

雅典卫城是时代现存最引人注目、最完整的古希腊纪念建筑群。希腊语原意为“高处的城市”，位于雅典市中心的卫城山丘上，是宗教和政治的中心地，也可以为希腊城市提供战时避难的功能。除了西侧外，这座山的岩石和陡峭，而且顶部很宽，几

---

① http://whc.unesco.org/en/list/404

乎平坦。3300多年来，坚固的防御工事墙一直环绕着雅典卫城之巅。第一道防御工墙建于公元前13世纪，包围了当地迈锡尼统治者的住所。公元前8世纪，雅典卫城逐渐获得了宗教特征，建立了雅典娜的崇拜。该保护区在古代时期（公元前6世纪中叶至公元前5世纪初）达到顶峰。公元前5世纪，雅典人从战胜波斯人中获得权力，在伟大的政治家佩里克斯的领导下，实施了一项雄心勃勃的建筑计划，其中包括包括帕特农神庙、埃里希提翁神庙、普罗皮莱亚神庙和雅典娜耐克神庙在内的大量纪念碑。这些纪念碑是由一群杰出的建筑师（如伊克蒂诺斯、卡利茨、姆内西莱斯）和雕塑家（如佩迪亚斯、阿尔卡梅内斯、阿戈拉赫里托斯）开发的，他们把岩石山变成了一个独特的建筑群，这预示着希腊古典思想和艺术的出现。在这座小山上诞生了民主、哲学、戏剧、表达和言论自由，为当代世界及其价值观提供了知识和精神基础。雅典卫城的古迹，在战争、爆炸、轰炸、火灾、地震、解雇、干预和改造中生存了近25个世纪，适应了不同的用途以及在希腊蓬勃发展的文明、神话和宗教。

2. 历史沿革

雅典卫城位于雅典市中心的卫城山丘上，始建于公元前580年。最初，卫城是用于防范外敌入侵的要塞，山顶四周筑有围墙，古城遗址则在卫城山丘南侧。卫城中最早的建筑是雅典娜神庙和其他宗教建筑。根据古希腊神话传说，雅典娜生于天父宙斯的前额，她将纺织、裁缝、雕刻、制作陶器和油漆工艺传授给人类，是战争、智慧、文明和工艺女神，后来成为城市保护神。在古希腊英雄时代的城邦战争中，她是希腊军队勇往直前、取得胜利的精神力量，同时也是城邦国家繁荣昌盛、强大富足的象征。因此，作为军事要塞的雅典卫城又成为宗教崇拜的圣地，雅典城市因故得名。希腊波斯战争中，雅典曾被波斯军队攻占，公元前480年，卫城被敌人彻底破坏。希腊波斯战争后，雅典人花费了40年的时间重新修建卫城，用白色的大理石重建卫城的全部建筑。

公元前5世纪，在一些经济发达的城邦里，从平民中产生了工商奴隶主。他们代表着当时先进的生产方式。他们联合了以小农和小手工业者为主体的平民群众，进一步战胜了经营农业的贵族奴隶主，建立了城邦范围内的自由民民主制度。这时候奴隶制并没有普及到生产的多数领域，小自耕农经济与独立手工业是古典社会全盛时期的经济基础。小农和小手工业者在这些城邦里获得更多的政治权利。

自由民民主制度促进了经济的大繁荣与平民文化中健康、积极因素的进一步发展。公元前5世纪上半叶，希腊人以高昂的英雄主义精神在一场生死攸关的艰险战争中（公元前500—前449年），打败了实行专制制度的波斯的侵略，进入了古典时期。战后进行了大规模的建设，城市类型丰富了许多，建造了元老院、议事厅、剧场、俱乐部、画廊、旅馆、商场、作坊、船埠、体育场等公共建筑物。而建设的重点是卫城。民主政治、经济和文化都达到了光辉的高峰，希腊建筑也在这时结出了最完美的果实。作为全希腊的盟主，雅典城邦在古雅典全盛期领土面积约 1600k ㎡，有 25 万人口。而同时期的科林斯有 9 万人口，阿各斯（Argos）约 45 000 人，有些城邦只有 5000 人或更少。

**（二）突出价值**

1. 文化价值

雅典卫城是建筑适应自然遗址的最高体现。完美平衡的大规模结构的宏伟组合创造了独特的美丽不朽的景观，包括公元前 5 世纪的完整系列建筑杰作：伊基诺斯和卡利格拉底的帕特农与雕塑家佩迪亚斯（前 447—前 432）的合作；姆内西克莱斯的普罗皮莱亚（前 437—前 432）；姆内西克莱斯和卡利克拉特的雅典娜耐克神庙（前 427—前 424）；和埃雷希蒂翁（前 421—前 406）。

雅典卫城的纪念碑不仅在希腊罗马古代都产生了特殊的影响，在古建筑时期，它们被视为模范典范，而且在当代也具有特殊影响力。在世界各地，新古典主义纪念碑都受到所有雅典卫城纪念碑的启发。

从神话到制度化的邪教，雅典卫城以其精确性和多样性，对古希腊的宗教有着独特的见证。它是神圣的寺庙，从中涌现出关于城市的基本传说。从公元前 6 世纪开始，神话和信仰产生了与邪教极端多样性相对应的寺庙、祭坛和传说，这给我们带来了雅典宗教的丰富和复杂性。雅典娜被尊为城市的女神（雅典娜·波利亚斯）；作为战争女神（雅典娜·普罗马科斯）；作为胜利女神（雅典娜·耐克）；作为手工艺的保护女神（雅典娜·埃尔加内），等等。她的大部分身份在献给她的主要寺庙——帕特农神庙——守护神庙上受到荣耀。

2. 历史价值

雅典卫城是建筑群的杰出范例，展示了自公元前 16 世纪以来的重要历史阶段。首先，它是迈锡尼安卫城（晚赫拉迪奇文明，公元前 1600—1100 年），其中包括皇家住宅，并保护典型的迈锡尼防御工事。雅典卫城的古迹是独特的建筑，唤起了公元前 5 世纪古典的理想，代表了古希腊建筑发展的顶点。

雅典卫城与历史上从未褪色的事件和思想有着直接而切实的联系。其纪念碑仍然是希腊古典政治家（如特米斯通克斯，佩里克勒斯）成就的活生生的见证，他们领导该市建立民主；此处诞生了雅典哲学家（如苏格拉底、柏拉图、德米塞斯）的思想，以及建筑师（如伊克蒂诺斯、卡利克拉特斯、姆内西莱斯）和艺术家（如皮齐亚斯、阿戈拉格里图斯、阿尔卡梅内斯）的作品。这些古迹是人类文化遗产中一个宝贵部分的见证。

雅典卫城在它的边界内包含了所有的关键属性，传达了财产的杰出的价值，是一个优秀的条件下的独特的辉煌的集合。古代建筑技术的完善，保证了古迹经年累月对自然力量的抵抗。尽管不可避免地受到时间的破坏，但它们仍然表现出它们的美，并表现出它们不可估量的艺术和历史价值，保留了它们与民主和哲学的事件和思想直接而具体地联系在一起的所有特点。从公元前 5 世纪到我们的时代，历史的变迁不可避免地造成了广泛的破坏，目前进行的修复和保护工作正在成功地解决这一问题，这增加了古迹的稳定性和易读性。

### （三）保护与合理开发

雅典卫城自 1833 年现代希腊国家成立后不久，就一直作为考古遗址运作。目前，该财产受到第 3028/2002 号法律关于 " 保护一般文物和文化遗产 " 的规定的有力保护。此外，雅典卫城及其周围构成古迹本身，受法令保护（关于指定缓冲区的 F01/12970/503/25.2.82 号法令，以及 F43/7027/425/29.1.2004 号法令，规定雅典市外围区，并在其边界内颁发任何建筑或开发许可证之前实行强制性管制）。该遗产的缓冲区本身就是一个受保护的考古区，随着严格法律框架的实施——特别是 2002 年以来雅典历史中心的城市组织——以及主管的 Ephorate 的严密监测，确保了城市发展压力得到充分解决。第 24/2007 号总统令提供特别保护，该法令宣布雅典卫城地区为禁飞区。

该遗产由文化、教育和宗教事务部管辖，通过雅典古物保护局，其主管区域服务，负责该遗址的安全和保护，并实施高效的场地和访客管理系统。此外，文化、教育和宗教事务部执行关于保护财产及其外围区（与雅典古城及其周围环境的边界相对应）的法令，并确保遗址的视觉完整性。特别是为了恢复、保护和监测财产，雅典卫城古迹的恢复和保护委员会成立于 1975 年，负责规划、指导和监督干预措施。1999 年，在上述委员会的监督下，在主管的 Ephorate 的监督下，设立了“克罗波利斯恢复服务处”，增加了学术和技术人员，使修复工程得以大量发展。广泛的研究方案和实施的方法在这一领域具有创新性，并作为其他恢复项目的参考点。现场工程的财政资源来自国家预算以及欧洲联盟的资金。

雅典卫城特别注意场地、道路和游客设施的无障碍性，特别是残疾人设施。此外，游客安全和保护现场科学研究的应急计划每年都在不断改进和实施中，例如监测地震活动。

新雅典卫城博物馆（于 2009 年落成），其中大部分原始雕塑和建筑件的纪念碑被保存，持续的项目“雅典考古遗址的统一”，以及长期保护工程将加强保护和展示的财产。

## 三、腓立比考古遗址

### （一）文化遗产概况

1. 文化遗产简介

腓立比（古希腊文：Φίλιπποι/Philippoi）是在东马其顿的一个城市，在公元前 356 年由腓力二世建立。在十四世纪的奥斯曼帝国统治之下被摒弃。

2016年7月15日，世界遗产大会审议通过“希腊菲利皮（也译腓立比）考古遗址”入选《世界遗产名录》。

2. 历史沿革

公元前356年，马其顿王腓力二世（PHILIP ii）占领了这座城，并加以扩充与设防。他以自己的名字“腓力”称这城为“腓立比”（PHILIPPI）。建造该市的目标是为了控制附近的金矿，并控制暗妃波里和尼亚波利之间的道路，从东方穿过马其顿到西方伟大的皇家道路的一部分。后来由罗马该撒犹流和亚古士督得名。

公元前168年罗马吞并希腊，腓立比归了罗马。罗马把这城分成4个行政区：第一区以暗妃波里为首府。

公元前146年，整个区域合并成为罗马的马其顿省。

公元前42年，腓立比城成为罗马帝国相争点；屋大维（即后来的奥古斯都）与安东尼部队打败布鲁斯和迦修斯，于是诞生了罗马帝国。屋大维以这场在腓立比的得胜为荣，为了纪念他的胜利，便将这座城市改称犹利亚腓立宾西斯驻防城。11年后（公元前31年），这城改为犹利亚腓立宾西斯驻防城了。

腓立比成了罗马的驻防城，有“小罗马”之称。

从4世纪中叶到6世纪末，腓立比建造了7个教堂，有些在规模和装饰上可和帖撒罗尼迦，甚至君士坦丁堡最美的建筑竞争。

在同一个年代，该城重建了防御工事以更好地抵御巴尔干。473年，该市被围困，但未能攻取，只摧毁了附近的村庄。

6世纪末斯拉夫人和547年的入侵对该市造成了严重的破坏，毁灭了马其顿农业经济，619年，该市几乎被一次地震完全摧毁，此后再未恢复。7世纪，这里还有少量的活动，但该市比一个村庄大不了多少。不知何时，该市被抛弃。当16世纪法国旅行家Pierre Belon来到这里时，这里除了废墟一无所有，被土耳其人当作采石场。该市的名称被附近平原的一个土耳其村庄所继承，该村已经消失，有一个希腊村庄在山上。

**（二）突出价值**

1. 文化价值

腓立比考古遗址位于希腊东北部的一座卫城脚下，这条古老的路线连接着欧洲和亚洲——埃格纳提亚大道。菲利普二世于公元前356年在塔西亚人前殖民地重新创立的菲利皮城，在菲利普战役后的几十年里，罗马人将其改造成“小罗马”，其海拔提升为罗马帝国的科洛尼亚奥古斯塔。这是一座充满活力的希腊城市，后来，这座城市成为基督教信仰和朝圣的中心，其起因于公元49或公元50年使徒保罗的访问，基督教大教堂和八角形教堂的遗迹证明了它作为大都市的见证的重要性。

2. 历史价值

腓立比是将地区纳入罗马帝国的一个例外证明，城市布局和建筑作为类似“小罗马”的殖民地就证明了这一点。其教堂的遗迹是基督教早期建立和发展的杰出见证。

腓立比的纪念碑是各种建筑类型的典范，反映了罗马和早期基督教时期建筑的发展。该论坛是罗马东部各省这种公共空间的典范。八角教堂、三世大教堂和圆顶大教堂是早期基督教建筑的类型。

**（三）保护与合理开发**

目前，希腊文化遗产保护方面的主要法律是2002年通过的《古迹和文化遗产保护法》。这一法律把保护历史遗迹囊括进开发、规划和环境保护政策中，强调文化遗产与其周围的自然环境密不可分，而且把神话、习惯、舞蹈、音乐等非物质遗产也纳入了保护范围。

该法律规定：“禁止所有可能导致不可移动文化遗产直接或间接灭失、损坏、污染或外观改变的活动。”基于这一原则，在文化遗址周边地区进行的所有采矿、设厂等活动，都必须事先得到文化部的许可。①

① 新华网，综述：希腊文物保护戒“拆”，2015年01月20日，http://www.xinhuanet.com/world/2015-01/20/c_1114066621.htm,

# 文化遗产

## ——布达佩斯市（匈牙利），Budapest（Hungary）

### 一、布达佩斯文化遗产概览

匈牙利首都布达佩斯包括多瑙河两岸、布达城堡区和安德拉什大街。布达佩斯是世界上城市景观中杰出的典范之一，1987 年作为世界文化遗产列入《世界遗产名录》。2002 年，遗产范围又进行了扩增，将安德拉什大街纳入其中。世界遗产委员会描述：该地区保留有诸如阿昆库姆罗马城和哥特式布达城堡等遗迹，这些遗迹受到好几个时期建筑风格的影响，是世界上城市景观中的杰出典范之一，而且显示了匈牙利都城在历史上各伟大时期的风貌。

### 二、布达佩斯（多瑙河两岸、布达城堡区和安德拉什大街）概况及价值

#### （一）布达佩斯概况

1. 布达佩斯简介

布达佩斯是一座历史悠久、风景秀丽的城市，有着浓郁的古老气息。布达佩斯始建于公元 9 世纪，正处匈牙利平原和喀尔巴阡山的交会点之间，地处欧亚大陆交通线的十字路口，地理位置优越。

布达佩斯是欧洲著名的中世纪古城，它位于风景如画的多瑙河两岸。河右岸多山，称为布达，左岸地势平坦，称为佩斯，将布达与佩斯连为一体的是横跨河上的 8 座大桥和穿越多瑙河底的一条现代化地下铁道。历史上的布达佩斯主要起政治和贸易功能，现为匈牙利的国家首都。①

多瑙河是欧洲第二长河，流经 9 个国家，是世界上干流流经国家最多的河流，在中欧和东南欧的政治、经济、社会发展过程中起到了重要的作用。多瑙河两岸，产生

---

① http://www.71.cn/2014/1013/780649.shtml

了璀璨的文化。[①]

2. 历史沿革

匈牙利族人在东欧平原上游荡了几个世纪。随后，他们迁移并定居到原阿瓦王国的旧址——喀尔巴纤山盆地。公元896年，匈牙利人在阿尔帕德君王的领导下征服此地。他们抛弃了以狩猎为主的游牧生活方式，过上了农耕的生活。公元955年，奥特大帝（后来的神圣罗马帝国皇帝）在奥斯博格击败匈牙利人，迫使他们放弃了继续西征的计划。从这以后匈牙利人逐渐向西方基督教世界国家和文化靠拢。

**（二）突出价值**

1. 文化价值

布达佩斯有着丰富的文化遗产。该地区保留有诸如阿昆库姆罗马城和哥特式布达城堡等受到好几个时期建筑风格的影响的珍贵遗迹。布达佩斯是一座艺术的城市，她有着五颜六色的建筑、高耸的教堂，琳琅满目的博物馆，共同诉说着布达佩斯的璀璨文化。

匈牙利的剧院艺术在欧洲有着悠久的传统和响亮的名声。1996年布达佩斯就有21个剧院，相比而言，其他主要都市一共有26个剧院，相当于布达佩斯一个城市就占到了匈牙利将近一半的剧院数量。电影艺术已于在匈牙利的文化生活上扮演了重要的角色。很多匈牙利的诗人、作家、导演、音乐家、作曲家、歌唱家、舞者、画家、建筑师、科学家和发明家等名声传遍全世界。得益于曾经农业为主的生活方式，匈牙利有非常珍贵的民族艺术史。装饰丰富的民族传统服饰、用品农家表现了浓厚的民族艺术色彩。[②]

2. 历史价值

布达佩斯丰富的文化遗产也是历史的见证。布达佩斯的艺术博物馆收藏着整个艺术史；千年纪念碑记录了匈牙利历史上起到重要作用的人们。令匈牙利举国皈依天主教的伊斯特万，奠定匈牙利王国基础的拉斯洛一世与卡尔曼一世（他带来了匈牙利的第一个盛世），在蒙古入侵的废墟上重建匈牙利的贝拉四世，安茹王朝的卡洛伊一世与拉约什“大王”（匈牙利的第二个盛世），击退奥斯曼入侵的一代将星胡迪奥尼与他的儿子马加什（这是匈牙利作为独立国家的第三个也是最后一个盛世）镌刻于上。[③] 这些遗迹作为历史的见证默默诉说着遥远的年代，见证着匈牙利的发展与变迁。

**（三）保护与合理开发**

布达佩斯非常注意遗产保护区的整体性，注意遗产与现代城市发展规划的融合。

---

① 百度百科多瑙河 https://baike.baidu.com/item/%E5%A4%9A%E7%91%99%E6%B2%B3/183208?fr=aladdin

② https://www.baidu.com/link?url=eA93TqkOzUXkmn-8eDOoWMSyf3PlV7dYV3DKkc7BdY_d1XIDKUBYLQdVkWPNUkP3RrG6Nei0oOnGeJyFH9KK0q&wd=&eqid=a6f51bb100165cb6000000035ec913fd

③ https://user.guancha.cn/main/content?id=32945&page=1

在其城市遗产保护和管理过程中，重视“景观”概念，重视城市的美学价值。布达佩斯筹建“民居遗产保护基金”，“市政厅保护理念”等措施，维护了保护区范围内的街区、设施、装饰和一体化与和谐。此外布达佩斯还有合理有效的遗产管理机制，完善的公共参与机制。[①]

① 布达佩斯城市历史景观的保护历程及现状研究 _ 刘凯茜

# 文化遗产

## ——布加勒斯特市（罗马尼亚），Bucharest（Romania）

### 一、布加勒斯特市文化遗产概览

布加勒斯特（罗马尼亚语：Bucureşti），是罗马尼亚首都。它位于罗马尼亚东南部，地处瓦拉几亚平原中部、多瑙河支流登博维察河畔，有着“小巴黎”之称。布加勒斯特（Bucharest）是罗马尼亚首都和全国的经济、文化和交通中心，位于罗马尼亚东南部瓦拉几亚平原中部，多瑙河支流登博维察河宛若青翠的玉带从西北穿过市区，把市区分为几乎相等的两半，城内河段长 24 公里。与登博维察河相平行的 12 个湖泊一一相连，宛如一串珍珠，其中有 9 个湖泊分布在城市北部。①

布加勒斯特境域面积 228 平方公里，人口 210 万（2018 年），是罗马尼亚最大城市，也是全国的政治、经济和文化中心，同时也是欧盟人口第六大城市。据历史记载，该市已有 500 多年的历史。1459 年，布加勒斯特成为罗马尼亚要塞，1574 年发展成为城市，1659 年起成为瓦拉几亚公国首都。1862 年成为统一的罗马尼亚国家首都。②

### 二、雅典娜神庙（雅典娜音乐厅）概况及价值

#### （一）雅典娜神庙（雅典娜音乐厅）概况

1. 雅典娜神庙（雅典娜音乐厅）简介

罗马尼亚雅典娜神庙（罗马尼亚语：Ateneul Român）是位于罗马尼亚首都布加勒斯特市中心的一座音乐厅，也是布加勒斯特的地标建筑之一。

---

① https://baijiahao.baidu.com/s?id=1626138450735419499&wfr=spider&for=pc

② 外交部：https://www.fmprc.gov.cn/web/gjhdq_676201/gj_676203/oz_678770/1206_679426/1206x0_679428/百度百科：https://baike.baidu.com/item/%E5%B8%83%E5%8A%A0%E5%8B%92%E6%96%AF%E7%89%B9/1832994?fr=aladdin

1865 年，罗马尼亚雅典文化协会成立，决定修建罗马尼亚雅典娜神庙。建筑由法国建筑师 Albert Galleron 设计，并于 1888 年用布加勒斯特人的公共捐助而修建。为此，罗马尼亚发行了 50 万张额度为 1 列伊的彩票。当时，博物学者俄撒库向人们发出号召，为雅典娜宫殿捐出 1 列伊。他的号召呼吁成就了雅典娜神庙，也复兴了人们心中的国家意识。

在不少罗马尼亚科学院院士的帮助下，Galleron 制定了建筑物的构想，罗马尼亚的一些专家对此进行了修订和完善。建筑物呈圆形结构得益于当时已存在的“大主教区公园”里的一座马戏场。设计工作从希腊古典神殿中得到启发，雅典娜神庙首先映入眼帘的就是支撑三角形前脸墙的历史性柱子。底层的大理石大厅包括支撑音乐厅的 12 支陶立克柱。4 个巴洛克风格螺旋形楼梯由卡拉拉大理石制成；二楼的楼座连接音乐厅和雅典娜宫殿其他房间，如办公室、接待厅、演员和指挥家的化妆室。古希腊古罗马风格的圆形剧场安放大约有 1 千个座位，观众在任何角落都能获得完美的视觉和听觉体验。高质量的声音归功于巨大的富有装饰的圆屋顶，这个圆形屋顶把舞台上发出的声音反射到听众那里。

吸引观众的还有罗马尼亚画家克斯丁・配特雷斯库在 5 年期间内完成的包括 25 个部分的描写罗马尼亚历史的壁画、1939 年在埃内斯库的援助下安装的管风琴。雅典娜神庙的建筑在地震和 1944 年的轰炸中遭到破坏，因此该神庙经历了一系列技术修建，包括 1967 年完成的修复工程。后来，雅典娜音乐厅成为“乔治・埃内斯库”交响乐团所在地，从 1958 年起成为“乔治・埃内斯库”国际音乐节的总部。①

**（二）突出价值**

1. 文化价值

由 Costin Petrescu 设计的巨大的壁画装饰在音乐厅的圆形墙壁内。这是一幅壁画作品，描绘了罗马尼亚历史上最重要的那些时刻。从罗马皇帝图拉真征服达契亚起，直到 1918 年实现大罗马尼亚。

罗马尼亚雅典娜神庙的建筑外观精美，内部结构考究，装饰华丽，给人强烈美的感受。而建筑是有着大型管风琴的音乐厅，优美的音乐与华丽的音乐厅相映成趣。融合了多种艺术的雅典娜神庙是当之无愧的艺术瑰宝。

3. 历史价值

罗马尼亚雅典娜神庙是位于罗马尼亚首都布加勒斯特市中心的一座音乐厅，也是布加勒斯特的地标建筑之一，开业于 1888 年。正门外墙上方有罗马尼亚历史上五位国王的肖像。

---

① http://old.rri.ro/arh-art.shtml?lang=5&sec=712&art=119572

### （三）保护与合理开发

该文化遗产具有多种不同性质的文化价值。建筑本身是精巧设计和雕琢的文化遗产，而作为音乐厅，配合音乐演出，给游客和观众以视觉和听觉多重感官刺激，留下美的体验。可合理用作音乐会等活动的举办地点，也可提取艺术元素，如建筑结构，修缮花纹等，建造博物馆介绍或制成文化衍生品。

# 文化遗产

## ——伦敦市（英国），London（UK）

### 一、伦敦文化遗产概览

英国自1984年5月29日加入《保护世界文化与自然遗产公约》的缔约国行列以来，截至2019年，经联合国教科文组织审核被批准列入《世界遗产名录》的英国世界遗产共有32项（包括自然遗产4项、文化遗产27项、文化与自然混合遗产1项），在数量上居世界第8位。英国担任世界遗产委员会成员1次。

伦敦文化遗产数量众多，种类丰富，质量优秀。比较知名的有威斯敏斯特宫殿和教堂以及圣玛格丽特教堂、伦敦塔、格林尼治海岸和基尤植物园。强盛的帝国孕育了丰富的文化，也见证了历史发展。

### 二、威斯敏斯特宫殿和教堂以及圣玛格丽特教堂概况及价值

#### （一）威斯敏斯特宫殿和教堂以及圣玛格丽特教堂概况

1. 简介

威斯敏斯特宫（Palace of Westminster），又称议会大厦（Houses of Parliament），自1547年以来便成为英国议会（包括上议院和下议院）的所在地。威斯敏斯特宫是哥特复兴式建筑的代表作之一，1987年被列为世界文化遗产。威斯敏斯特宫主体建筑是前后三排长达287米的宫殿大楼，两端和中间由7座横楼连接。举世闻名的大本钟（2012年改名为伊丽莎白塔）便位于威斯敏斯特宫。威斯敏斯特教堂（Westminster Abbey），通称威斯敏斯特修道院（意译为西敏寺），坐落在伦敦泰晤士河北岸，原是一座天主教本笃会隐修院，始建于公元960年，1045年进行了扩建，1065年建成，1220年至1517年进行了重建。威斯敏斯特教堂在1540年英王创建圣公会之前，一直是天主教本笃会（天主教的隐修院修会之一）教堂。1540年之后，成为圣公会教堂。

圣玛格丽特教堂位于威斯敏斯特大教堂的北面，建于12世纪，经历多次整修，以

其华丽的彩色的玻璃和装饰著称。1066年，哈罗德二世在威斯敏斯特大教堂加冕，他也是第一个在此加冕的国王。同年，征服者威廉也在此加冕。从那以后，除了爱德华五世和爱德华八世，历任英国君王都在威斯敏斯特大教堂加冕。作为英国的国葬陵墓，1308年之后大多数的英国君主死后也都葬在此。除此之外，还安葬着英国许多贵族、诗人、将军、政治家和科学家，包括乔叟、狄更斯、牛顿、丘吉尔，等等。被葬在威斯敏斯特大教堂被视作至高无上的荣誉。

2. 历史沿革

1045年至1050年，国王圣爱德华建立了威斯敏斯特宫。中世纪时期，地理位置独特的威斯敏斯特宫是当时的战略要地。1295年，英国国会在此举行第一次正式会议——模范议会。1530年该建筑被英国国会作为法庭使用，1799—1801年建筑大幅改建。1834年10月16日，宫殿中的一个炉子点燃了上院的镶板，从而发生火灾。灾后，皇家委员会拟化重建事宜，方案云集。1835年，皇家委员会在研究了97个竞争方案后，选择了查尔斯·巴里的哥特式方案。1840年，奠基仪式启动。1847—1858年，威斯敏斯特宫完工，查尔斯·巴里也在此期间被授予骑士勋章。第二次世界大战期间，威斯敏斯特宫遭到过14次炸弹袭击，最严重的一次发生在1941年5月10日，下院遭到摧毁，3人遇难。1950年在贾莱斯·吉尔伯特·斯科特的主持下，宫殿修复工作完成。

### （二）突出价值

1. 文化价值

威斯敏斯特宫是英国浪漫主义建筑的代表作品，也是大型公共建筑中第一个哥特复兴杰作，是当时整个浪漫主义建筑兴盛时期的标志。虽然其非常之庞大，但整体造型却达成了和谐的融合，展现出了浪漫主义建筑风格的特色和情感。特别是它沿泰晤士河的立面，平稳中有变化，协调中有对比，看似割裂，却又形成了丰富、整体的形象，是维多利亚哥特式的典型表现，流露出浪漫主义建筑的复杂心理和丰富的情感。而建筑内部一方面以帕金设计的装饰和陈设而闻名，另一方面又以大量的壁画、绘画和雕塑等珍藏的艺术品而著称，被人们誉为“幕后艺术博物馆”。威斯敏斯特宫作为世界最大的哥特式建筑，其雄伟和霸气冠绝其他所有同类建筑，堪称无与伦比，巧夺天工，令人赞叹不已。

威斯敏斯特宫东北角的方形尖塔是一座96米高的钟楼，塔顶有一口闻名全球的大本钟。钟楼建于1856年，大钟重13吨半，直径7米，时针长2.75米，分针长4.27米，钟摆重305公斤。每走一小时，就会报时一次，洪亮的钟声通过英国广播公司的广播传遍世界。大钟的监制人是本杰明·荷尔爵士，大本钟因此而得名。

2. 历史价值

1840年重建的威斯敏斯特教堂是显著的中世纪建筑物，它在原有的基础上保持了它的连贯性、完整性和新哥特式风格。直角的哥特式风格的圣玛格丽特教堂是小型的中世纪教堂，它和威斯敏斯特教堂从11世纪起就是王室权力的象征。西南角的维多利亚塔高102米，长宽各22.9米，全部为石质结构，内部共分11层。因其防火性能强，所以被用来存放议会的重要文件档案。塔顶有专门用来表示议会正在开会的旗帜。

塔楼下面有扇皇家大门只供英王召开会议时使用。此后400多年间，威斯敏斯特宫一直是英国的主要王宫，1547年成为英国议会所在地。它几经火灾，几次重建。威斯敏斯特宫共有14个大厅和600多个房间，有一座圆形中央大厅将议会分成南北两部分，南面是上议院，北面是下议院。议会大厅是宫内最重要的建筑，上院的议会厅长27.5米，宽14米，正面讲坛上有英王宝座；下院议事厅长23米，宽14米。女王、上院议院和下院议员进入议会大厦时必须从不同的门进入。

威斯敏斯特宫是过去伦敦的西郊，曾建有一座教堂。11世纪中期，英王爱德华一世在这里修建了一座宫殿并重建了教堂。威斯敏斯特教堂在议会广场西南侧，正式名称为“圣彼得联合教堂”。该教堂由爱德华一世于1050年下令修建，1065年建成。现存的教堂为1245年亨利三世时重建，以后历代都有增建，直到15世纪末才告竣工。教堂平面呈拉丁十字形，全长156米，宽22米，大穹隆顶高31米，钟楼高68.5米，整座建筑金碧辉煌，前面两塔高耸，显得庄严神圣，被认为是英国哥特式建筑的杰作。教堂内有两件英国的镇国之宝：一件是一张英皇加冕时用的宝座，那是1300年遗留至今的；另一件则是宝座下面一块来自苏格兰的被称作“斯库恩”的圣石。威斯敏斯特教堂既是英国国教礼拜堂，又是历代国王举行加冕典礼、王室成员举行婚礼的大礼堂，还是一个国葬陵墓。从11世纪威廉开始，除爱德华五世和爱德华七世外，所有英王都在此加冕登基。

**（三）保护与合理开发**

遗产名称：威斯敏斯特宫、西敏寺和圣玛格丽特教堂

Westminster Palace，Westminster Abbey and Saint Margaret’s Church

入选时间：1987年

遴选依据：文化遗产（i）（ii）（iv）

地理位置：51°30′02.2″N，00°07′28.6″W

遗产编号：426

遗产描述：

威斯敏斯特宫殿、西敏寺（也译作：威斯敏斯特教堂）以及圣玛格丽特教堂坐落在英国首都伦敦泰晤士河畔，是世界上最大的哥特式建筑。

1987年，根据文化遗产遴选依据标准（i）（ii）（iv），威斯敏斯特宫、西敏寺和圣玛格丽特教堂被联合国教科文组织世界遗产委员会批准作为文化遗产列入《世界遗产名录》。

标准（i）：威斯敏斯特教堂是一个独特的艺术建筑，代表了英国哥特式艺术的各

个阶段的惊人序列。

标准（ii）：除了中世纪对英国建筑的影响外，威斯敏斯特大教堂还发挥了另一个主导作用，在19世纪哥特式复兴时期，影响了威斯敏斯特宫的查尔斯·巴里（Charles Barry）和奥古斯都·韦尔比·普金（Augustus Welby Pugin）的工作。

标准（iv）：威斯敏斯特大教堂、威斯敏斯特宫和圣玛格丽特教堂以一种具体的方式说明了长达九个世纪的议会君主制的特殊性。无论是皇家陵墓、教堂、威斯敏斯特大厅、上议院或下议院的非凡浩瀚，艺术无处不在，和谐共存，成为一个真正的英国历史博物馆。

世界遗产委员会描述：

在重要的中世纪遗迹原址上于1840年重建的威斯敏斯特宫殿是新哥特式建筑的典型。这里还包括圣玛格丽特教堂，这是一座小型的直角哥特式风格的中世纪教堂。威斯敏斯特教堂具有重要的历史意义和象征意义，从11世纪起历代国王都在此举行加冕仪式。

## 三、伦敦塔概况及价值

### （一）伦敦塔概况

1. 简介

伦敦塔（Tower of London），是英国伦敦一座标志性的宫殿、要塞，位于横穿伦敦的著名河流泰晤士河上。伦敦塔曾作为堡垒、军械库、国库、铸币厂、宫殿、天文台、避难所和监狱，特别关押上层阶级的囚犯，最后一次作为监狱使用是在第二次世界大战期间。

1988年，伦敦塔被列为世界文化遗产。

2. 历史沿革

已知最早的建于此处的要塞是克劳狄乌斯用来保护伦迪尼乌姆（Londinium）的罗马城堡。

伦敦塔是由威廉一世为镇压当地人和保卫伦敦城，于1087年开始动工兴建的，历时20年，堪称英国中世纪的经典城堡。13世纪时，后人在其外围增建了十三座塔楼，形成一圈环拱的卫城，使伦敦塔既是一座坚固的兵营城堡，又是富丽堂皇的宫殿，里面还有天文台、监狱、教堂、刑场、动物园、小码头等小建筑。

伦敦塔最重要、最古老的建筑是位于要塞中心的诺曼底塔楼，它是整个建筑群的主体，因其使用乳白色的石块建成，史称白塔。白塔系主人居住与守备部队进驻之所，最为坚固，在某种程度上象征着征服者威廉日益巩固和扩大的权力。楼高32.6米，共分三层，墙体厚度不一，从3~4米到4~6米，双层墙壁，窗户口很小，门窗之间用白石相隔，其顶部呈雉堞状，塔楼四角耸出四座高塔，三方一圆，在角隅设有螺旋楼梯，通达顶层。

早在 11 世纪 80 年代，征服者威廉（1066—1087）开始修建伦敦塔。

伦敦塔的历史始于 1066 年。忏悔者爱德华去世后，其姐夫被加冕，但时任诺曼底公爵的威廉声称自己作为远亲也曾被许诺为王位继承人。威廉在黑斯廷斯战役中打败了英国国王哈罗德，还派出了先遣部队到伦敦建造堡垒，为他的凯旋入城做准备。他于圣诞节在威斯敏斯特教堂加冕后，为防范庞大而激烈的人群变化又在市区建造了几个据点。考古证据表明，其中一个据点位于罗马城墙的东南角，即未来伦敦塔的遗址。这些早期防御工事被一座巨大的白塔替代，以宣告新诺尔曼君主的强大力量。盎格鲁－撒克逊编年史 1097 年评论："由于要修建围绕高塔的墙，许多郡的劳工被征调往伦敦并辛劳工作"。白塔于 1100 年建造完成。

塔的故事在中世纪继续着，由于作为和平时期的权力中心和危机时避难所，中世纪的国王们不断更新和扩张塔的防御工事。

约 1350 年，一系列的独立建筑活动保证了该塔转化为令人生畏的要塞。这些建筑工程在狮心王理查一世统治时期开始，理查一世离开英格兰后将塔留给他的总理 William Longchamp，这个人为要塞扩建了一倍规模的防御工事。

1216 年，亨利三世在林肯郡之战（拜塔姆之战）中击败了法国，少年国王的摄政评议会为塔中的皇家住宿开始了大规模扩建，包括在滨水区的两座新塔：The Wakefield 和 The Lanthorn。

1238 年，亨利因贵族叛乱在塔中避难，他很快注意到城堡防御力量的薄弱点。他于 1238 年开工进行一个北部及东西两侧大规模的幕墙建筑。

国王爱德华一世（1272—1307）在 1275 年至 1285 年之间倾大量财力，用一圈新的城墙与护城河取代了他父亲所建造的老护城河，并将塔改造成英格兰最强大的同心防御城堡。尽管塔打造得舒适，他很少待在塔中的皇室住所，在其统治时期该塔被投入其他军事或储存用途，经常用作监狱和存储官方文件与贵重物品的保险库。英国皇家造币厂的主要分支机构亦成立于此，并作为城堡历史上的重要用途之一直到19世纪。

征服者威廉命令人建造白塔以保卫诺曼人免受那些伦敦市人的袭击并保卫伦敦免受其他人的攻击。较早时的要塞都是用木材建造的，但威廉则采用他从法国运回来的大石来重建伦敦塔。狮心王理查修建了围绕城墙的护城河，并把泰晤士河水引入其中。护城河的修建一直不太成功，直到亨利三世引用了一种荷兰护城河修建技术。伦敦塔在英国王宫中的意义非常重大，作为一个防卫森严的堡垒和宫殿，英国数代国王都在此居住，国王加冕前住伦敦塔便成了一种惯例。伦敦塔还是一座著名的监狱，英国历史上不少王公贵族和政界名人都曾被关押在这里。

后来这里成为宫廷阴谋和王室斗争的地方。英王爱德华四世的两个幼子，爱德华之前的国王及堂兄与弟弟，亨利八世的两个王后，先后被囚禁在这里并被处死。在很长一段时间里，伦敦塔成为令人毛骨悚然的“死狱”。

如今伦敦塔内早已不再用于关押囚犯，而从13世纪开始住在这里的渡鸦却依然住在这里。渡鸦之于伦敦塔是神秘的象征，传说如果渡鸦离开这里，塔就会倒掉，王朝就会垮台。因此，这些渡鸦祖祖辈辈就成为最受娇宠的常住客人了。

### （二）突出价值

1. 文化价值和历史价值

伦敦塔向参观者传递英国11世纪起的历史文脉，延续人文精神。

监狱看守（beefeater）装束的导游，伦敦塔古堡内除了有显示古代刑法的地牢、宝剑、刽子手的斧钺，还有英国最古老的建于11世纪的小教堂。它的圆顶地下室里，收藏有历代国王的皇冠和宝石、珠宝，其中“帝国皇冠”上有三千颗熠熠生辉的宝石，“皇杖”中央的“非洲之星”宝石重达五百三十克拉，更有被称为“黑王子”的红宝石，这些都是全球闻名的稀世珍宝。

伦敦塔的卫兵，依然穿着传统的制服，头戴高高的黑色熊皮帽，不过早已经失去了他们百年前飞扬跋扈的神气和骄狂，只是维持秩序和供游人参观、摄影的对象而已。

岁月如梭，建筑依旧。这座充满忧愁和血腥的古堡昭示世人，历史是无情的，它是西方文明进程中的一滴浪花，却在人类的历史长河中留下了不可磨灭的一页。参观后我们感叹，它不愧是宝藏丰富的博物馆和最富魅力的古建筑旅游景点之一，更是英国人心中的“故宫”，也是历史文化价值的典型，是当之无愧的世界文化遗产。

## 四、格林尼治海岸地区概况及价值

### （一）格林尼治海岸地区概况

1. 简介

位于伦敦郊区格林尼治的建筑群及其附近的花园是以17世纪和18世纪以艺术和科学两种风格建造的。由伊尼哥·琼建造的女王行宫是在英国本岛上第一个具有帕拉底奥风格的建筑物，直到才出现同样风格的建筑群——由克里斯托夫·雷恩设计建造皇家海军学院。花园以安德烈·勒诺特雷的设计为基础。格林尼治皇家天文台则是由国王查理二世任命的约翰·弗兰斯蒂德建造的杰作。

2. 历史沿革

1558年作为皇家正式的夏季行宫。

1616—1635年建皇后之屋。

1662年始建，后来成为皇家海军学院的卡尔二世的宫殿。

1675年建成弗兰斯提屋。

1675年建皇家天文台。

1694年在今日皇家海军学院的地址上建造一个海军医院。

1813和1857年，扩建皇家天文台。

1869年皇家海军学院迁入海军医院。

1873年皇家医院转为皇家海军学院。

1934年建造国家航海博物馆。

1960年皇家天文台迁至赫克芒色克斯城堡（色塞克）。①

从海上经过泰晤士河河口进入伦敦的船只，必须从这里经过。15世纪初，英国王室就将其作为防守伦敦的要塞，在这里设置炮台和瞭望塔，用来监视泰晤士河上的舰船。在这里还修建了许多宫殿。周围的山林草地，则是王室养鹿、放鹰和打猎的御苑，当时的国王曾把格林尼治称为“逍遥宫”。1675年，英王查理二世决定在格林尼治山顶的瞭望塔处建立英国皇家天文台。那时英国正在跨越大洋扩张势力，但海上航行只能凭借日月星辰来判断船只所处的纬度，而无法确定其经度。英王相信研究星象能为远洋航海提供保障，因此规定皇家天文台的任务是寻求确定经度的办法，改善航海与天文学。

公元1767年，经过几十年的研究，格林尼治的皇家天文学家们摸清了主要天体的准确位置和运行规律，制成世界上第一张海图。英国的海员可以根据星星的位置确定船的方位。公元1884年6月26日，国际经度会议通过决议，以通过格林尼治天文台的经线为本初子午线，即零度经线，以此计算地球上的经度；以格林尼治为世界时区的起点；以格林尼治的天文台的计时仪器来校准时间。从此格林尼治因其天文台而闻名于世。公元1924年，格林尼治天文台第一次通过英国广播公司向太空播发时间信号，使世界无线电听众可以根据这种时间信号校正自己的钟表。

第二次世界大战后，由于天文仪器的发展，格林尼治天文台已经容纳不下大量现代化仪器，再加上伦敦的空气污染也影响对天象气候的观测，格林尼治天文台迁到苏萨克斯郡，旧址改为英国天文博物馆。周围的山地建成一个大花园，有数千顷的大草坪、美丽的花坛和茂密的树林。格林尼治天文台旧址的大门旁的墙上，镶着一台公元1851年安装的24小时走字的大型标准钟，报告各国通用的世界标准时，也就是格林尼治时间。天文台院子里保留着一条混凝土嵌着铜条的线，旁边的大理石上刻着醒目的大字“格林尼治子午线”（本初子午线），表示地球在这里被分为东经和西经。博物馆内陈列有天文学家进行研究的天文仪器：星盘、旧时使用的天文望远镜、钟表、地球仪、天象图谱等。

### （二）突出价值

1. 文化价值

格林尼治，世界计算时间和地理经度的起点，位于伦敦市中心东南8千米。这里

① 廖春敏．世界文化与自然遗产（中）欧洲［M］．内蒙古大学出版社，2010.

地势险要，风景秀丽，早在15世纪已建起了宫殿，设置了炮台和瞭望塔，大片山林草地被王室作为养鹿、放鹰和打猎的御苑。1675年，国王查理二世颁诏，决定将瞭望塔改建成英国王家格林尼治天文台。

2. 历史价值

1884年，世界20多个国家的天文工作者在美国华盛顿召开会议，正式确定以通过该天文台中星仪的子午线为零度经线，向东称东经，向西称西经，各为180度。每15度为一个时区，相邻时区相差1小时。

格林尼治天文台的发展史也是人们对天文地理探索史的重要组成部分。它终结了人们混乱的时间和空间表述，建立了横贯全球的坐标系统，为人类的发展做出了卓越的贡献。

3. 科学价值

格林尼治天文台为人类对天文地理的研究立下汗马功劳。至今，人类描述自己在地球上位置的方式依然沿用了当时定下的经度标准。人们标记自己的时间依然以格林尼治时间为标准。1948年，英国政府决定将天文台址迁到英格兰东南部的赫斯特蒙苏，但仍然沿用皇家格林尼治天文台旧称。天文台旧址则辟为博物馆，人们可以看到天文台早期使用过的望远镜、天文时钟、天象图、航海图等。而新址则装备了大量先进的天文设施，如安置了直径2.49米的牛顿望远镜、精确到十亿分之一秒的原子钟等。

## 五、伦敦基尤皇家植物园概况及价值

### （一）伦敦基尤皇家植物园概况

1. 简介

伦敦基尤皇家植物园，位于英国泰晤士河畔的邱镇，因此也称邱园。这里原是一片荒滩，由于三面环水，18世纪初被选中辟为英国皇室别墅区。1841年正式成为英国皇家植物园，整体占地300英亩。现在每年吸引了超过100万的游客。2003年经英国政府提名，联合国教科文组织将基尤皇家植物园列入《世界遗产名录》，承认其作为一种独特文化景观的国际重要性。联合国决定授予这座花园与印度的泰姬陵和中国的长城同等的地位。这里收集有世界最多种类的植物和植物标本，还有两个维多利亚时期玻璃温室技术的最佳样板。

2. 历史沿革

邱园主要由花园本身和一个小的周边社区组成。1299年，爱德华一世（Edward I）将他的宫廷迁至邻近的里士满（Richmond）的一座庄园（当时叫Sheen），这一地区的皇家住宅后来影响了花园的布局和建造。那座庄园后来被遗弃了；然而，亨利七世在1501年建造了辛宫，并以里士满宫的名义成为亨利七世永久的皇家住所。大约在16世纪初，来里士满皇宫的朝臣们在邱园定居并建造了大房子。早期皇家住宅包括玛丽都铎的房子，它存在于1522年，当时修建了一条车道连接到里士满的宫殿。大约在1600年，这片后来成为花园的土地被称为Kew Field，这是一块很大的狭长土地，由一个新的私人庄园耕种。

由图克斯伯里的卡佩尔勋爵（Lord Capell of Tewkesbury）亨利（Henry）在邱园（Kew Gardens）建造的这座充满异国情调的花园，后来被威尔士亲王弗雷德里克（Frederick）的遗孀奥古斯塔王妃扩建。皇家植物园的起源可以追溯到1772年里士满皇家庄园和皇家植物园的合并。威廉·钱伯斯建造了几座花园建筑，包括建于1761年至今仍保存完好的高大的中国宝塔。乔治三世在威廉·艾顿和约瑟夫·班克斯爵士的帮助下丰富了花园。老邱园（当时改名为白宫）在1802年被拆毁。毗邻的“荷兰房子”是乔治三世在1781年购买的，作为皇家孩子的托儿所。这是一个普通的砖结构建筑，现在被称为邱宫。

一些早期的植物来自北奥肯登斯塔伯斯的威廉·科伊斯建立的围墙花园。藏品的增长有些随意，直到1771年第一位收藏家弗朗西斯·马森上任。Capability Brown后来成为英国最著名的景观设计师，申请了Kew的master gardener的职位，但是被拒绝了。

1840年，这些花园被采纳为国家植物园，这在很大程度上要归功于皇家园艺学会及其主席威廉·卡文迪什的努力。在英国皇家植物园园长威廉·胡克（William Hooker）的领导下，花园扩大到30公顷（75英亩），游乐场或植物园扩大到109公顷（270英亩），后来扩大到现在的121公顷（300英亩）。第一任馆长是约翰·史密斯。

棕榈屋是由建筑师德西姆斯·伯顿（Decimus Burton）和制铁工人理查德·特纳（Richard Turner）在1844年至1848年间建造的，是第一个大规模使用熟铁建造的建筑。它被认为是“世界上现存最重要的维多利亚时期的玻璃和铁结构”。结构的玻璃窗格都是手工吹制的。温带的房子，是棕榈房子的两倍大，在19世纪后期紧随其后。它现在是现存最大的维多利亚温室。19世纪，在南美以外的地区，人们成功地培育了橡胶树。

1913年，女权主义者橄榄码头（Olive Wharton）和莉莲莱顿（Lilian Lenton）纵火袭击了英国皇家植物园（Kew Gardens）的茶室。

英国皇家植物园在1987年的大风暴中损失了数百棵树。

从1959年到2007年，邱园拥有英国最高的旗杆。它由加拿大的道格拉斯冷杉制成，用于纪念加拿大不列颠哥伦比亚省一百周年和英国皇家植物园两百周年。旗杆在受到天气和啄木鸟的威胁后被移走了。

2003年7月，这些园林被联合国教科文组织列入世界遗产名录。

2018年5月，这栋温带住宅完成了为期5年、耗资4100万英镑的翻修工程。

自1762年植物园建立以来，有五棵树存活了下来。它们被称为“五狮”。

### （二）突出价值

1. 文化价值

基尤皇家植物园是18世纪到20世纪园林艺术发展最辉煌阶段的完美体现。现在植物园所拥有的极其丰富的有关植物学的收藏（标本、活的植物和文献），是经过了几个世纪积累的结果。自从1759年建立起，基尤皇家植物园就不断为植物多样性和经济植物学研究做出杰出贡献。①

2. 历史价值

基尤皇家植物园的历史可追溯到1759年，当时的威尔士亲王弗雷德里克的遗孀奥古斯塔王妃，派人在所住庄园中建立了一座占地仅3.5公顷的植物园，这便是最初的邱园。到1840年，邱园被移交给政府管理，并逐步对公众开放。以后，经皇家的三次捐赠，到1904年，邱园的规模达到了121公顷。

邱园收藏种类之丰，堪称世界之最。这些植物大都按科属种植，并适当根据生态条件配置宿根草本或球根花卉。邱园的温室更是名闻遐迩。这里拥有数十座造型各异的大型温室。

## 六、保护与合理开发

英国文化源远流长，对世界文明的进程做出了许多重要贡献。在现代化进程中，英国将传统与现代有机结合。从史前遗迹到中世纪大教堂，从贵族庄园到古老城镇，无不包含着历史的意味和文化的积淀。英国尊重历史的文化传统，“胡萝卜加大棒”的管理模式，根深蒂固的保护意识，发达完善的慈善事业和卓有成效的宣传教育为文化遗产筑起坚固的防线，使得英国文化遗产保护成果卓著，很有借鉴意义。②

## 七、附录：与中国文化遗产的联系

基尤皇家植物园里有个地标性的建筑：邱园宝塔。该塔是英国国内保护文物，仿照南京大报恩寺建成。

南京大报恩寺“白天似金轮耸云，夜间似华灯耀月”，被明末清初史学家、文学家张岱形容为“永乐之大窑器，中国之大古董”。南京大报恩寺是中国古典建筑文化的典范，具有深厚的历史文化积淀。而在17~19世纪的欧洲，“南京瓷塔”（欧洲人对大报恩寺塔的称呼）也是如雷贯耳。和中国人心目中的埃菲尔铁塔之于法国、大本钟之于英国一样，“南京瓷塔”在当时的欧洲人心目中是神秘的古老中国的象征。

18世纪中国风吹遍欧洲，皇家邱园宝塔就是在18世纪由英国国王乔治三世的建筑

---

① http://blog.sina.com.cn/s/blog_59380eb2010187c3.html

② 刘爱河.英国文化遗产保护成功经验借鉴与启示［J］.中国文物科学研究，2012，（1）：91–94. DOI：10.3969/j.issn.1674–9677.2012.01.024.

师威廉·钱伯斯设计建造。钱伯斯至少两次到访中国，发表了一部大力宣传中国风的著作《中国建筑、家具、服装和器皿的设计》。邱园宝塔完工于1762年，这座八角形的砖塔共10层，有163英尺之高（约合50米），在当时显得格外异乎寻常。多位来自全球的研究学者都一致认为，邱园宝塔是南京大报恩塔的翻版。很有意思的是，邱园宝塔和大报恩塔（78.2米）同为当时期两国最高的建筑，并且同为皇家宝塔。

1856年，太平天国的兵燹毁灭了大报恩寺琉璃塔，而邱园宝塔作为大报恩寺的兄弟塔格外珍贵。它重现了历史文物的原貌，也是中英两国人民文化交流的重要见证。

2017年，中国驻英国大使刘晓明夫人胡平华表示，2017年是中英关系“黄金时代”的开启之年。2016年，中国国家主席习近平与英国首相特雷莎·梅在二十国集团杭州峰会期间成功举行会晤，双方表示将致力于共同打造面向21世纪的全球全面战略伙伴关系，加强经贸、文化、教育、青年等各领域交流与合作。两国领导人此次会晤给中英关系未来发展指明了方向，定将进一步推动中英人文交流与合作。从这个意义上讲，邱园大宝塔修缮项目恰逢其时，为的是让历经两个半世纪的大宝塔重新恢复昔日荣光，让英国公众及各国游客能够更好地欣赏这一中英文化交流借鉴的宝贵典范，这是一件十分有意义的事情。中英双方在这一项目的合作将为促进中英人文交流添砖加瓦，为中英“黄金时代”增光添彩。

中国三胞集团和英国历史皇家宫殿组织及英国皇家植物园将合作重塑18世纪皇家邱园宝塔的辉煌，修缮工程完成后，邱园宝塔于2018年重新对公众开放。

# 文化遗产

## ——赫尔辛基市（芬兰），Helsinki（Finland）

### 一、赫尔辛基遗产概览

赫尔辛基的主要名胜有芬兰堡、宏伟的大教堂、由天然岩石挖掘而成的岩石教堂、城堡山游乐场、金碧辉煌的乌斯别斯基东正教堂、保存芬兰历史文化的伴侣岛以及纪念芬兰著名音乐大师的西贝柳斯公园。其中芬兰堡被列入世界文化遗产。

### 二、芬兰堡概况及价值

#### （一）芬兰堡概况

1. 芬兰堡简介

芬兰堡（Suomenlinna）是建在赫尔辛基外海上六座小岛上的防御工事，是奥科斯丁设计的杰作，是现存世界上最大的海防军事要塞之一，也是芬兰最为重要及著名的景点。芬兰堡上有教堂、军营、城门等名胜古迹，也有世界上不可多得的海上军事遗迹。1991 年，芬兰堡就已经被联合国教科文组织列入了世界遗产名录，受到了保护。

2. 历史沿革

芬兰堡建于 250 多年前，由一位瑞典炮兵军官奥科斯丁设计。这是一组建在赫尔辛基外海若干小岛上的建筑，是瑞典时代的产物。迄今，当年的炮台、城堡、军营都被完好地保存了下来，是世界上现存最大的海上要塞。而在数百年后的今天，芬兰堡早已演变成了一个时尚的聚会场所。

帝皇门是芬兰堡的象征，1753 年至 1754 年间为阅兵而建。1752 年，创始人瑞典王 AdolfFredrik，来视察工程时，乘船停锚的地方，正是帝皇门的位置所在。

#### （二）突出价值

1. 文化价值

建于1852年的赫尔辛基大教堂，结构精美，气宇非凡，堪称芬兰艺术史上的精华。

大教堂的顶端是带淡绿色圆拱的钟楼，高出海平面80多米，是赫尔辛基的地标性建筑，也是芬兰最受欢迎的结婚场所。

250年前瑞典人在岛上建设的炮台，城堡，军营都完好地保存了下来。岛上还有数十间博物馆以及餐馆咖啡馆。芬兰城堡博物馆提供三种当地酿造的啤酒，味道纯正独特。岛上的船坞用传统的技艺建造古老的帆船，游客们也可以亲自参与其中。

2. 历史价值

芬兰堡承载了芬兰的历史记忆。在战争时期，芬兰堡是重要的海防军事要塞，在芬兰的独立解放战争中占据着至关重要的军事地位。在芬兰国内革命时期，激进党派和保守党派之间发生激烈的大规模冲突，许多激进党派的成员在失败后被捕，芬兰堡又被用于监禁。在和平年代，保存完好的炮台，城堡，军营等名胜古迹为芬兰人民带来了旅游业的发展。1991年，芬兰堡被联合教科文组织列为世界遗产保护区。芬兰堡已不再弥漫战争的硝烟和血腥，成为人们向往的旅游、疗养和居住的圣地，也为芬兰的经济发展带来了不可磨灭的作用。它承载着战争于和平的记忆，有着独特的历史价值。

# 文化遗产

## ——里斯本市（葡萄牙），Lisbon（Portugal）

### 一、里斯本市文化遗产概览

里斯本有许多纪念塔和纪念碑。贝伦塔建于16世纪初期，挺身于大西洋岸边。涨潮时，它好似浮在水面上，景色优美动人。塔前的热罗尼莫斯修道院采用流行于16世纪初期的曼努埃尔式建筑的典型，气魄宏伟，雕刻华丽。院内有全国知名人士的墓地，葡萄牙航海家达·伽马和著名诗人卡摩安兹就长眠于此。附近的航海纪念碑，造型优美，宏伟壮观，远看好像航行在碧波万顷中的巨型帆船。碑上的浮雕，再现了当年葡萄牙航海家周游世界、搏击风浪的英雄壮举。广场的水泥地上，能工巧匠们制作的一幅巨大的世界地图，清晰地标出了葡萄牙航海家远航世界各地的年代、地点和航线，使游人对葡萄牙航海史一目了然。亨利纪念碑是一艘石刻的大帆船（亨利在15世纪对葡萄牙航海事业做出了重大贡献），亨利像屹立在船头，四周站立着协助亨利的船长、地理学家、数学家、木工等人物雕像。庞包尔广场是为纪念庞包尔侯爵重建里斯本做出的巨大贡献而建立的，广场的中央竖立着庞包尔侯爵的雕像。

萨拉扎尔大桥，长3018米，中心跨距1013米，是欧洲最长的吊桥。里斯本沿特茹河延伸，主要古迹集中在阿尔法玛区。市郊贝连虽然距离里斯本较远，但聚集相当多的博物馆及纪念碑，是里斯本之旅必到的景点。

### 二、里斯本的圣哲罗姆派修道院和贝伦塔概况及价值

#### （一）里斯本的圣哲罗姆派修道院和贝伦塔概况

1. 简介

圣哲罗姆派修道院，或热罗尼莫斯修道院（葡萄牙语音译），是位于葡萄牙里斯本贝伦区的华丽宏伟的修道院，是里斯本最为突出的古迹，是在曼努埃尔式建筑中最为成功的一例。1983年与附近的贝伦塔搭档被联合国教科文组织列为世界文化遗产。

2. 历史沿革

16 世纪，葡萄牙的海军政策及航海事业的发展使得里斯本成为一个不可缺少的港口。贝伦海滨是非洲和东方之行的起点。那些新世界的财富和文化都被带到了葡萄牙，对当地主要建筑物的建造起到了决定性的影响。

哲罗姆派修道院和贝伦塔的建造就受到了外部文化的影响。1455—1495 年在位的国王进行了一项卓有成效的革新计划，其中包括建立一个三角防线。这个三角是指已经存在的卡斯凯什湾要塞和对岸的托雷韦尔哈以及第三角的新建城堡，其中新建城堡是由国王的儿子曼努埃尔一世完成。为了纪念航海家瓦斯科·达·伽马，人们在原来的“格兰德诺”遗址基础上建造了贝伦塔。原来的“格兰德诺”遗址曾经遭受过火灾，因而，这次用石头代替了木制结构。

弗朗西斯科·德·阿鲁达在从北非返回时，被任命为贝伦塔要塞的总工程师。1514 年，贝伦塔的建设在王国的建筑大师迪奥古·德·博伊泰克的指导下开始了。后来该建筑师还掌管了哲罗姆派修道院的建设。贝伦塔于 1520 年完工。一年后，加斯帕·德·派瓦被任命为第一个“阿尔凯德”。弗朗西斯科·德·阿鲁达的贡献体现在塔的建筑形式、塔的精当匀称性以及塔的装饰上，这些都受到了伊斯兰国家和东方国家的影响。

**（二）突出价值**

1. 文化价值

修道院建立于 1450 年左右。Ermida do Restelo 的圣哲罗姆派修道院为恩恩克建立于同一地点，现时旧院已年久失修。新院由曼努埃尔一世（Manuel I，1515 年至 1520 年）计划兴建，以纪念达·伽马从印度有功而归。本来该修道院是用以供艾维兹王朝（House of Aviz）成员举行葬礼之用，但后来亦演变为供将要离开的海员们做祈祷之用的教堂。

贝伦塔位于葡萄牙里斯本的贝伦区，是一座五层防御工事，用来防御位于贝伦区的港口，以及附近的圣哲罗姆派修道院。建于 1515—1521 年曼努埃尔一世（Manuel I）时期，世界文化遗产，里斯本的一个标志。矗立于特茹河北岸，是贝伦岸边两座名塔之一。此塔不仅是见证葡萄牙曾经辉煌的历史遗迹，也是里斯本最上游客镜头的一个风景点。

它是葡萄牙文艺复兴式代表性建筑，共有五层，外观雕刻装饰深受回教文化影响，曾作为灯塔看守进港船只。它是为了纪念 1515—1520 年葡萄牙航海时代而建，也是哥伦布航海出发点，外形像一座小古堡，第二层是一个大平台，游客登上塔顶，眺望，吹着海风，可以想象几百年前航海家门出航的盛况，仿佛历史近在眼前。

贝伦塔建筑中最突出的特征——拜占庭式角楼上的段状屋顶，充分说明了这一点。作为国王特权的一个象征，这些装饰包含了所有的曼努埃尔时的象征物，有丝索在建筑物周围环绕，结束于精美的结。还有许多环组成的球、象征基督军事命令的十字架和其他自然物体，比如犀牛。这是犀牛第一次出现在欧洲的石制建筑上，也是葡萄牙的建筑文化与其他民族文化融合的证据。

2. 历史价值

坐落在里斯本海港入口处的哲罗姆派修道院，是葡萄牙艺术巅峰时期的最好例证。它旁边的贝伦塔，则是为纪念航海家瓦斯科·达·伽马（Vasco da Gama）的航行而建立的，它向人们讲述着那段奠定了现代世界基础的大航海时代。建筑的材料，风格，尺寸和细致入微的工艺都是历史和文化发展与交融的印证。

# 文化遗产

## ——地拉那市（阿尔巴尼亚），Tirana（Albania）

### 一、地拉那市遗产概览

地拉那（Tirana），是阿尔巴尼亚首都，也是第一大城市，是经济、文化、交通中心。地拉那位于国土中西部的伊什米河畔，西距亚得里亚海岸 40 千米，东、南、北三面环山，西距亚得里亚海岸线 27 公里，正处在肥沃的阿尔巴尼亚中部平原的末端。居民大部分是穆斯林。年最高平均气温 23.5℃，年最低平均气温 6.8℃。

地拉那市地处山间盆地，冬季温湿，夏季干热。15 世纪成为居民点。1614 年形成城镇。1920 年被定为首都。第二次世界大战期间被意、德法西斯占领。1944 年解放后，经济和人口成倍增长，成为全国最大的工业中心。该地有着地拉那大学等高等院校和国家科学院、图书馆、文化宫、电视台、博物馆、剧院和音乐厅等。城市东部和北部主要部分为旧城区，多传统建筑。有斯坎德培广场和列宁纪念碑、游击队纪念碑等。斯坎德培广场位于市中心，附近有清真寺。城市多公园和街心花园。

### 二、哈奇·艾特海姆·培清真寺概况及价值

#### （一）哈奇·艾特海姆·培清真寺概况

1. 简介

哈奇·艾特海姆·培清真寺位于阿尔巴尼亚首都地拉那。

阿尔巴尼亚共和国简称“阿尔巴尼亚”（Albania），是一个位于欧洲东南部，巴尔干半岛西南部的国家。阿尔巴尼亚西隔亚得里亚海和奥特朗托海峡与意大利相望，南面则与希腊接壤，东临马其顿，东北是塞尔维亚，北接黑山共和国。

地拉那主要人口（97%）是阿尔巴尼亚族，是古伊利里亚人后裔，信奉伊斯兰教。因受奥斯曼帝国统治多年，与土耳其在文化上有很深的渊源。官方语言是阿尔巴尼亚语，但是在一些地区希腊语也通用。

2. 历史沿革

哈奇·艾特海姆·培清真寺始建于1789年，开始被命名为Molla Bey。寺庙于1823年竣工。帕查苏莱曼德是奥斯曼帝国的一位将军，他在1614年建立了地拉那城。那时他仅仅建了一座清真寺、公共浴场和一家面包房。哈奇·艾特海姆·培清真寺被公认为是阿尔巴尼亚最漂亮的，外部有精致的装饰，该清真寺内部墙壁上的画代表着树木、瀑布、桥和大自然。

## 三、附录：与北京在文化遗产领域大事记

中阿两国于1954年签署了政府间文化合作协定，此后双方陆续签署了八个年度交流计划。1991年，两国签署政府间文化、教育、科技合作协定。

2013年5月，中国国际广播电台调频台在阿落地。7月，中国—中东欧国家合作阿尔巴尼亚国家协调员、外交部副部长乔拉库来华出席中国—中东欧国家地方领导人会议。地拉那市、都拉斯市分别派员与会，都拉斯市与重庆市梁平县（现为梁平区）签署建立友好合作关系备忘录。10月，国家体育总局冯建中副局长访阿。11月，阿首家孔子学院揭牌成立，首批中小学汉语课堂正式开班。12月，中联部副部长周力访阿。中国残疾人艺术团访阿。

2014年4月，阿记者参加中东欧国家记者团访华。5月，中国国际广播电台台长王庚年访阿。

2015年4月，中国国家新闻出版广电总局代表团访阿，双方签署《经典图书互译出版项目合作协议》。10月，阿总理拉马赴香港举办经贸招商及文化交流活动。12月，《习近平经典引句解读》阿尔巴尼亚文版出版发行仪式在地拉那举行。

2016年4月，阿斯库台大区、地拉那大区、都拉斯市、培拉特市代表团访华。6月，文化部副部长丁伟访阿，同阿方签署《中国文化部和阿尔巴尼亚文化部2016—2020年文化合作计划》。9月，阿文化部部长库姆巴罗来华出席首届丝绸之路（敦煌）国际文化博览会开幕式。10月，地拉那市长维利阿伊访问北京。

2017年9月，《习近平谈治国理政》阿尔巴尼亚文版首发式在地拉那举行。①

① 阿尔巴尼亚 https://baike.baidu.com/item/%E9%98%BF%E5%B0%94%E5%B7%B4%E5%B0%BC%E4%BA%9A/361248?fr=aladdin#9

# 文化遗产

## ——都柏林市（爱尔兰），Dublin（Ireland）

### 一、都柏林城市文化遗产概览

爱尔兰国家共有 2 项世界遗产，皆为文化遗产。

都柏林是爱尔兰共和国的首都及最大城市，也是爱尔兰的政治、经济、文化、旅游和交通中心。其地理位置极其靠近爱尔兰岛东岸的中心点，地处都柏林郡的利菲河河口、都柏林地区中心。都柏林有着“欧洲硅谷”的称号，外加国家政策支持，吸引了世界各地众多科技公司来此发展，仅美国公司就有超过 600 家。

横跨利菲河的都柏林是一座文化之都。这里的大学、科学院、美术馆为数众多，有上百年历史的建筑随处可见。都柏林拥有世界闻名的文学历史，曾经产生过许多杰出的文学家，例如诺贝尔文学奖得主威廉·巴特勒·叶芝、萧伯纳和塞缪尔·贝克特。还产生过很多有影响的作家和剧作家，包括奥斯卡·王尔德、乔纳森·斯威夫特和《德拉库拉》的作者布拉姆·斯托克。

为了使爱尔兰多种非物质文化得以保存，都柏林城市大学在爱尔兰国内率先建立了国家民俗档案馆，该档案馆于 2017 年被列入联合国教科文组织世界记忆库。

### 二、都柏林城堡文化遗产概况及价值

#### （一）都柏林城堡文化遗产概况

1. 都柏林城堡文化遗产简介

在爱尔兰人民争取独立的武装斗争中，都柏林城堡是历次起义的首要打击目标，是爱民族独立的象征。

历史上的都柏林城堡曾因 1684 年的大火而被毁之过半。现存的都柏林城堡大半都是建于 18 世纪，因为要将此地作为英国对爱尔兰进行统治的权力机构所在地，所以重修了都柏林城堡。而在以后长达百年的国家独立运动中，都柏林城堡因为英格兰人的

进驻，而多次经受了民族解放浪潮的冲刷与洗礼。在国家取得独立以后，都柏林城堡则成为国家独立的见证者。

2. 历史沿革

都柏林城堡于1204年爱尔兰领地时期由英国国王约翰下令建造。之后八百多年来，都柏林城堡一直是爱尔兰首都古老的心脏地带，是历任统治者的所在地。同时，都柏林城堡也是爱尔兰重要的防御工事，承担着军事和政治权力中心的重任。都柏林城堡也是爱尔兰统治阶级的一个光彩夺目的社交舞台，它不断演变，适应着国家的发展和需要。1919年1月，复活节起义，爱尔兰独立战争（1919–1921）结束之后，迈克尔接管都柏林城堡，并成为新独立的爱尔兰自由邦的第一任领袖。自那以后，都柏林城堡作为国家尊严的象征地，举办爱尔兰的重要国事活动，包括七年一次的爱尔兰总统宣誓就职仪式。

**（二）突出价值**

1. 文化价值

都柏林城堡现在的礼拜堂是由弗朗西斯·约翰斯顿设计的，连接着教堂的是都柏林仅存的建于中世纪时的城堡，造型优美坚固的城堡，千百年来依然矗立着。城堡内设有政府大楼，国政厅，博物馆，花园，咖啡厅和国际会议中心。其中博物馆内有大量珍贵画像和文物，包括作为皇家权威象征的爱尔兰国家之剑。城堡内最壮观的房间是用于重要场合的圣帕特里克大厅。大厅有两个会客室，一个用于音乐家，另一个用于观众。厅内采用金白色调，哥林多柱采用绚丽的金色。文森佐瓦伦丁绘制了巨大的华丽彩绘天花板，描绘了乔治三世，各种小天使，自由和正义，圣帕特里克和亨利二世接受了爱尔兰酋长的投降。

2. 历史价值

爱尔兰的历史反映在城堡多元的建筑风格上。自1204年落成以来，都柏林城堡历经几番修整，让不同时代在此留下各自独特的印记。

4世纪和5世纪爱尔兰基督化后在爱尔兰形成了由修道院，修道士和王国组成的文化。但随着维京人的入侵这个文化受到冲击。1169年和1171年诺曼人占领爱尔兰，英格兰开始在爱尔兰的文化和政治中占支配作用。

都柏林城堡的建立显示了英格兰在爱尔兰的权力象征。

**（三）保护与合理开发**

1930年至2004年的《国家古迹法》（National Monuments Act）是一项涉及保护历史古迹和考古地区的广泛立法。2000年至2017年的《规划和发展法》（Planning and Development Act，2000至2017）中规定了一些措施。

《2000年地方政府规划和发展法》（经修订）统一了1963—1999年的规划和发展法。1999年的法案通过实施1985年的格拉纳达公约，对遗产保护做出了重大改变，爱尔兰于1997年批准了该公约。1999年颁布的《建筑遗产（国家名录）和历史遗迹法案》进一步确定了国家建筑遗产名录的法定基础。

## 三、附录：与中国在文化领域大事记

3月17日是圣帕特里克节（St.Patrick’s Day），也是爱尔兰的国庆日，每年的这个时候，欢歌笑语洋溢在城市中的每个角落。

绿色是圣帕特里克日的节日色，三叶草和爱尔兰小矮人是节日的象征物。3月的都柏林天气还颇为寒冷，往年此时，天性乐观开朗的爱尔兰人会戴着绿色的大帽子，身着绿色的服饰，在脸上画上三叶草的图案，在每一条街道上狂欢舞动，用舞蹈、音乐、烟火、街头戏剧、美食美酒等各种欢快闹腾的方式庆祝。

在中国，上海花旗集团大厦、苏州东方之门、北京秀水街大厦、香港的钟楼等也在当天“穿上”代表“爱尔兰绿”的盛装，传递着爱尔兰和中国两国间的节日友谊。

2017年作为“感知中国——中国西部文化爱尔兰行”活动的组成部分，一场展现中国西部民俗风情的歌舞演出“彩云追梦”在爱尔兰首都都柏林国家音乐厅精彩上演。

叶芝的诗歌《当你老了》在中国广为传诵。诞生于爱尔兰的U2和西城男孩乐队，也被中国年轻人所追捧。中国西部有很多地方与爱尔兰存在相似之处。如爱尔兰的踢踏舞热情奔放，举世闻名，而生活在中国西部云南省的哈尼族，也同样擅长跳踢踏舞。

# 文化遗产

## ——哥本哈根市（丹麦），Copenhagen（Denmark）

### 一、哥本哈根城市文化遗产概览

哥本哈根城市暂时没有世界文化遗产，丹麦国家共有 4 项世界遗产，其中 1 项自然遗产，3 项为文化遗产。

“五月晴光照太清，四郎岛上话牛耕；樱花吐艳梨花素，泉水喷去海水平。湾畔人鱼疑入梦，馆中雕塑浑如生；北欧风物今观遍，民情最美数丹京。”郭沫若在游遍北欧诸国之后曾经写下这样一首赞美哥本哈根的诗。诗中寥寥数语，道出了哥本哈根阳光明媚，春暖花开，美人鱼雕像在海边静静冥思，栩栩如生的动人风情。哥本哈根是座集古典与现代于一体的城市，充满活力、激情与艺术气息。安徒生在哥本哈根度过了他的大半生，他的众多著作都是在这里进行创作。哥本哈根集聚着充满童话气质的古堡与皇宫、乡村与庄园。从沉淀着古老历史的旧皇宫，到延续着皇族传奇的阿美琳堡宫，比邻坐落在这个城市中。

哥本哈根有许多宫殿、城堡和古建筑。城市充满浓郁的艺术气息，有阿肯艺术中心、路易斯安娜博物馆、国家博物馆等众多艺术博物馆。从古老的古典艺术，到缤纷的现代艺术，都能在这里找到丰富的展示。在一座城市里，齐聚着古老与神奇、艺术与现代、自然与人文、激情与宁静，这就是哥本哈根，一个迷人的国度。

### 二、菲特烈堡概况及价值

#### （一）菲特烈堡概况

1. 菲特烈堡简介

古堡原本是丹麦贵族海洛夫·特罗勒的私人庄园。1560 年，被国王菲特烈二世看中，并用西兰岛南部的奈斯特维士的一座森林寺院同特罗勒交换。从此，这座庄园易名为菲特烈堡。但当时的城堡只不过是一座建在最南部小岛上的两层楼，规模极小。

国王克里斯钦四世登基后，在全国各地大兴土木，建造王宫、行宫、教堂，同时也大大扩建了菲特烈堡，使其初具规模，成为国王及王室的行宫。

2. 历史沿革

作为丹麦国王的行宫，菲特烈堡在丹麦众多古堡中占有显赫的地位。每位国王均在这里举行登基加冕和进行重要的宗教仪式活动。丹麦历史上几次重大事件也都发生在堡内。1721 年，北欧大战（1700—1721）结束后，丹瑞两国在此签署了著名的《菲特烈堡和约》，从而结束了几个世纪以来丹麦和瑞典之间的敌对状态。

《菲特烈堡和约》签署之后不久，丹麦国王克里斯钦六世在距菲特烈堡几英里外的地方，建造了一座新的行宫——和平宫。而将菲特烈堡辟为博物馆。1812 年，当时的国王菲特烈六世从收藏家那里得到了一大批油画，并把它们存放在宫内的艺术画廊内。以后，油画逐年增加。可惜的是 1859 年一个严冬之夜，城堡突然失火，大火几乎焚毁了内宫所有建筑，三分之二的油画被付之一炬。如今，馆内重新收藏大量珍贵文物和表现丹麦历史重大事件的油画、著名人物肖像以及丹麦最古老的管风琴等艺术珍品。其中的一架考姆伯钮斯管风琴，制于 1610 年，1617 年被安装在宫堡教堂内。它有一千零一根木质风管，迄今仍可弹奏。大部分展品是在征集文物、重建菲特烈堡运动中收集的。其中相当部分为当今闻名世界的嘉士伯啤酒公司的创始人——J.C. 雅各布森捐献。

**（二）突出价值**

1. 文化价值

菲特烈堡是北欧现存最著名的文艺复兴时期建筑，有“丹麦的凡尔赛宫”称号。宫殿由三面建筑构成，中间的广场上是以海神为原型的喷泉雕塑。

2. 历史价值

内部文物展现丹麦王国悠久的历史和文化传统。

# 文化遗产

## ——明斯克市（白俄罗斯），Minsk（Belarus）

### 一、明斯克城市文化遗产概览

位于明斯克的米尔城堡建筑群成为白俄罗斯国内第 2 项世界遗产（文化遗产 3 项，自然遗产 1 项），这也是首项位于明斯克的世界文化遗产。

2000 年 12 月，米尔城堡群被列入联合国教科文组织世界文化遗产名录。世界遗产委员会评价米尔城堡于 15 世纪末动工建设，属于哥特式风格，后来在文艺复兴时期及其后的巴洛克风格盛行时期得到不断扩建和重建。城堡曾被遗弃了近一个世纪，后又在拿破仑一世时期受到严重破坏，但最终于 19 世纪末得到修复。在修复过程中，加入了许多其他要素，美化了周边景观，建成了一个公园。如今的面貌是其历经沧桑动荡的历史写照。

在白俄罗斯的历史中，有一个家族对其有着很深刻的影响，就是拉齐维乌家族。该家族自 16 世纪起到 1939 年为止建造的一系列建筑被列入世界遗产名录中，其中包括位于白俄罗斯的米尔城堡建筑群和涅斯维日城堡建筑群。

### 二、米尔城堡建筑群文化遗产概况及价值

#### （一）米尔城堡建筑群文化遗产概况

米尔城堡建筑群是中欧城堡建筑的杰出典范，其融合了各阶段的艺术风格（哥特式文化、巴洛克式文化及文艺复兴式文化），因而缔造出非凡的历史性遗迹。

1. 米尔城堡建筑群文化遗产简介

米尔城堡所在的区域曾有一段政治与文化分分合合之历史。这样的动荡局势清楚地表露于城堡的建筑外貌上。米尔城堡最初以高耸的哥德式面貌展现于世，而后经不断地增建及修整，先是工整的文艺复兴时期的风格，再来是华丽的巴洛克风格。在长达将近一世纪的荒废及拿破仑时期战火的严重破坏下，于 19 世纪末叶时又再度修建，

除了在原有的样式上增添了其他风格之外，更将城堡周围兴建了一些新的建筑，变成了一个公园。而从米尔城堡的建筑发展历程中亦可得知一段动荡不安的欧洲历史。米尔城堡是伯里兹建筑史上的伟大杰作，是由利尼克（Ilinich）公爵为了代替15世纪修建的木质封建农场以及周围建筑物于16世纪的早期靠近米尔村（格罗德Grodno地区）的地方修建的。

2. 历史沿革

米尔城堡在15世纪末由当时俄罗斯的一位公爵下令修建，历经不到10年的时间终于在16世纪初期竣工，当时的米尔城堡有着非常明显的哥特式建筑风格。在1568年的时候米尔城堡因为当时政权的动荡被拉齐维乌家族接管，随后被改造为典型的文艺复兴时建筑。在拿破仑大帝统治时期，战乱频繁，米尔城堡被废弃并且其中建筑及周边环境均遭受非常严重的破坏，再加上时间的洗礼，那时候的米尔城堡可谓是破败不堪。

终于，在19世纪末期，当时的掌权者对其进行了修缮与重建并在修复完成以后将它卖给了当时的巨商尼古拉·斯维亚托波尔克·米尔斯基。随后不久，第二次世界大战爆发，德国对苏联的入侵如火如荼，迅速且猛烈，米尔城堡也未能幸免，被纳粹占领用作犹太人的聚居所或者说是监禁营地。第二次世界大战结束以后，苏联解体，白俄罗斯对米尔城堡又进行了更完善的修复，并且在周边建起公园园林等景观使其形成一个建筑群。

**（二）突出价值**

1. 文化价值

文艺复兴时期，巴洛克式风格和哥特式风格在米尔城堡上融合，见证了欧洲各个时期的艺术风格，为后世建筑学家提供了参考。

2. 历史价值

白俄罗斯位处东欧中心并邻近波罗的海海口处，地理位置优越，因而一直惹来邻国觊觎，由千多年前有历史记载开始，已有多次被邻国如立陶宛、波兰、俄罗斯及德国等侵占及瓜分的记录，大量历史建筑因战火被摧毁，令当地被塑造成为“最有苏联味”的二战后国家，难怪像米尔城堡这样仍保留着昔日白俄罗斯辉煌历史的古迹便显得特别珍贵。

米尔城堡位于白俄罗斯首都明斯克西南方约八十公里处，是该国四大世界文化遗产的其中一项，论规模，虽然不及三十公里外的涅斯维日城堡般宏伟，可是拥有哥德式、巴洛克式及文艺复兴等多元建筑风格的米尔城堡，正好代表着不同时期的城堡面貌，见证着历史发展，堪称一座活动历史博物馆。

3. 科学价值

米尔城堡（Mir Castle）所在的地区在政治和文化对抗和融合方面有着悠久的历史，

并以合奏的形式和外观用图形方式表示。

### （三）保护与合理开发

城墙进行加固，已经被修复，这些建筑对被毁坏了的建筑里面和内部进行修复和化学加固，一些建筑细节和内部装饰的宫殿和塔被修复。该遗址还需要以博物馆为目的进行装备和调整，包括修缮维护和保护工作，并为展示城堡的地下室和墙壁残片做准备。

## 三、附录：与中国在文化领域大事记

2016 年白俄罗斯中国文化中心在明斯克成立。

# 文化遗产

## ——里加市（拉脱维亚），Riga（Latvia）

### 一、里加城市文化遗产概览

位于里加的里加历史中心馆成为拉脱维亚国内首项世界遗产，同时这也是首项位于里加的世界文化遗产。

1997 年，里加历史中心被列入联合国教科文组织世界文化遗产名录。世界遗产委员会评价里加历史中心：里加是汉萨同盟的一个主要中心，它和中欧和东欧的贸易在 13 世纪至 15 世纪一度非常繁荣。尽管大部分的早期建筑受到火灾和战争的破坏，但是中世纪中期的城市建筑仍然反映了这种繁荣。19 世纪里加成为重要的经济中心，中世纪城镇的市郊已经建成，风格从开始的古典木制建筑转为“新艺术”风格。里加被公认为欧洲最精美的“新艺术”建筑风格的中心。

### 二、里加历史中心文化遗产概况及价值

#### （一）里加历史中心文化遗产概况

里加历史中心包括六个著名的遗址：砖制圆顶屋、圣彼得教堂、圣雅可比教堂、圣约翰教堂、火药塔、瑞典门、里加城堡。除此以外，城区中还有其他历史建筑、许多博物馆和艺术画廊。其中圆顶教堂——圣玛丽亚大教堂是一个主教大教堂，这个著名的历史性纪念物成为古老的里加镇的象征。

1. 里加历史中心文化遗产简介

里加历史中心分老城和新城。老城在道加瓦河右岸，面积不大，有运河环绕。老城具有中古时代城市的特征：房屋低矮，街道狭窄，屋顶多用红瓦，每座屋顶上有一只闪光的金属制的公鸡——风信鸡。相传 13 世纪末叶起，风信鸡就被当地居民认为是避邪之物，后来人们把鸡身两侧分别涂上金色和黑色，以辨别风向，现在风信鸡只是作为城市的特有标志。里加虽历经战争破坏，但老城区的许多古老建筑仍然保存下来，

它们构造奇巧、外观精美。一只只闪闪发光的金属公鸡矗立在几座13世纪大教堂的尖顶上。在造型各异的教堂中，多姆教堂以其内部庞大的管风琴闻名于世，圣彼得大教堂是里加最高的教堂，其他有名的建筑还包括骑士团城堡、大行会会所和小行会会所等。市内还保留着中世纪的商人住宅和仓库。新城坐落在风景秀丽的城市运河河湾处，全市绿荫覆盖，花丛处处，素有“欧洲美人”之称，里加人喜欢称其为“花城”。

新城区具有浓厚的现代气息，街道宽敞整齐，建筑壮观，喷泉、纪念像和雕刻随处可见。吉士湖畔有著名的梅沙公园，其中的歌咏场可容纳3万名观众，并可供1万人演唱。尤格湖畔的露天民俗博物馆是拉脱维亚民族的缩影，这里有葱郁的树木、柔软的草坪、矮小的农舍、古老的风力磨坊。里加的公园多而美。面积最大的是文化休息公园，米耶斯都拉公园以历史悠久著称。离市区25千米是滨海疗养区，绵延32千米细沙的海滨非常值得一去，那里遍布着各式各样的大小别墅，还有几家豪华宾馆，如里加湾宾馆和里加海滨宾馆。在这些宾馆里，游客可以进行矿泉水按摩和泥浴。

2. 历史沿革

里加城市的名字来源于古时流经于此的里加河，如今里加河已消失，但里加却濒临着道加瓦河、列鲁巴河、城市运河和吉士湖。最初里加是利弗人的聚集地，之后，由于里加的地理位置在战略、贸易上的重要意义，里加先后归属于波兰、瑞典、德国，在拉脱维亚独立之后里加成为拉脱维亚的首都。1940年并入苏联，1991年拉脱维亚独立后，里加又成为首都。

### （二）突出价值

1. 文化价值

中世纪城镇的市郊已经建成，风格从开始的古典木制建筑转入“新艺术”风格。里加被看作是欧洲最精美的“新艺术”建筑风格的中心。

2. 历史价值

作为一项独特的杰作，该遗产地由中世纪及之后时期的城市结构所组成，集中了众多高品质的新艺术运动建筑和19世纪木构建筑。

3. 科学价值

该物业是首都里加的整个中心部分。它的边界和缓冲区是根据城市结构的完整性和对站点重要视图的有效保护而确定的。它包含表达杰出普遍价值的所有必要元素，即中世纪各个历史风格的建筑纪念碑；半圆的林荫大道，由19世纪和20世纪初折中主义建筑和新艺术风格主导；以及18世纪至20世纪的建筑，尤其是木制建筑的前郊区地区。里加历史中心的壮丽全景和视觉透视图有效地保护了酒店的重要景观。

遗址的原始实质和真实性的丧失，以及里加历史中心低质量的新发展都没有尊重历史环境的规模、特征和格局，这对该遗址的完整性构成了挑战。场地的整体连贯性也容易受到缓冲区内外新发展可能产生的不利影响。

### （三）保护与合理开发

为减少开发项目对里加历史中心的遗产价值造成损失，2003年通过了《里加历史中心保护法》。该法律对里加历史中心及其缓冲区进行了界定，明确了要求加以保护的真实文化和历史价值要素，包括其考古文化层。2004年通过的《部长内阁规定》制定了针对里加历史中心及其缓冲区更为具体的保护条款和开发项目的实施程序。规定指出，文化层和考古证据均为受保护的价值要素。考虑到遗产区和缓冲区规模较大（共2102.5公顷），其古迹遗址分布在不同历史时期，在文化和历史环境价值方面存在差异，因此这一遗产地被划分为11个区域，由不同的保护部门进行管理。在其中5个区域，当建设项目需要对文化层或考古证据进行暴露时，将对其开展考古研究（即考古发掘和考古监督）。

## 三、附录：与中国在文化领域大事记

2019年里加中国文化中心成立。

# 北美洲篇

# 文化遗产

## ——纽约市（美国），New York City（USA）

### 一、纽约市文化遗产概览

截至2019年，经联合国教科文组织审核被批准列入《世界遗产名录》的美国世界遗产共有24项（包括自然遗产12项、文化遗产11项、文化与自然混合遗产1项），在数量上与伊朗并列居世界第10位。纽约作为美国文化中心，也有着丰富的历史积淀以及文化遗产。世界游客来到纽约一定会去自由女神像、时代广场等著名地点打卡拍照，体验了解纽约这座城市的变迁与发展。其中自由女神像于1984年12月列入教科文组织世界非物质文化遗产。

### 二、自由女神像概况及价值

#### （一）自由女神像概况

1. 自由女神像简介

自由女神像（Statue of Liberty）又被称为自由照耀世界（Liberty Enlightening the World），是法国在1876年赠送给美国的独立100周年礼物。美国的自由女神像是一个巨大的新古典主义雕塑，现矗立在美国纽约自由岛。该雕像以法国巴黎卢森堡公园的自由女神像做蓝本，法国著名雕塑家巴托尔迪历时10年艰辛完成了雕像的雕塑工作，女神的外貌设计来源于雕塑家的母亲，而女神高举火炬的右手则是以雕塑家妻子的手臂为蓝本。自由女神穿着古希腊风格的服装，所戴头冠有象征世界七大洲及四大洋的七道尖芒。这座自由女神像，代表着挣脱约束，还表达着美国民众向往民主、向往自由的最高理想。自由女神像已经变成了美国的象征。

女神右手高举象征自由的火炬，左手捧着刻有1776年7月4日的《独立宣言》，脚下是打碎的手铐、脚镣和锁链。她象征着自由、挣脱暴政的约束，在1886年10月28日落成并揭幕。雕像锻铁的内部结构是由后来建造了巴黎埃菲尔铁塔的古斯塔夫·埃菲尔设计的。自由女神像高46米，加基座为93米，重225吨，是金属铸造，置于一座混凝土制的台基上。自由女神的底座是著名的约瑟夫·普利策筹集10万美金建成的，底座是一个美国移民史博物馆。

2. 历史沿革

自由女神像是法国为纪念美国独立战争期间的美法联盟赠送给美国的礼物，由法国著名雕塑家奥古斯特·巴托尔迪在巴黎设计并制作，历时10余年，于1884年5月完成，1885年6月装箱运至纽约，1886年10月由当时的美国总统克利夫兰亲自在纽约主持揭幕仪式。

在20世纪五十年代末六十年代初，纽约市经历了历史上最为宏大的市政建设。道路扩展、居民动迁、CBD建设，这使得纽约市的历史街区迅速消失，人文风貌渐渐殆尽，从而引发了一场由文化精英领导的旨在保护“我们失去的世界”文化运动，核心在保护城市现代化过程中被迅速“抹去”的名胜古迹，以及代表城市物质文明发展的各个历史阶段、具有象征意义的核心建筑。这直接导致了1965年纽约市成立全美国第一个保护历史文化遗产的公共机构——纽约市名胜古迹保护委员会（New York City Landmarks Preservation Commission），也标志着纽约市作为新的“世界文化之都”地位随之确立。随着时间的推移，城市的旧建筑代表城市的文化这样的理念传播到了每一个社区。

1984年，根据文化遗产遴选标准（Ⅰ）（Ⅵ），自由女神像被联合国教科文组织列入《世界遗产名录》（编号307）的世界文化遗产，成为美国世界遗产之一。自由女神像：美国国家历史遗迹名录编号66000058、100000829。

**（二）突出价值**

1. 文化价值

19世纪末，洲际旅行尚无空中航线，越过大洋的运输工具只有轮船，而纽约港是美国沿海最大的港口。作为进出美国的大多数旅客要经过的一个港口，人们在距曼哈顿岛西南角仅3公里远小岛上矗立起了这座自由女神像。

由于自由女神像恰在航线的附近，进出港口的旅客都可以望见。自由女神像已成为船舶进出纽约港的一大景观。一个多世纪以来，耸立在自由岛上的自由女神铜像已成为美利坚民族和美法人民友谊的象征，永远表达着美国人民争取民主、向往自由的崇高理想。进入纽约港的船只上的乘客可以看见屹立的自由女神高举自由火炬。对成千上万个来美国的移民来说，自由女神是摆脱旧世界的贫困和压迫的保证。

2. 历史价值

这座雕像是酷爱自由的法兰西人民，为了纪念美国获得自由独立一百周年，于1886年，远涉重洋赠送给美国的。在女神雕像身上，凝聚着法国人民对美国人民的深厚情谊，旨在弘扬争取自由、维护自由的精神，成为民主自由理想的一种外化表征。

自由女神像又被称为自由照耀世界。

1776 年 7 月 4 日，由托马斯·杰弗逊、本杰明·富兰克林等人起草的《独立宣言》签字生效。《独立宣言》开宗明义：所有人生而平等，造物者赋予他们不可剥夺的权利，诸如生命权、自由权以及追求幸福的权利。杰弗逊等人最后庄严宣告：美利坚合众国脱离英国而独立。日后的世界头号强国横空出世，发出了“平等、自由”的时代强音。当美国在平等、自由道路上大踏步前进时，这些信念的发源地法国，却多次遭受君主专制反复无情地碾压。1865 年拿破仑三世即位后，法国一批资产阶级学者希望能够结束君主制，建立起新的法兰西共和国。

3. 经济价值

当时美国经济疲软没有钱，无法负担自由女神底座的生产，于是有一个叫约瑟夫·普利策的新闻作家想了个主意，在《世界报》上登了一篇公告，题目为《我们该为巴托尔迪伟大的雕像做些什么》，筹集自由女神像的底座钱，号召美国人捐款，给大家的回报是：如果捐赠1美元，送一个5英寸大小的自由女神工艺品，如果捐赠5美元，送一个 12 英寸大小的自由女神工艺品，哪怕只捐赠 1 分钱，也要将捐赠人的名字登记在报纸上，与名人家族一起出现。在这种号召下，美国人纷纷慷慨捐款，很快便募集了 10 多万美金，自由女神像便顺利入住纽约港。这是市面上流行的一段捐赠佳话，也被誉为是众筹的起源。

4. 艺术价值

自由女神穿着古希腊风格的服装，头戴光芒四射的冠冕，七道尖芒象征世界七大洲。自由女神像腰宽 10.6 米，嘴宽 91 厘米，右手高举象征自由的火炬，长达 12.8 米，火炬的边沿上可以站 12 个人。而其体态又似一位古希腊美女，使人感到亲切自然。当夜幕降临，神像基座的灯光向上照射，将女神照得宛如一座淡青色的玉雕。

### （三）保护与合理开发

美国纽约市以“纽约市地标法”为核心，建立完善的地标管理机制。从《纽约市地标法》的内容可界定“地标建筑”主要有两条标准：一是从建筑的存在时间达到 30 年以上，二是建筑必须具有历史文化传承价值。显然，地标建筑的设定目的在于历史建筑保护。

## 三、附录：与北京在文化遗产领域大事记

2020 年中国农村改革发展成果亮相古根海姆博物馆，2 月 20 日，纽约古根海姆博物馆年度特展《乡村，未来》（Countryside，The Future）开幕。由中央美术学院团队策展的“中国乡村新篇”吸引大量观众关注，成为展览上的一大亮点。

“中华风韵”漂洋过海《大梦敦煌》纽约登台。2020 年 1 月 9 日晚，在中国对外文化集团公司“中华风韵”品牌的推动下，兰州歌舞剧院舞剧《大梦敦煌》登上纽约林

肯中心大卫·寇克剧院。100多位演员以优美的舞姿和精湛的技艺将一个以敦煌为背景的古老爱情故事呈现给现场的2000余名观众，为驻纽约总领馆领区内2020年“欢乐春节”系列活动迎来“开门红”。中国驻纽约总领事黄屏大使和夫人张爱萍、文化参赞李立言、原甘肃省人大科教文卫委员会主任委员庞波、甘肃省人民政府参事苏孝林、《大梦敦煌》总编导陈维亚、EPlus娱乐制作公司董事长道格·约翰逊、林肯中心大卫·寇克剧院总经理大卫·蒂勒等出席招待酒会并观看当晚演出。

2017年，北京海外春节文化活动纽约传递新春祝福，北京市文化局和美国纽约市布鲁克林区政府支持、北京市对外文化交流事务中心主办、北京金烨菲林文化传播有限公司和俏佳人传媒联合承办的2017年“鸡鸣东方”美国纽约快闪及拍摄活动在纽约多个城市地标区域举行。

2016年是两国元首确定的“中美旅游年”。9月，华人著名钢琴家郎朗受聘担任纽约“旅游文化大使”，并被授予个人专属的“星光大巴”。第十届“魅力北京·中华之夜”在纽约大都会花旗球场举行，由北京市旅游发展委员会带来的一系列文化展示活动点亮当晚的球场。9月18日，一年一度的“92街艺术节”在纽约上东区举行，中国展位除陈设了中国传统手工艺品、旅游文化海报外，还特地邀请了剪纸、布艺民间艺术家和书法家现场才艺展示，与民众互动。11月24日，第九十届梅西百货公司感恩节游行庆典活动在纽约举行。中国主题花车和文艺表演第三次精彩亮相全美这一盛大的节日游行庆典活动。12月，由中国烹饪协会率领的安徽美食展演系列活动在纽约举行，美国民众近距离领略中华传统饮食文化的独特风采。12月13日，“中美旅游年”摄影展在纽约皇后图书馆总馆开幕，纽约民众在家门口就能将中国的经典美景尽收眼底。[①]

① 中华人民共和国驻纽约总领事馆 https://www.fmprc.gov.cn/ce/cgny/chn/whsw/zmwhjl/

# 文化遗产

## ——华盛顿市（美国），Washington District of Columbia（USA）

### 一、华盛顿特区文化遗产概览

华盛顿特区是美利坚合众国的首都，同时也是美国政治、文化和教育中心。虽然没有列入世界文化遗产名录的景点，华盛顿特区的历史建筑记录着丰富的美国故事。我们将以华盛顿纪念碑作为华盛顿特区文化遗产的代表，对华盛顿特区的历史文化进行阐述。

### 二、华盛顿纪念碑概况及价值

#### （一）华盛顿纪念碑概况

1. 华盛顿纪念碑简介

华盛顿纪念碑（Washington Monument），为纪念美国首任总统乔治·华盛顿而建造，位于美国华盛顿哥伦比亚特区美国国家广场中心，在国会大厦、林肯纪念堂的轴线上，是华盛顿哥伦比亚特区的地标性建筑，也是世界最高的石制建筑和最高的“方尖碑”建筑之一。美国政府在1899年宣布：华盛顿特区任何建筑物的高度都不可以超过华盛顿纪念碑。

华盛顿特区得名于美国首任总统乔治·华盛顿，他是美国国父，也是美国杰出的资产阶级政治家、军事家、革命家，为美国“开国三杰”之一，于1789年当选为美国第一任总统并于1793年连任，1797年主动卸任，从而开创美国历史上摒弃终身总统，和平转移权力的范例。

华盛顿纪念碑是一座大理石方尖碑，呈正方形，底部宽22.4米，高169.045米。碑身旁插着50面国旗，象征着美国的50个州。华盛顿纪念碑内共有897级台阶盘旋直上顶端，碑身镶嵌着铸文石刻计190方，取自世界各地，皆为歌颂美国首任总统华盛顿的词。设计者罗伯特·米尔斯给出的构型是希腊神庙作底、埃及方尖碑在上的古典建筑的融合。

2. 历史沿革

1783 年，美国独立战争一结束，应全国人民的请求，大陆会议便通过了建造华盛顿纪念碑的决议。

1800 年，首都华盛顿建成，此时华盛顿逝世，美国人民怀念他，便自动集资建造纪念碑，由当时著名建筑师罗伯特・米尔斯负责设计。

1833 年，华盛顿哥伦比亚特区成立“国家纪念碑筹建协会”，并开始在美国全国范围内募捐。

1848 年动工，用来砌第一块奠基石的瓦刀正是 1793 年华盛顿亲自为国会大厦奠基用过的那把刀。

1854 年，华盛顿纪念碑修建到 46 米时，因承建商耗尽资金而停工。

1879 年，华盛顿纪念碑恢复建造。

1885 年 2 月 21 日，华盛顿纪念碑全部落成。

### （二）突出价值

1. 文化价值

华盛顿纪念碑以埃及方尖碑的形状建造，唤起了古代文明的永恒，体现了该国对其最重要的开国元勋的敬畏，尊敬和感激之情。乔治・华盛顿的军事和政治领导对于美国成立是必不可少的。作为大陆军司令，他召集了来自 13 个不同州的美国人，并击败了英国的上级军事力量。作为第一任总统，华盛顿的高超领导层为继任他的每位总统树立了标准。华盛顿纪念碑耸立在以他的名字命名的城市上方，令人敬畏地提醒着乔治・华盛顿。

2. 历史价值

华盛顿带领美国走向独立，取得美国独立战争的胜利。1776 年 7 月，正当大陆国会在费城讨论并通过《独立宣言》时，华盛顿的部队在纽约长岛一带节节败退，几乎全军覆没。在这种逆境中，华盛顿带领美国杀出重围，最终成为世界上第一个民主政体国家。

### （三）保护与合理开发

现华盛顿纪念碑作为国家历史的象征，向游客免费开放，保留历史痕迹，甚至能够直接看到纪念碑因地震震开的裂缝。与周边的白宫、林肯纪念堂、国家公园和国会山等建筑和景观形成华盛顿特区的中轴线。

## 三、附录：与北京在文化遗产领域大事记

2017 年“欢乐春节—中国文化之夜”举办了纪念北京与华盛顿缔结友好城市关系 35 周年“北京文化庙会”，展示了北京鬃人、糖画、内画鼻烟壶等传统技艺。

# 文化遗产

## ——渥太华市（加拿大），Ottawa（Canada）

### 一、渥太华市文化遗产概览

加拿大于1976年7月23日成为联合国教科文组织世界遗产委员会成员国。截至2019年7月10日第43届世界遗产大会闭幕，加拿大共计拥有20项世界遗产，遗产包括9项文化遗产，10项自然遗产，1项文化和自然双重遗产，其中2项是与美国联合申报。遗产总数并列世界第14位。

渥太华是加拿大的首都，也是加拿大第四大城市，不断发展成为加拿大的政治和工业技术中心，已成为一个具有多元文化、高水准生活水平、低失业率的大城市。渥太华是一个文化城市，处处充满浓厚的文化气息。作为加拿大的首都，渥太华有一种精致之美，它拥有丰富的历史遗址、国家博物馆、艺术画廊。

近180年来，里多运河一直是渥太华市最美的景观和遗产。在2007年被联合国教科文组织授予世界遗产称号，成为加拿大的第14个世界遗产地。

### 二、里多运河概况及价值

#### （一）里多运河概况

1. 里多运河简介

里多运河，加拿大安大略省东南部的一条运河，是19世纪工程技术的奇迹之一，由英国皇家工程师、海军陆战队中校约翰·拜设计。连接渥太华和金斯顿（Kingston），运河起自渥太华的西南面，溯里多河而上到达里多湖，再取道卡塔拉奎（Cataraqui）河进入安大略湖，全长202公里（125哩），共有47座船闸。秀丽的里多河横贯全城，为首都平添了几分秀色。建造的初衷是为替代圣劳伦斯河（St. Lawrence River），作为商业及战略的重要通道。但是，它的原始使命早已被公路、铁路、轮船等现代交通工具取代。现在，它最为人知的美誉当数“世界最长的滑冰场”，但是联合国教科文组织对它的评语是，“它是美洲大陆北部争夺控制权的见证”。

2. 历史沿革

里多运河建成后，东达大西洋，西面则通往北美五大湖区，在当时来说，起重要的运输作用。现今，运河已不能容纳大型船只通过。运河上有十座大桥横跨东西两岸。河西称上城，居民多为英裔；河东称下城，居民多为法裔。当年河上的水闸、水坝等石砌工程，现在成为历史性文物。

**（二）突出价值**

1. 文化价值

在 1812 年战争之后，由于担心美国入侵圣劳伦斯河，里多运河作为蒙特利尔和金斯敦之间的替代航线而建。里多运河是为军事目的建造的大型战略运河，对加拿大殖民地反抗美利坚合众国的统治起到至关重要的作用，导致在美洲北部发展了两个不同的政治和文化实体，这可以被看作是人类历史上的一个重要阶段。

里多运河是首个为蒸汽船设计的运河，船闸尺寸设计也是为了供蒸汽船航行，同时，运河联系着周边许多军事要塞和设施，具有很强的防御能力。作为加拿大国家历史遗迹一级资源价值主要体现在遗迹的完整性、同行的持续性，与历史和生态的结合性；作为加拿大国家历史遗迹二级资源主要是商业和娱乐功能的体现。

2. 历史价值

联合国教科文组织的定名公函称其为“北美保存最好的止水运河，佐证了这项欧洲技术在北美的大规模运用。它是上溯到 19 世纪初北美大修运河时代，唯一还按原河道作业、其原有结构大部分保存完好的运河”。当年河上的水闸、水坝等石砌工程，现在已经成为历史性文物。运河沿途的绮丽风光更使其成为渥太华最迷人的观光重点区域之一。现在的里多运河不但是一个历史遗迹，也是供人们观赏娱乐的场所。冬天的里多运河，成为一个天然的大冰场，会举办各具特色的活动。

3. 科学价值

加拿大里多运河是 1996 年《国际运河名录》中记载的世界上 7 条“重要技术型”运河之一，在单体构造上有着很高的科技价值。运河遗产包括原始运河所有主要组成部分以及后来发生一些变化的河道，水坝、桥梁、防御工事、船闸以及相关的考古资源。里多运河自建成以来，其最初的规划和通航的形式一直保持不变，作为一条无间断的运行河道实现了原有的作用。

里多运河是北美保持最完整的止水运河（Slackwater System），为了避免大量挖掘，通过建造高坝来提高水位从而适用于船只通行，这证明了当时北美已经大规模使用欧洲的技术。里多运河也是唯一一条在 19 世纪初北美大规模兴建的运河，流经路线至今保持不变，且绝大多数原始构造完好无损。

### （三）保护与合理开发

文化遗产保护管理：加拿大里多运河的遗产立法、管理机构的设置与运作、景区运作等保护管理体系和措施。里多运河的管理方式是垂直管理，是由加拿大政府通过加拿大公园局与省市政府一起协调管理，其法律与管理方面部门之间协同管理，各级政府职责明确有不同的管辖区域和责任，在景区管理方面无论是人员培训、基础设施建设、对外关系都有相关的管理措施，形成了对遗产保护管理的有效性。这类文化遗产具有历史悠久、时空跨度大、遗产种类众多的特点。其保护管理工作具有特殊性和迫切性。

加拿大在里多运河保护管理上分为三个层级，作为世界遗产的里多运河，符合 i、iv 的标准（是一种创造性的天才杰作；作为一种建筑的典型范例，展现了人类历史的重要阶段）。里多运河的遗产保护区包括运河本身、相关碉堡、建筑及防御设施，都是作为国家历史遗址进行保护管理的，根据《国家历史遗址及古迹保护法案 1952–53》。《历史文物法》要求每处遗迹都要有一套管理规划，里多运河第一个管理规划始于 1990 年，并于 1996 年完成，2005 年重新进行了修订。这项管理规划是以公众意见为基础的为运河建立了一个长期的、战略性的管理目标并且符合国家立法和政策，确保遗产的完整性，指导公众使用的合理性。运河管理规划提供了一个总体的管理框架，将保护、保存和整个遗产的展示结合在一起。

## 三、附录：与北京在文化遗产领域大事记

2010 年加拿大第三届里多运河节，中国被定为这一节庆活动的首个主宾国。

2010 年中加建交 40 多年，签署《中加旅游目的地谅解备忘录》，加拿大已成为中国公民海外旅游目的地国。

2010 年里多运河与中国长城结为友好景区。

# 文化遗产

## ——圣何塞市（哥斯达黎加），San José（Costa Rica）

### 一、圣何塞市文化遗产概览

哥斯达黎加于 1977 年 8 月 23 日成为联合国教科文组织世界遗产委员会成员国。截至 2019 年 7 月 10 日第 43 届世界遗产大会闭幕，哥斯达黎加共计拥有 4 项世界遗产，1 项为文化遗产，3 项为自然遗产，其中 1 项与巴拿马共有。但很遗憾的是圣何塞市没有世界文化遗产，所以选择了在当地受到广泛认可的哥斯达黎加国家剧院。

圣何塞是中美洲国家哥斯达黎加的首都和人口最多的城市，也是圣何塞省的首府。市区除中央大道宽敞外，其他街道比较狭小，许多古老建筑至今仍保持着一二百年前的风貌。18 世纪的西班牙式教堂、钟楼矗立在新型的、现代化的建筑群之中。城市建设也有特殊格局，各区都有教堂，其前面必有一个小型公园，公园旁边则必有一所学校。公园草坪上常矗立着民族英雄、著名政治家、艺术家或印第安人铜像及大理石像。

### 二、哥斯达黎加国家剧院概况及价值

#### （一）哥斯达黎加国家剧院概况

1. 哥斯达黎加国家剧院简介

哥斯达黎加国家剧院是哥斯达黎加的国家剧院，位于圣何塞的中部。始建于 1891 年，并于 1897 年 10 月 21 日以约翰·沃尔夫冈·冯·歌德的《浮士德》演出向公众开放。在咖啡出口成为其成功之源的时期，国家大剧院一直是该国的文化资产。它呈现出高质量的表演，艺术标准非常高。

2. 历史沿革

哥斯达黎加人为国家大剧院感到自豪，国家大剧院被认为是圣何塞最令人印象深刻的建筑。在 19 世纪 90 年代，执政的咖啡大亨投票赞成咖啡出口税，以资助剧院的建设，并引进欧洲工匠来设计建筑。该建筑于 1897 年完工，拥有古典文艺复兴时期的

圆柱外观，顶部是象征着舞蹈，音乐和名望的雕像。在内部，粉红色的大理石门厅以喜剧和悲剧的寓言形象为特色，壁画描绘了哥斯达黎加生活主题。

### （二）突出价值

每层均装饰有不同时代的绘画和雕塑，兼具博物馆的功能，其中回廊穹顶上的大型壁画出自意大利著名画家维拉之笔，刻画了正在采摘咖啡、香蕉的农业劳动者及当地商人的人物形象，在哥斯达黎加艺术史上占有着重要地位。

### （三）保护与合理开发

哥斯达黎加国家剧院地位重要，许多重要国事活动在此举行，例如总统就职。

## 三、附录：与北京在文化遗产领域大事记

中国援建的国家体育场、孔子学院、中国街等，已经成为哥斯达黎加的新标志和两国人民友谊的重要象征。

2009 年 10 月 17 日，在哥斯达黎加首都圣何塞，人们在中国城奠基仪式上进行中国传统舞龙表演。当天，位于圣何塞市中心的中国城举行奠基仪式。

2012 年 1 月 31 日，“文化中国・四海同春”艺术团在哥斯达黎加首都圣何塞演出。

2013 年 6 月 3 日，中国国家主席习近平和夫人彭丽媛在哥斯达黎加首都圣何塞市接受该市市长阿拉亚授予的圣何塞城市钥匙。

2018 年 7 月 5 日，“感知中国・哥斯达黎加行”活动隆重开幕，本次活动由中国国务院新闻办公室、中国驻哥斯达黎加大使馆、哥中友好协会共同主办，包括“追寻美好生活”——中国脱贫成就展、“中哥情”文艺晚会等内容。

# 文化遗产

## ——墨西哥城（墨西哥），Mexico City（Mexico）

### 一、墨西哥城文化遗产概览

墨西哥国土面积不大，约为中国的1/5，但在悠久独特的历史文化依托下，墨西哥已有21处教科文组织认证的非物质文化遗产，这个美洲文明古国真可以说是遗产大国。以墨西哥为例的拉美国家倡导文化多样性，将物质文化遗产视为改变资本主义体系的中心地位、重建全球社会的政治工具。墨西哥作为非物质文化遗产保护起源国之一，对文化遗产的保护体现在对遗产群体文化认同与自觉的培养上，依赖传承社群的自我参与。

墨西哥于1984年2月23日成为联合国教科文组织世界遗产委员会成员国。截至2019年7月10日第43届世界遗产大会闭幕，墨西哥共计拥有35项世界遗产，遗产包括27项文化遗产，6项自然遗产，2项文化与自然双重遗产。遗产总数列世界第7位。

### 二、墨西哥城与赫霍奇米尔科历史中心概况及价值

#### （一）墨西哥城与赫霍奇米尔科历史中心概况

1. 墨西哥城与赫霍奇米尔科历史中心简介

1521年，西班牙人打败了印第安人的阿兹特克帝国，把帝国首都夷为平地，再在废墟上建起了一个新的城市，就是西班牙人在新大陆建立的国家“新西班牙”的首都——墨西哥城。现在“墨西哥城历史中心”就是指的那时建起来的老街区和18、19世纪建的现代建筑，包括大教堂，议会大厦，市政广场，艺术宫等。历史中心就是墨西哥从立国开始的历史的见证。

赫霍奇米尔科是墨西哥城南面二十八公里处的一个镇。那里，阿兹特克人为生活而开掘了多条运河。现在由当地人开辟为游船公园。

现在这两处合为一个世界遗产项目——墨西哥城和赫霍奇米尔科历史中心 Historic

Centre of Mexico City and Xochimilco。1987 年根据文化遗产遴选标准 C（II）（III）（IV）（V）被列入《世界遗产目录》。

2. 历史沿革

墨西哥城最早是土著的阿兹特克人的首都特诺奇特兰，16 世纪西班牙人在此遗迹上建立了墨西哥城。现存古旧建筑有 5 座阿兹特克寺庙、1 座天主教堂和 19 至 20 世纪的一些主要建筑。城南的赫霍奇米尔科的建筑遗迹是阿兹特克人独特建筑的证明。

墨西哥城，现墨西哥首都，高原城市，位于中央高原墨西哥谷地，海拔 2230 米，面积 15 000 平方公里，人口 1700 万，是世界上最大的城市之一。市区呈长方形，街巷公路纵横交错，密如蛛网，不同时期的建筑物风格迥异，比肩而立。虽地处北纬 19 度 25 分，但气候温和，四季如春。

赫霍奇米尔科位于赫霍奇米尔科湖畔，包括一片与外界隔绝的土地和湖田，在湖田里发现有殖民时期之前的重要文物。建筑物多壁画，有“壁画之都”之誉。拉美塔高 44 层，为全城最高建筑物。

**（二）突出价值**

1. 文化价值

新西班牙的首都，具有棋盘布局的特点，其广场和街道的规则间隔，其宗教建筑（圣多明戈大教堂，圣弗朗西斯科大教堂，圣杰罗尼莫等）和民间的辉煌建筑（Marqués de Jaral de Berrio 宫殿），是新世界西班牙定居点的典范，是独特的印第安文化和西班牙殖民地文化的特殊证明，是历史时期的典范，是难以保存的特殊例证。

2. 历史价值

从 14 世纪到 19 世纪，特诺奇蒂特兰和随后的墨西哥城对阿兹特克王国和后来的新西班牙的建筑、具有纪念意义的艺术和城市空间利用的发展都产生了决定性的影响。在大金字塔前竖立着五座寺庙的废墟，特别是巨大无比的 Coyolxauhqui 巨石，象征着古老宇宙观的终结和阿兹特克人的部落之神 Huitzilopochtli 的到来，这座具有纪念意义的马约尔神庙（Templo Mayor）是已灭绝文明鲜活的见证。

**（三）保护与合理开发**

墨西哥城在历史上屡遭洪水和地震的破坏，现存古迹多为殖民地时期的建筑。进入 21 世纪以来，城市化进程突飞猛进，城市人口急剧增加，污染日益严重，古迹保护面临巨大困难。为解决古迹保护与城市化的矛盾，市政当局 1931 年颁布了有关法令，划定了古迹保护区，但收效甚微。1980 年，有关部门以 1931 年保护区为基础再度确定古迹保护范围和等级。古迹保护分为 A、B 两级。A 级包括新西班牙前后的遗址；B 级包括自国家独立到 19 世纪末的建筑。保护区面积 9 平方公里，含 668 片建筑群，其中包括 67 座宗教建筑、按照 1971 年联邦法令确定的 671 座古建筑、731 处重点建筑、111 处民居、17 处名人故居、78 处广场和花园、13 座博物馆和画廊、12 座装饰有巨幅壁画的建筑和6座新修的寺庙。

## 三、特奥蒂瓦坎古城遗址概况及价值

### （一）特奥蒂瓦坎古城遗址概况

1. 特奥蒂瓦坎古城遗址简介

特奥蒂瓦坎古城位于今日墨西哥城东北方约40公里处，紧临墨西哥谷处于波波卡特佩尔火山和依斯塔西瓦特尔火山山坡谷底盆地中央，是一个曾经存在于今日墨西哥境内的古代印第安文明，大致上起始于公元前200年，并且在750年时灭亡。遗产核心区面积2.5平方千米，缓冲区面积31.18平方千米。

2. 历史沿革

特奥蒂瓦坎文明起始于前200年左右，是奥尔梅克文明灭亡之后才诞生，约与玛雅文明同期的古印第安文明。特奥蒂瓦坎人在公元前200年时定居在墨西哥中部高原，并且在公元1年到150年间，建造了一个人口约为5万的城市，堪称是整个美洲地区最早存在的城市等级之聚落。在这期间，他们建立了一个以南北向的“亡灵大道”（特奥蒂瓦坎遗迹的中心轴线）为中心的初级规模城市，建筑物主要以金字塔和庙宇为主，之后城市逐渐成长各种平民使用的建筑物也建造完成。

### （二）突出价值

1. 文化价值

特奥蒂瓦坎的祭祀仪式建筑代表了一种独特的艺术成就，规模宏大，布局和谐有序（太阳金字塔，建在一个350平方米的平台上，基座尺寸为225米 × 222米，高75米，总体积为100万立方米）。特奥蒂瓦坎的艺术是墨西哥经典文明中最发达的艺术。在这里，它以连续和互补的方式展现：太阳金字塔和月亮金字塔单调并极其严格的几何形状与克察尔科亚特尔（Quetzalcoatl，即羽蛇神）金字塔丰富的雕刻和绘画装饰形成了鲜明的对比。

2. 历史价值

中美洲经典文明的第一个伟大文明的影响遍及墨西哥的整个中部地区和尤卡坦半岛，在特奥蒂瓦坎文明第三阶段其影响远达危地马拉（Kaminaljuyu遗址）。与祭祀仪式中心狭小的区域相比，特奥蒂瓦坎的考古遗址面积大得多，对应着一个至少有25 000名居民的城市。特奥蒂瓦坎及其山谷为古代墨西哥的早期城市结构提供了独特的见证。

### （三）保护与合理开发

现如今特奥蒂瓦坎成为中美洲最重要的文化中心之一，前来观看的游客们可以目睹这建筑群留存的历史。沿着宽阔的亡灵大道，特奥蒂瓦坎一组独特的神圣纪念标志物和祭祀场所［太阳金字塔，月亮和羽蛇神庙以及奎扎尔马利博萨（Quetzalmariposa）

宫殿，美洲豹壁画，亚亚瓦拉（Yayahuala）等］是前哥伦比亚祭祀仪式中心的杰出典范。在公元650年毁坏和遗弃城市之后，废墟上充满了传说。特奥蒂瓦坎的阿兹特克名称意为“神创造的地方”。根据16世纪的著作，毛克泰祖玛（Moctezuma）每20天在祭祀场地献祭证明了信仰的持续存在，这使得特奥蒂瓦坎成为一个具有特殊价值的神圣之地。

## 四、墨西哥国立自治大学大学城的核心校区概况及价值

### （一）墨西哥国立自治大学大学城的核心校区概况

1. 墨西哥国立自治大学大学城的核心校区简介

墨西哥国立自治大学大学城的核心校区位于墨西哥首都墨西哥城，是拉丁美洲最重要的标志性建筑之一，建于1949年至1952年。核心校区体现出独特的20世纪现代风格，融合了城市化、建筑、工程、景观设计和艺术，同时借鉴了当地传统，特别是前西班牙殖民统治时期的历史沿革。校园具备突出的社会和文化价值，获得广泛赞许。列入遗产核心区面积为1.77平方千米，缓冲区11.02平方千米。

墨西哥国立自治大学（UNAM，以下简称墨国大）是墨西哥的一所公立研究型大学，创建于1551年，是墨西哥和拉丁美洲地区历史最悠久、规模最大的综合性大学，也是世界上规模最大的高等学府之一。该大学还是墨西哥最大的公立大学，属于世界顶尖大学之一。它能提供从学士学位到博士学位的上百种课程，有30万名学生，25 000名教师。

2. 历史沿革

墨西哥国立自治大学的前身是墨西哥皇家和天主教大学，于1551年9月21日根据代表西部国王查理五世的西班牙王储腓力二世签署的旨令而建，至1865年被墨西哥马西米连诺一世关闭。现代意义上的墨西哥国立自治大学由当时波费里奥·迪亚斯政府中的教育部长胡斯托·谢拉（Justo Sierra）创建于1910年9月22日，是对其前身“墨西哥皇家和天主教大学”旧体制所做的全面自由化改造。墨西哥国立自治大学最初整合了艺术、商业、政治、法学、工程、医学类及师范学校和公立预科学校。1929年墨西哥国立自治大学获得政府所授予的课程设置和预算管理自主权，从而对学校的学术生活产生了深远的影响，大大提高了它的学术自由性和独立性。

### （二）突出价值

1. 文化价值

中心图书馆4000平方米的墙面装饰出自画家和建筑师胡安·敖戈曼（Juan O'Gorman，1905—1982）的手笔。在艺术家的帮助下，这座10层大楼用采自全国各地的五彩石头装修，讲述了前西班牙时期的墨西哥历史，突出了生与死的永恒。“墨国大”核心校区是20世纪建筑、工业设计、土地规划和现代艺术的独特典范，体现出吸

取了墨西哥传统精髓的现代性。

2. 历史价值

墨西哥国立自治大学大学城的核心校区集中了校舍、体育设施和开阔地，建于1949年至1952年，60多名建筑师、工程师和艺术家参与了这项工程。校园体现出独特的20世纪现代风格，融合了城市化、建筑、工程、景观设计和艺术，同时借鉴了当地传统，特别是前西班牙殖民统治时期的历史沿革。校园具备突出的社会和文化价值，获得广泛赞许，并跻身拉丁美洲最重要的标志性建筑之一。现代建筑和城市规划原则的最终目标是提升居民的生活质量，纵观全球，能够全面落实这些原则的建筑工程为数寥寥，墨西哥国立自治大学的大学城就是其中之一。

3. 科学价值

墨西哥国立自治大学大学城的核心校区是世界上为数不多的完全应用了源于现代建筑和城市规划原理的模型之一；其最终目的是为了显著改善人类的生活质量。

利用对空间功能的合理规划，墨西哥建筑师对火山岩浆掩埋的荒凉之地做了全新的解读。立方块和玻璃棱柱体的大面积使用，体现出吸取了墨西哥传统精髓的现代性。与此同时，本土的人文传统被巧妙地融入了校园的装饰设计。作为墨西哥最高学府，世界级壁画大师迭戈·里维拉（Diego Rivera，1886—1957）、斯奎罗斯（David Alfaro Siqueiros，1896—1974）和奥罗斯科（José Clemente Orozco，1883—1949）（这三位壁画家合称为“墨西哥壁画三杰”）把艺术创作搬进了墨国大，朴拙的印第安艺术风格，炫目的浪漫主义和现实主义相结合的表现手法，使建筑外墙上的巨幅壁画气势磅礴，异彩纷呈，具有强烈的视觉冲击力。而大量古典的、中世纪和文艺复兴时期的雕塑作品，与现代建筑交相呼应，也为墨国大增添了浓厚的文化气息。

校长楼、中心图书馆和大学奥林匹克体育场，堪称拉丁美洲现代建筑的扛鼎之作。奥林匹克体育场同大学城里的其他建筑不同的是，采用了西特尔熔岩岩石作为建筑材料。墨西哥著名壁画艺术家里维拉（Diego Rivera）用五彩缤纷的马赛克浮雕修饰外墙，象征国家、和平、大学和体育。作为主会场在这所体育场里举办过1968年奥运会的开闭幕式和田径比赛，后来还举办过1986年足球世界杯的比赛。

**（三）保护与合理开发**

墨西哥国立自治大学大学城校区核心是20世纪一个独特的范例，在总体规划的框架下，六十多名专业人员共同努力，创建了一个城市建筑群，这一建筑群体现了具有普遍意义的社会和文化价值。20世纪最重要的建筑思想潮流融合在墨西哥国立自治大学大学城的核心校区。

## 五、皇家内陆大干线概况及价值

### （一）皇家内陆大干线概况

1. 皇家内陆大干线简介

皇家内陆大道（西班牙语：El Camino Real de Tierra Adentro）是一条长达2560千米的贸易路线，连接墨西哥的首都墨西哥城（Mexico City）和美国新墨西哥州圣胡安普韦布洛（San Juan Pueblo），其中650千米在美国境内。这条路线最初用于运送萨卡特卡斯、瓜纳华托和圣路易斯波托西的矿产。该路线穿过了北方沙漠中许多重要城市，包括奇瓦瓦、华雷斯城、埃尔帕索等。

2. 历史沿革

皇家内陆大道构成了从墨西哥城到美国新墨西哥州首府圣达菲的西班牙洲际皇家运输线的一部分，在西班牙殖民时期和后殖民时期（从1598年到1882年），皇家内陆大道是与墨西哥城其相连的四大主要“皇家道路”的最北端。

该遗产核心区域面积31.019平方千米，缓冲区域面积为2680.57平方千米，共计包括60个遗产点，其中5个是现有的世界遗产（墨西哥城，克雷塔罗城，瓜纳华托城，圣米格尔德阿连德和萨卡特卡斯）和55个与道路使用相关的其他遗址，例如桥梁、当年的庄园、历史中心、城镇、公墓、当年的修道院、山脉和延伸出的道路以及在墨西哥城和阿勒德山谷之间的1400千米范围内的矿山、教堂/寺庙和洞穴。

### （二）突出价值

1. 文化价值

皇家内陆大干线（Camino Real de Tierra Adentro）成为将西班牙王室与美洲北部领土联系起来的最重要途径之一。这条路线的南部沿线有许多与矿山和庄园、商业贸易、军事、布道有关的遗址以及旨在从西班牙大都市区控制庞大领土的行政结构，这些遗址很好地适应了当地的环境、材料和技术实践，充分反映了文化和宗教观念的深入交流。

沿皇家内陆大干线南部地区的遗址群，包括了建筑物、建筑艺术和建筑技术的实例，展现了人类历史上的重要阶段——西班牙殖民地白银的开发以及与其相关的乡村和城市景观的变化。

2. 历史价值

皇家内陆大道作为交流渠道是一种非同寻常的现象。白银是驱动力，产生了西班牙政府的财富和承诺，以及殖民者的意愿，即“开放”北部领土进行采矿，为工人建立必要的城镇以及建造要塞、庄园和教堂。这一利润丰厚过程的结果是矿山的开发，道路和桥梁的建设，多民族城镇的建立。遗产精美的建筑反映了西班牙和当地建筑和装饰风格的融合。

矿山的开发同时促进了以农村为中心的农业革命的发生，人们在最初建起的大庄园修建了教堂，越来越多的人在大道上往来穿梭，在很大程度上推动了迁徙者定居点的建立，所有这一切都促使皇家内陆大道沿途发展出了独特的文化。最终，白银带来的巨额财富导致了西班牙和欧洲其他地区大规模的经济发展，随之也导致了一段时间相当长的经济通货膨胀时期。这条道路对于沿途的文化、思想的交流与融合以及宗教的传播均产生了巨大的影响。

## 六、腾布里克神父水道桥概况及价值

### （一）腾布里克神父水道桥概况

1. 腾布里克神父水道桥简介

腾布里克神父水道桥是位于墨西哥州和墨西哥中部高原的伊达尔戈（Hidalgo）之间的水利系统，以建造者弗朗西斯科·德·腾布里克（Francisco de Tembleque）神父的名字命名，建于1555年至1572年之间。遗产的水利系统包括一个储水区、水泉、主要的和次级的输水道、分水槽、拱形的水道桥、水库和其他的辅助设施。输水道的全长距离为48.22公里。在中美洲的建筑传统中，水道桥的结构是用黏土烧制的土砖支撑而建造的，但同时也参考了罗马时代采用的欧洲输水模式。

48公里长的输水道，主要建在地面上，但也有部分进入了地下，并跨越沟壑和山谷。其建筑结构令人印象深刻，沿线共建有三段拱廊：第一段有46个拱门，第二段有13个拱门，第三段有67个拱门。跨越特佩亚胡科峡谷的主拱形输水道，共有46个拱门，总高度为39.65米，中央拱门高度为33.84米。拱廊跨度最高的是跨越帕帕罗特峡谷的部分，共有67个拱门，最高的拱门高达38.75米。

2. 历史沿革

该水利系统是美洲输水建筑的杰出典范，是美洲大陆新西班牙州总督期间建造的最重要的水利工程，目的是将水引到当地人居住的社区。这项工作是由方济各会的修道士弗朗西斯科·德·腾布里克（Francisco de Tembleque）神父计划和指导的，他是西班牙托莱多省人，他于1542年到达新西班牙后，前往奥图巴镇，对该地区水源短缺深有感触，教会决定着手建造一项水利工程，将水引入该地区的原住民社区。

### （二）突出价值

1. 文化价值

这座十六世纪的水道桥位于墨西哥中部高原的墨西哥州和伊达戈之间，这个传统灌溉水系包括一个储水区，山泉、运河，分水槽和带拱廊的水道桥。这里有现存水道桥上最高的单层拱廊。在圣方济各教派腾布里克神父的倡议下，当地社区合力修建了这些水道桥。这座水利设施体现了欧洲罗马水利工程建设传统和传统中美洲建筑技巧的融合，例如：土砖的应用。

2. 历史价值

腾布里克神父水道桥的水利系统展现了罗马传统石制输水道的欧洲传统建造技术与受阿拉伯－安达卢西亚专业知识、前西班牙时期土著传统以及中美洲文化启发的水利管理技术的完美融合，这些传统和中美洲文化由当地传统的社会组织集体劳作、当地土坯构造建造方法的应用以及在几个拱廊上保存的象形文字和宇宙学符号而得以体现。这是一座将圣方济各会人文主义理想与当地集体主义传统融合在一起的纪念性建筑，旨在通过长达 17 年的建设成就来促进当地人民的共同福祉。

3. 科学价值

腾布里克神父水道桥是一项建筑杰作，建成了罗马时期至 16 世纪中叶以前在水道桥建造中高度最高的单层桥拱，这是由于土坯模板的巧妙使用而实现的，从而取代了脚手架。建造的成功基于对罗马和文艺复兴时期水利工程的深入了解，并结合了当地的中美洲建筑知识。

在中美与欧洲文化相遇的年代，建筑中使用的特定技术和当地材料创造了一种独特的水利系统建造技术。尽管在墨西哥的其他地方也有使用土坯砖代替木制模板，但对于建造输水道很少采用，或者无法达到连接特佩亚胡科峡谷和穿越帕帕罗特河的水道所呈现的非凡效果。

### （三）保护与合理开发

该水利系统是由圣方济各会修道士在当地社区的支持下建造的，因此是中美洲和欧洲建筑传统巧妙融合的独特代表，是麦士蒂索人（当地印第安人和白种人的混血后代）建筑传统与罗马水利建筑传统相结合的产物。作为输水道和辅助设施的完整组合，该系统保存得非常完好，直到今天，其中的一个分支仍在使用。

## 七、附录：与北京在文化遗产领域大事记

2019 年，墨西哥旅游部推出“敲门”计划，展现热带雨林和殖民风情，吸引中国游客。

2019 年 12 月 2 日，“魅力北京”文化旅游推介会在墨西哥首都墨西哥城隆重举行，本次推介活动的主题是积极推进北京与墨西哥双向旅游互利合作，大力促进北京入境旅游市场的发展。

2018 年适逢友博会创办十周年纪念以及墨西哥城荣获“世界设计之都”称号，故博览会围绕设计主题开展相关文化活动。为避开墨西哥大选影响，墨西哥城“国际友好文化博览会—中国主宾国 / 北京主宾市”系列活动于 4 月 14 日至 29 日在市中心宪法广场举办。中国和北京分别作为该届友博会特邀主宾国和主宾城市参会。

2018 年 6 月 15 日，北京文创周在墨西哥首都墨西哥城盛大开幕，一场来自中国首都的文化盛宴在墨西哥城城市博物馆精彩呈现。开幕式前，北京市副市长王宁与墨西

哥城市长阿米瓦共同见证了北京国际设计周与墨西哥设计周签署合作备忘录。

北京文创周是北京市作为第十届墨西哥城国际友好文化博览会主宾市举办的系列重要活动之一，由北京市人民政府、墨西哥城政府、中国驻墨使馆主办。

在文创周举办的“中国文化·设计·体验”展上，观众可以看到中国书法的草书烧制在日常生活器皿上；景德镇古窑的废瓷片被大漆工艺修饰，焕发别样神采；刺绣以及风筝、书法、面塑、剪纸等非物质文化遗产展示，也帮助观众理解了中国传承数千年的生活方式。

在当日的文创产业推介会上，北京市国资委向墨西哥当地院校学府、文博机构和文化企业等介绍了北京文创产业发展的基本情况和对外开放政策，中央美术学院、北京歌华文化发展集团等一批文创名企分别做了推介。

2015 年 3 月 3 日，北京旅游发展委员会在墨西哥城举办旅游资源推介会。

# 文化遗产

## ——哈瓦那市（古巴），Havana（Cuba）

### 一、哈瓦那城市文化遗产概览

古巴于1981年3月24日成为联合国教科文组织世界遗产委员会成员国。截至2016年7月17日，古巴共计拥有9项世界遗产，遗产包括7项文化遗产，2项自然遗产。1982年，哈瓦那旧城区被联合国教科文组织列为世界上第121个“人类文化财富”之一，并作为文化遗产被列入世界文化遗产名录。哈瓦那老城及其防御工事（Old Havana and its Fortifications）成为第一个被纳入世界文化遗产的项目。

哈瓦那由哈瓦那旧城和哈瓦那新城两部分组成，是西印度群岛最大的城市。历史上，古巴曾是西班牙殖民地，哈瓦那老城修建于西班牙殖民时期。狭窄的街道、陈旧的民居、巴洛克式和新古典主义风格混合的建筑，至今仍保存完好，无一不深深打上西班牙殖民时代的烙印，具有突出的历史、文化及建筑价值。

### 二、哈瓦那旧城概况及价值

#### （一）哈瓦那旧城概况

1. 哈瓦那旧城简介

哈瓦那旧城是在西班牙人殖民统治时期建设和发展起来的地区，也是哈瓦那城15个行政市中的一个。哈瓦那旧城被防御工事环绕，还包括城墙旧址和哈瓦那湾之间的整个地区，面积约1.42平方千米。旧城里有许多具有突出价值的建筑物，具有传统风格的狭窄街道。其建筑、历史和环境连续性的整体感觉使其成为加勒比地区最令人印象深刻的历史城市中心，也成为整个美洲大陆最引人注目的城市之一。

哈瓦那旧城保持了欧洲城市早期的格局，有五个各具特色的大广场：阿马斯广场、维耶亚广场、旧金山广场、克里斯托广场和卡特德拉广场。广场周围有许多价值突出的建筑，包括哈瓦那大教堂、圣弗朗西斯修道院、第二角宫殿和将军宫殿，形成了旧城内巴洛克风格和新古典主义风格的混合遗迹。

2. 历史沿革

1492 年，哥伦布发现古巴岛。自此，殖民者接踵而至。他们先在古巴岛东南沿海的圣地亚哥修筑城堡，接着又在哈瓦那建立新港。由于哈瓦那扼守着墨西哥湾通往大西洋的海上要道，又是加勒比海进出大西洋的北部门户，所以欧洲殖民者把它当作进入“美洲大陆的钥匙”。

1514 年，西班牙殖民军首领拜菲洛·德那瓦伊斯在印第安酋长哈瓦瓜内克斯的领土上建立了古巴第一座城市哈瓦那城。当年的哈瓦那城是一片沼泽地，气候炎热潮湿，蚊子肆虐，疾病蔓延，很不适宜人类生活。

1517 年，哈瓦那搬迁到北部沿海的阿尔门达雷斯河畔，后又向东面扩展到哈瓦那小海湾。

1519 年，哈瓦那被确立为永久性城市。后来一直作为商业中心。哈瓦那建立不久，西班牙就开始修建防御工事以抵御法国海盗的袭击。

1544 年，殖民者在哈瓦那修建了拉富埃尔城堡，这是古巴最古老的城堡，也是美洲地区最古老的城堡之一。

1579 年，殖民者在哈瓦那港入口处的悬崖峭壁上修建了莫洛城堡。

17 世纪，哈瓦那已成为西印度群岛最重要的军事中心。随着它的港口变成从墨西哥，秘鲁到欧洲金银货物运输的经由之处，它的经济地位也日趋显著。新的堡垒，修道院和教堂也被建立起来。

1762 年哈瓦那被英国接管，1763 年重被西班牙收回。后来建立了著名的圣卡洛斯城堡。

1897 年 11 月，古巴自治。1902 年 5 月 20 日，古巴共和国成立，埃斯特拉达帕尔马就任总统。

从 20 世纪起，哈瓦那发展迅速，现代建筑拔地而起。

**（二）突出价值**

1. 文化价值

哈瓦那旧城中巴洛克式和新古典主义建筑构成了这座古老城市不朽的风范。大教堂、城市纪念碑还有 18 世纪的市政宫殿，都是巴洛克风格的建筑呈现，新古典主义风格的豪宅则成为巴洛克式建筑的补充。尽管哈瓦那城已步入现代社会，19 世纪建的城墙几乎荡然无存，但由于在建筑施工中充分保护城市最初的设计规划，并注意建筑的整体特征，因此这些古建筑布局整齐和谐，外观富于表现力，那些工事环绕的旧城区城堡群具有很高的建筑学价值。

2. 历史价值

哈瓦那旧城及其防御工事最大的价值在于其所处的地理位置和构造，哈瓦那的海湾作为通向新大陆的海上航线必经站点的特殊功能使哈瓦那旧城以其防御工事具有重大的历史意义及价值。

在16至19世纪之间建立的广泛防御设施网络包括美洲一些最古老，规模最大的现存石制防御工事，除拉富埃尔萨城堡和莫罗城堡外，哈瓦那还有好几座年代久远的古堡。拉卡巴尼亚堡建于1763年至1774年，古巴独立战争期间，这里曾是关押爱国者的所在，如今成为古巴的一座兵营及军事博物馆。拉篷塔堡建于16世纪末对面有一座马克西莫·戈麦斯纪念碑，戈麦斯曾与马蒂、马塞奥等一起，领导古巴人民对西班牙殖民者展开了英勇的斗争，为古巴的独立做出了重要贡献。此外，哈瓦那还有建于1763年的阿塔雷斯堡和建于1774年至1794年的王子堡等。这些城堡与工事体系、民居等古建筑创造出一种独特的历史氛围，使哈瓦那旧城成为加勒比地区最重要的历史中心，也是美洲大陆最有意义的历史中心之一。

**（三）保护与合理开发**

1. 国家古迹委员会成立国家工作小组保护遗址

哈瓦那旧城及其防御工事主要归古巴国家所有，部分地区由私人拥有。1976年2月24日，古巴共和国的宪法和国家古迹委员会第3/1978号决议（其中指定了圣克里斯托瓦尔德·拉古镇的历史名城中心）对列入遗产进行了保护。国家古迹委员会第12/1980号决议和第14/1980号决议分别成立了一个国家工作小组来界定历史中心的范围并通过终止拆除的规定来保护其建筑物，同时定期进行加固工作。

2. 哈瓦那历史学家办公室对遗址进行保护和旅游开发

古巴政府为1981年开始的《五年修复计划》提供了资金支持，并通过与哈瓦那历史学家办公室（市政府的自治组织，成立于1938年）达成协议管理和修复旧城，确保了该计划的可行性和可持续性。

90年代之前旧城的保护由古巴政府资助。90年代后，古巴政府将哈瓦那旧城作为旅游开放试点，由哈瓦那历史学家办公室全权负责整个旧城的修缮保护和旅游运作。在文物保护第一的指导思想下，哈瓦那旧城的运作，在文物保护和经济盈利上取得双赢的效益，获得国内外的广泛认可。

3. 减小哈瓦那洪水风险

2014年哈瓦那在《2015—2019年加勒比世界遗产行动计划》和2015年9月在哈瓦那举行了拉美经济共同体文化部部长第三次会议通过的《2016—2021年区域文化工作计划》中确定了“制定洪水风险缓解计划”的行动。

该项目旨在作为一个试点，开始应用教科文组织——国际高等教育研究所创新的方法，评估哈瓦那旧城及其防御工事世界遗产地内和周围地区的洪水风险。评估现有措施并制定了一项综合计划，以减少哈瓦那洪灾带来的后果，以免对其文化遗产产生不良后果。

# 南美洲篇

# 文化遗产

## ——利马市（秘鲁），Lima（Peru）

## 一、利马城市文化遗产概览

位于利马的利马老城成为秘鲁国内第4项世界遗产（文化遗产8项，自然遗产2项，自然文化双遗产2项），是首项位于利马的世界文化遗产。

利马长期是西班牙在南美的殖民统治中心，建有大量殖民时期建筑，利马古城是西班牙对秘鲁实行殖民统治的重要见证地。

1988年4月，利马老城被联合国教科文组织列入《世界文化遗产名录》。

## 二、利马老城文化遗产概况及价值

### （一）利马老城文化遗产概况

利马城有新老两部分。老城在北面，靠近里马克河，殖民地统治时期的建筑较多。城中心是“武器广场”，从广场放射出纵7条、横13条道路，通向城市各个角落。各条道路都用大石板铺成。房屋低矮，街道狭窄。广场东为17世纪建造的天主教堂，虽多次重建，仍保持着浓厚西班牙建筑风格。教堂采用巴拿马运来的石料建成。圣多明戈教堂是利马最著名的教堂之一。这座建于1549年的双塔教堂内，精美的祭坛上有一个青铜制的骨灰瓮，盛放拉丁美洲第一个圣徒圣罗莎的遗骨。祭坛前的一尊圣罗莎石膏塑像，是1669年克莱门特教皇给教堂的。巴洛克式的圣佩德罗教堂是耶稣会教会于1638年建造的利马规模最大的教堂，摩尔风格的阳台给教堂增添了情趣。广场不远处是拉丁美洲最早的高等学府——圣马科斯大学，创办于1551年。

1. 利马老城文化遗产简介

这里有宽阔的草坪、花园和高大的棕榈树，四周布满浅黄色和淡灰色的巴洛克、哥特式和新古典主义风格的建筑。因为当年常在广场上举办武器展览，即得名武器广场。以此广场为中心，辐射出纵横20多条道路，通向城区各个角落。只见各条道路都用大石板铺砌，显得古香古色。广场中央有个水花飞舞的喷泉，水池周边有 8 个见证秘鲁历史进程的滴水兽雕塑，正中竖立着一根碟形桅杆，顶端有个号手雕塑。16—17 世纪，此广场原为斗牛场和执行死刑罪犯之地，中央设有焚尸炉，1651 年改建为青铜喷泉。1821 年，圣马丁将军在此宣布秘鲁独立，现在这里仍是秘鲁重大节庆活动举办地。载着游客的古典马车不时掠过视线，不少警察在广场巡逻，一队小学生在老师带领下来广场游览，游客沐浴着夏末的暖阳在安详的氛围中漫步。

武器广场东北侧是利马大教堂，这是一座建于 1555—1649 年间的罗马天主教堂，因 1746 年地震损坏，1904 年重建为巴洛克、哥特式与罗马式混合风格的建筑，成为利马的地标性建筑之一。教堂正门雕有耶稣门徒等许多圣经人物，呈文艺复兴风格。教堂内有精美的小礼拜堂和银饰祭坛，西班牙殖民者首领皮萨罗的棺椁 1891 年迁至小礼拜堂内。教堂精致的穹顶、独特的棋盘式地板、精雕的唱诗班坐台，堪称艺术品。大教堂两侧分别为耶稣玛丽亚教堂、艾尔·特诺夫教堂和耶稣会教堂。

广场西南侧是著名的圣弗朗西斯科修道院，它建于 1761—1776 年间，有豪华的内饰、华美的红砖回廊与精致的天井花园，内有南美一流的宗教图书馆，藏有皮草书 2.5 万册、羊皮书 6000 册，成为秘鲁最重要的宗教文化研究场所。修道院的地下墓穴，藏有 7 万具尸骨，被称为世界上最恐怖的“人骨教堂”。由于西班牙宗教殖民的影响，秘鲁人深信教堂才是通往天国的通道，都祈求死后葬在此教堂下面，圣弗朗西斯科修道院是1810年前秘鲁人死后埋葬的圣地，但地盘有限，后人决定这里只存颅骨与大腿骨，身体其余部分均移出修道院。

广场西侧的黄色建筑是重建于 1944 年的市政厅，呈新古典主义风格，但两个巨大木制黑色阳台和气派的拱廊仍保留着西班牙风格；建筑顶部飘着三面旗帜，中间是秘鲁国旗，左右两侧分别是黄色的利马市旗和古印加帝国的国旗。广场南侧有多座商厦，早在殖民地时期，这里就是利马的商业中心。

总统府坐落在广场北侧，它初建于 1535 年，原为西班牙卡斯蒂利亚式建筑，因大火损坏，于 1937 年重建，现呈新巴洛克风格。它原是西班牙殖民者的总督府，现为秘鲁总统官邸与办公地。总统府朝向广场一面的两端各有一个阳台，每有重要节庆活动，总统会出现在西侧阳台上并向公众发表讲话。总统府里有内阁部长宣誓的黄金大厅，有萨尔瓦多与洪都拉斯签订和平条约的和平大厅，有摆着中国瓷花瓶、具东方韵味的椭圆大厅，还有摆满西班牙复兴时期物件的塞维利亚大厅和纪念 1780 年印加起义军首领的图帕克·阿马鲁大厅。由总统府东侧北行到达建于 1912 年的老火车站，外墙上的古老时钟和一个木制售票处成为老火车站的标识，现更名为“秘鲁文学之家”，是公众文化活动中心。

从武器广场步行 15 分钟即到达圣马丁广场，这是利马最具代表性的广场之一，在 2.46 万平方米的方形广场上矗立着何塞·德·圣马丁将军的骑马铜像。圣马丁

（1778—1850）在南美独立战争中建有卓绝功勋，被称为秘鲁、智利、阿根廷三个共和国的“国父”。广场周围有精致的圣马丁宫殿和以另一位南美解放运动英雄玻利瓦尔名字命名的玻利瓦尔酒店，均呈新古典风格。长 600 米的步行街连接着武器广场和圣马丁广场，街道两旁有林林总总的商店、餐馆和古老的拉默德教堂，老城区还有秀美的阿拉梅达公园和多条繁华的商业街。

2. 历史沿革

1535 年 1 月皮萨罗在里马克河畔建立利马城，并以西班牙文命名为“王者之城”。从 16 世纪中叶至 19 世纪初，利马曾长期是西班牙在南美洲殖民地的政治、军事、经济与文化中心。1542 年，西班牙建立秘鲁总督区，在利马设总督府，统治整个南美地区。1808 年，秘鲁人民掀起独立运动，但未获成功；1820 年，阿根廷人何塞·德·圣马丁将军率军登陆秘鲁，迫使西班牙总督退出利马。1821 年 7 月 28 日秘鲁宣布独立，同年利马成为秘鲁首都。

**（二）突出价值**

1. 文化价值

利马老城以阿马斯广场为中心。弗朗西斯科修道院是老城中一组精美的建筑群，它包括拉·索雷达教堂、埃尔·米拉格罗教堂、马约尔修道院等。这些建筑中保存着大量艺术珍品。其中，15 张大幅画像组成的使徒群像，被誉为“拉丁美洲独一无二的艺术精品”。修道院图书馆收藏有极其珍贵的皮草书 2.5 万册，羊皮书约 6000 册，是秘鲁最重要的宗教文化研究场所。

2. 历史价值

记录了利马城的历史，利马在印第安盖丘亚语中的意思是“会说话的神像”。1535 年，西班牙探险家弗朗西斯科·皮萨罗，在这里建立了殖民据点，形成利马城的雏形。1550 年，利马城区出现了宽阔的街道和漂亮的房屋，城中心建起了商店。1746 年的大地震，使城内 3000 多座建筑倒塌，4000 多人丧生。但是，一个新城很快在废墟上重建起来。

3. 科学价值

利马历史中心的真实性是完整无缺的，因为它很大程度上保留了其城市基础设计的原始特征，如棋盘，以及从十六世纪到十九世纪的扩张区域，包括通往北面的老西班牙前道路（Chinchaysuyo）和东方（Antisuyo）。

公共，私人和宗教建筑通常保留其建筑、技术、类型、美学、历史和城市价值，这是从十六至二十世纪城市历史演变过程的不同阶段植入欧洲风格的结果。这些建筑物在材料供应，天气，地震和社会需求方面也适应了区域环境。同样，与城市生活相关的用途、功能和传统赋予历史中心以其自身的特征、独特性和个性。尽管发生了地震、房地产投机和非正式贸易等问题，但它仍然代表着区域文化进程的独特性且不可替代。然而，真实性的状况受到不适当干预的威胁，需要通过执行精确的法规和指南来控制。

### （三）保护与合理开发

利马历史中心受该国法律法规保护：国家政治宪法；第 28296 号法令，1972 年第 2900 号国家文化遗产通则，宣布这座古城为纪念碑区，并宣布其具有遗产价值的建筑物为国家纪念碑，以及 1974 年的第 505-74-ED 号部长级决议，1985 年部长第 1251-1985-ED 号决议，1989 年第 009 号和第 515 号市政条例，1990 年的第 159 号行政决议和 1991 年的第 1352 号行政决议等，宣布其他建筑物为遗产价值。

利马历史中心的边界及其最大的保护和缓冲区，由利马市政府于 1994 年颁布的第 062 号市政条例明确规定。对文化遗产的干预受市政当局和《国家建设条例》（标题 IV）的约束。

利马大都会市与里马克区市共同负责利马历史中心的管理，因为它属于注册地区。文化部是专门的政府机构，负责保护国家的文化遗产，并与上述机构一道进行；它协调与保护文化财产有关的问题。

利马大都会区设有城市控制办公室和利马市房地产企业（EMILIMA），负责规划和准备干预项目。它制定了一些管理手段，在《大都市发展计划》和《利马历史中心计划》（1987 年）都有体现。

# 文化遗产

## ——里约热内卢市（巴西），Rio de Janeiro（Brazil）

### 一、里约热内卢城市文化遗产概览

位于里约热内卢的山海之间的卡里奥克景观成为巴西国内第18项世界遗产（文化遗产13项，文化景观遗产1项，自然遗产7项，混合遗产1项），这是巴西唯一一个文化景观遗产，同时也是首项位于里约热内卢的世界文化遗产。

2012年7月，山海之间的卡里奥克景观被联合国教科文组织列入《世界文化遗产名录》。

里约热内卢是南美洲最大的城市之一，但该市更为知名的是它一年中举行的各种各样的文化庆典活动，其中最著名的就是狂欢节，在传统的天主教四旬斋禁食期的两周之前举行。

届时来自世界各地的人来到里约热内卢参与并见证这次狂欢。狂欢节意味着大量的人群、美食、色彩，当然还有桑巴舞。狂欢节的庆祝结束于“Mardi Gras”星期二。

除了狂欢节，新年也是里约热内卢的一个重要节日，届时会举办几场音乐会，并且在全市燃放焰火，规模最大的焰火在Copacabana海滩。人们穿着白色的衣服，一些人还用跳舞祭祀叶玛亚。

里约海滩的人行道是用黑色和白色的石子铺成的，两种对比最鲜明的颜色，不加任何修饰或者过渡，直截了当地被摆在一起。这就是里约的方式，不欢迎中庸之道，只愿意接受两极的碰撞。有趣的是，这种碰撞的结果并不是一方毁灭或压倒了另一方，双方反而直愣愣地胶着在一起，分不开也合不拢。里约有一千多万人口，不同的肤色，不同的种族，每天都在为鸡毛蒜皮的小事大动干戈，却从不发生宗教或种族纷争。在这里，极端贫穷和过度奢华肩并肩地存在着，贫民窟堂而皇之地盘踞在本该是富人聚集的半山腰上，身无分文的流浪汉与腰缠万贯的富翁并排躺在科帕卡巴纳海滩上分享海浪、阳光和沙滩。在里约，你可以在城市里找到森林，也可以在乡村找到高楼大厦；

人们不停地抱怨、示威，但是街头欢快的桑巴舞却从未停过；市长们来来去去，却无法改变这个城市。里约是无法用一个词来形容的，因为总是可以在这里找出它的反义词。

## 二、山海之间的卡里奥克景观文化遗产概况及价值

### （一）山海之间的卡里奥克景观文化遗产概况

1. 山海之间的卡里奥克景观文化遗产简介

景色秀丽的科尔科瓦多山坐落于里约热内卢市的西部，瓜纳巴拉海湾边上，海拔709米，常有云雾缭绕于山腰。山上古木参天，泉涌瀑发，云雾缭绕，景色奇绝。科尔科瓦多山又被称为耶稣山。在里约城中漫步，随处都能看到山顶上的耶稣十字塑像：耶稣基督身着长袍，双臂平举，低头俯视，目光深情地俯瞰山下里约热内卢市的美丽全景，像是在呵护山脚下的里约城，又表达着博爱的精神和对独立的赞许。到了晚上，在灯光的照射下，黑色夜幕下的耶稣像显得更加高大和醒目，宗教色彩也更为浓厚。该塑像建于1931年，是为了庆祝巴西独立100周年而建的，由法国雕塑家保尔・兰多斯基等人创作。像座宽8米，高30米，左右两手手指顶端之间距离为28米，重114吨。塑像的选址十分科学，无论是白天，还是黑夜，从里约市的大部分地区都可以看到塑像。站在塑像旁，也可以把全城景色尽收眼底。

科尔科瓦多山脚下的瓜纳巴拉湾，长约31公里，最宽约29公里，入口处宽约1.61公里，湾内点缀着几座岛屿，是世界上最著名的旅游胜地之一。乘电缆车登上山顶，举目远眺，瓜纳巴拉湾波光粼粼，白帆点点；湾畔绵延的海滩上银沙耀目，游人如蚁，太阳伞如朵朵鲜花盛开；宽阔的海滨大道一直伸向看不见的尽头，面海而立的现代化楼群密密麻麻。海湾的弗拉门戈公园、尼泰罗伊古堡、自然纪念碑都是世界遗产的一部分。

里约热内卢的海滩举世闻名，其数目和延伸长度为世界之最，全市共有72个海滩，其中的科帕卡巴纳海滩最为著名。新月形的科帕卡巴纳海滩被称为世界上最有名的海滩，海岸沿线长达4.5公里，海水蔚蓝，浪花雪白，沙滩洁净松软，加上终年气温适宜戏水，游人络绎不绝。长达约8公里海滩上建有数十个小酒吧，充满异域风情；一条宽阔的海滨大道顺着海滩走势蜿蜒向前伸展，海滨大道上的人行道用白色与黑色的小石头拼镶成各种波浪形的图案，高大挺拔的棕榈树屹立在人行道旁，伴着习习海风婆娑起舞。海滨大道的另一侧是林立的一幢幢二三十层的旅馆、饭店和豪华公寓。现代化的建筑与美丽的海边风光和谐地融为一体，相得益彰。

2. 历史沿革

里约热内卢的植物园是巴西最早规划的植物园之一，1808年，葡萄牙摄政王若奥六世为培植印度香料作物创建了这个“皇家林园”。园内有逾8000种的植物，其中很多都是罕见的品种。园内景观非常漂亮，给人最深的印象是树木品种多，高大壮观，

而且树干从下到上密密层层附生着苔藓、蕨类、凤梨和仙人掌科植物，这在其他植物园中很难见到。世界上许多植物学家、园林专家公认它是世界十大植物园之一。

**（二）突出价值**

1. 文化价值

里约热内卢市的发展受到自然与文化之间创造性融合的影响。这种交换不是持久的传统过程的结果，而是反映了基于科学，环境和设计思想的交换，在一个多世纪的时间里，这种交换导致了城市中心地区大规模的创新景观创作。这些过程造就了许多作家和旅行者认为美丽的城市景观，并塑造了城市文化。

里约热内卢的戏剧性景观为许多形式的艺术，文学，诗歌和音乐提供了灵感。自19世纪中叶以来，里约热内卢的照片就显示出海湾、甜面包和救世主基督雕像在世界范围内享有很高的知名度。

2. 历史价值

科尔科瓦多山上的蒂茹卡国家公园内，这里有一座玲珑别致的中国式凉亭，八角飞檐上雕刻着色彩艳丽的飞龙。这座凉亭是巴西国王唐若昂六世在位时，地方当局为了表彰华工在巴西培植中国名茶的功绩而修建的，现在凉亭已经成为中巴两国人民友谊的象征。

3. 科学价值

边界包括所有最佳视角，可以欣赏自然成为城市重要文化组成部分的方式以及瓜纳巴拉海湾历史防御工事体系，这赋予了里约热内卢一个防御性城市的特征。

**（三）保护与合理开发**

蒂茹卡国家公园是根据1961年联邦法令建立的。植物园研究所是由联邦专制机构在环境部的主持下根据2001年法律建立的，该法律确定了其法律法规、目标、结构管理和行政。根据2000年6月18日的第9.985号法律，PãodeAçúcar（糖面包）和Urca（乌尔卡）被宣布为国家古迹。

自1938年以来，国家历史与艺术遗产研究所（IPHAN）及其前身已对整个遗址进行了编目，并为国家保护确定了单独的结构。它们包括Tijuca国家公园和植物园，Parque Lage大厦，弗拉门戈公园，Cara deCão，Babilônia，Urca，Sugar Loaf，DoisIrmãos和Pedra daGávea山，SãoJoão堡，Santa Cruz堡 和Leme，Copacabana，Ipanema和Leblon海滩的城市景观。

IPHAN N°127号法令（2009年4月30日）确立了巴西文化景观的名称，并要求指定里约热内卢景观为巴西文化景观。

在20世纪，高层建筑被规定层数不得超过十二层。1970年，为了保护自然保护区，于1976年通过了规划工具，以控制城市向山坡的发展。这意味着在Aãúcar周围的海拔高度不得超过60米糖面包和乌尔卡，且其上限不超过城市其他丘陵的高度，被视为森林保护区。

新的里约热内卢城市可持续发展总体规划于 2011 年 2 月生效，该计划确定里约热内卢的景观代表了该市最有价值的资产。

该计划包括促进可持续发展的原则和准则，以此作为促进经济发展，社会公平以及环境和景观保护的手段；在城市的发展和管理中对环境，景观以及自然，文化，历史和考古遗产的可持续利用；城市占领的调理，以维护城市的身份和文化景观。

该计划还允许通过限制密度，经济活动，享受城市自然景观的权利以及城市环境的质量来限制土地的使用和占用。建筑物的高度应通过自然景观完整性的保存和保护来确定。

该计划的实施需要通过在城市不同地区通过其政策（包括通过具体法律）来取得进展。

需要通过更严格的保护准则来加强缓冲区的保护，如果管理委员会认为有必要的话，还应限制土壤的使用和占用参数。缓冲区需要确保对视图的保护以及属性的广泛设置以及与属性的接口。

需要将缓冲区的所有区域都指定为文化环境保护区（APAC），并针对每个 APAC 制定管理计划，因此需要进一步澄清缓冲区内要管理的内容。

根据 2011 年 12 月 29 日第 464 号法令，成立了一个管理委员会以协调串行站点的管理，以制定和交付该物业的总体管理计划。由 IPHAN 主持的管理委员会将联邦，州和市级的主要利益相关者召集到一起，共同管理财产的不同领域。委员会将确定联合管理结构，并制定财产及其缓冲区的联合管理计划。

管理委员会将确保通过加强保护结构来实施对遗址的其他可能的保护措施。

需要最终确定该财产及其缓冲区的管理计划，以应对潜在的威胁和保护方面可能存在的空白，以便实现整体文化景观的保护。

作为管理计划的基础，需要建立一个系统，用于定义，记录和清点整个文化景观的关键组成部分，并定义与杰出普遍价值属性相关的监控指标。

物业管理需要通过监控和积极行动来解决瓜纳巴拉湾附近的水污染问题。为了保护财产的长远看法和个别细节，有必要为财产和各个地点的保护项目制定总体保护计划或保护方法，以保护其重要细节。

## 三、附录：与中国在文化领域大事记

2019 年，中国巴西系列文化旅游交流活动在巴西里约热内卢举行，中巴双方就文化与旅游产业相结合的国际交流模式进行了广泛探讨。

2019 年，中巴文化交流展示中心在里约开幕。

2016 年《文化中国名家讲坛》在巴西里约热内卢举办。

# 文化遗产

## ——布宜诺斯艾利斯市（阿根廷），Buenos Aires（Argentina）

### 一、布宜诺斯艾利斯城市文化遗产概览

布宜诺斯艾利斯城市暂时没有世界文化遗产，阿根廷国家共有10项世界遗产，其中5项为自然遗产，6项为文化遗产。

受欧洲文化的强烈影响，布宜诺斯艾利斯有时被称为“南美洲巴黎”。这个城市有最繁忙的舞台剧产业。每到周末，大约有300个活跃剧院与戏剧，有数据显示，全球范围内宿城为第一，超过伦敦、纽约或巴黎。文化节有超过10个站点，有数据显示宿城为世界第二，爱丁堡排之后。

### 二、五月广场文化遗产概况及价值

#### （一）五月广场文化遗产概况

1. 五月广场简介

五月广场是科研机构以及体育场、剧院、影院、公园等文化设施和娱乐场所，也是全国出版中心和南美洲西班牙文书刊的出版中心之一。城市以多广场、街心花园和纪念碑为特色。城市建设分老城区、新城区两部分。老城区以五月广场一带为中心。原街道都是呈直角相交，形成网格状街区。从1826年起，把以五月广场为中心的第四条街道加宽。

2. 历史沿革

在世人称为“南美巴黎”的布宜诺斯艾利斯，最早是十七世纪耶稣会的建筑，后以“五月革命”（即1810年5月阿根廷人民发起的反对西班牙殖民统治的独立斗争）命名。著名的五月广场以它特有的魅力吸引着众多的国内外游客。

五月广场被阿根廷人视为共和国的神经中枢。其前身是“大广场”或称“胜利广场”，与布宜诺斯艾利斯城同时诞生，已经有400多年的历史。1810年5月25日，布

宜诺斯艾利斯市民来到广场，宣布脱离西班牙统治，成立拉普拉塔临时政府，从此开始了建设独立国家的进程。五月广场不仅是布宜诺斯艾利斯市发展的历史见证，也是阿根廷共和国独立的纪念地，是阿根廷的象征。

五月广场是布宜诺斯艾利斯的心脏。广场中心矗立着13米高的金字塔尖型纪念碑，是为纪念在1810年五月革命中献身的爱国志士而修建的。1815年5月25日揭幕时，在纪念碑前通过了拉普拉塔联合省（即阿根廷的前身）独立规约。1816年7月9日在这里宣布了拉普拉塔联合省《独立宣言》。最初，这座纪念碑的基座是两层的，碑顶装饰着花瓶。1856年，阿根廷著名画家、建筑师普利里蒂阿诺·普列伊顿加以改建，塔尖上竖起一座自由女神塑像。纪念碑四周有绿茸平整的草坪、四季怒放的花卉、清澈晶莹的喷泉和往来啄食的群鸽。

**（二）突出价值**

1. 文化价值

五月广场（May Square）的名称意指1810年5月25日阿根廷宣布摆脱西班牙统治而独立。广场中央屹立着一座庄严的白色方尖碑，即为纪念独立日而修建的纪念碑——五月金字塔（Pirámide de Mayo）。

2. 历史价值

五月广场浓缩着阿根廷的历史，对于阿根廷人民来说有着特殊的意义，节日庆典、重要集会都在这里进行，同时这里也是首都市民休闲散步的好处所。而漫步在广场的外国游客，望着生动威武的贝尔格将军铜像，高高飘扬的共和国国旗，庄严肃穆的五月金字塔，大教堂外墙上的长明灯火，如同翻阅着共和国的历史。

# 文化遗产

## ——圣地亚哥首都大区（智利），Región Metropolitana de Santiago（Chile）

### 一、圣地亚哥首都大区文化遗产概览

智利境内有许多世界遗产遗址，这些遗址是根据智利的1972年《世界遗产公约》建立的。其中包括1995年被宣布为世界遗产的拉帕努伊国家公园、奇洛埃教堂（2000年）、港口城市瓦尔帕莱索的历史街区（2003年）、亨伯斯通和圣劳拉盐岩工厂（2005年）和矿业城市塞维尔（2006年）。除了世界文化遗产，智利文化遗产委员会也界定了不少本国颇具价值的文化遗产，位于智利首都的圣地亚哥大教堂在1951年被列入了智利历史文化遗产。1999年，智利设立了文化遗产日，以表彰这个安第斯民族的建筑、历史和文化遗产。

智利首都圣地亚哥于1541年由西班牙征服者佩德罗·德·瓦尔迪维亚以“新边疆的圣地亚哥”的名义建立。该地区居住着皮孔切印第安人，他们被置于西班牙殖民者的统治之下。1818年，解放战争结束，圣地亚哥成为智利共和国的首都，此后，国家的财富流入这座城市。殖民时期遗留下来的建筑包括总督宫、大都会大教堂、铸币厂、领事馆法庭，以及圣弗朗西斯科、圣多明戈、圣方济各会和拉默塞德的教堂。库西诺宫是19世纪建筑的典范，而20世纪的风格在美术宫、国家图书馆、联合俱乐部以及维塔库拉、圣路易斯山和罗科罗的现代住宅上得到体现。

圣地亚哥的文化受到欧洲和北美的深刻影响，在音乐、戏剧、绘画和文学方面有着多元的风格。最突出的娱乐区是圣卢西亚山和圣克里斯托巴尔山的公共公园，有动物园和露营地，有许多私人和公共体育俱乐部以及提供各种各样的设施的体育馆，也有滑雪场和度假村。

## 二、圣地亚哥大教堂概况及价值

### （一）圣地亚哥大教堂概况

1. 圣地亚哥大教堂简介

圣地亚哥大教堂是智利首都圣地亚哥的主教教堂，是智利最主要的宗教活动中心之一。它位于圣地亚哥历史中心，正对着市中心的武器广场，紧邻圣地亚哥大主教宫。大教堂在 1951 年被列为智利历史文化建筑遗产。

圣地亚哥大教堂始建于 1748 年，原教堂无钟楼。1780 年，托埃斯卡进行大教堂和小教堂正面的修缮，为教堂增添了新古典主义风格。该教堂内共有三个拱形长廊，每个长廊长度均超过 90 米。智利历任大主教的遗骸均保留在大教堂内。

圣地亚哥大教堂是著名的巡礼教堂，早在中世纪就已经存在，教堂的正立面以拱形开洞和装饰性独立壁柱为基本构图元素，显示了设计者高超的构图技巧。

2. 历史沿革

圣地亚哥大教堂的历史可以追溯到 16 世纪中期，当时西班牙征服者佩德罗·德·瓦尔迪维亚创建了圣地亚哥。瓦尔迪维亚在城市的主要广场阿玛斯广场建立了大教堂。

圣地亚哥大教堂在历史上多次受到破坏性地震的严重影响。由于智利西海岸构造板块的移动，这个国家几个世纪以来一直遭受着毁灭性的地震。如今先进的技术使大多数建筑物都能抵抗地震，但早在 1647 年，一场地震曾把圣地亚哥夷为平地，包括大教堂，当时只保留了建筑的中殿。经过努力重建，仅仅十年后，另一场地震袭击了智利。大教堂再次被毁。1662 年到 1687 年进行了第二次修复。

1730 年，在经历了另一场毁灭性的地震后，主教胡安·冈萨雷斯·梅尔加雷霍（Juan Gonzalez Melgarejo）决定彻底整修这座大教堂。

1753 年，建造新大教堂的计划得到了西班牙皇室的批准，建造工作随即开始。

1779 年，意大利建筑师杰奎因·托斯卡（Joaquin Toesca）计划将邻近的建筑纳入大教堂，扩展整个结构，使其在阿马斯广场上显得更加突出。在接下来的几十年里，大教堂的扩建工作一直在进行。

### （二）突出价值

1. 文化价值

1647 年至 1775 年，因为地震圣地亚哥大教堂经历了三次整修，使得大教堂混合了各个时期的多种风格特点，具有杰出的建筑价值。在圣地亚哥大教堂众多建筑风格中，其巴洛克风格装饰在欧洲是首屈一指的。天花板上有华丽的壁画，枝形吊灯和镀金的柱子。这座教堂的中心装饰有 1912 年在慕尼黑建造的十字架。圣地亚哥大教堂的圣体礼拜堂是仿照罗马殉道者圣约翰和圣保罗的礼拜堂建造的。教堂中的风琴，两个讲坛和祭坛的座位，都是由巴伐利亚耶稣会士在 18 世纪用桃花心木制成。不管是从 1779 年后 20 年的时间里增加的新古典主义风格的建筑，还是 1898 年伊格纳西奥・克雷莫奈西（Ignacio Cremonesi）给大教堂带来的独特的托斯卡纳和罗马风格，都给大教堂增添了更多魅力，吸引后人欣赏与研究。

2. 历史价值

圣地亚哥大教堂里的装饰和藏品很有历史研究意义，比如：圣弗朗西斯科・沙乌略的木制雕像、17 世纪的重达二十多千克的银制灯具、圣具放置处的《最后的晚餐》画作、卡雷拉兄弟的坟墓以及智利历任大主教和迭戈・波塔莱斯的遗骸均保留在大教堂内。除此之外，大教堂的南侧还有大教堂博物馆，共有三个展厅，展示有圣具、宗教绘画等。

3. 科学价值

圣地亚哥大教堂在设计方面，最大的特点就在于采用了加洛林时代的双半圆室平面，显示出与加洛林文化传统的承续关系。教堂内部共有三个拱形长廊，每个长廊长度均超过 90 米，侧面回廊是可以沿着圣地亚哥大教堂内走一圈的朝圣路线型式。

**（三）保护与合理开发**

圣地亚哥大教堂于 1951 年被智利文化遗产委员会（CMN）列为智利历史文化建筑遗产，并进行定期的维护和检修。

# 非洲篇

# 文化遗产

## ——开罗省（埃及），Cairo（Egypt）

### 一、开罗文化遗产概览

伊斯兰开罗在1979年被联合国教科文组织批准为世界文化遗产。伊斯兰开罗是世界上最古老的伊斯兰城市之一，它始建于公元10世纪，成为伊斯兰世界的新中心，在14世纪达到了黄金时代。拥有著名的清真寺、宗教学校、吊床和喷泉。伊斯兰开罗的伊斯兰古代文化和建筑保存得很好，历代具有代表性的建筑和清真寺都受到统治者的维修和保护。

### 二、伊斯兰开罗概况及价值

#### （一）伊斯兰开罗概况

1. 伊斯兰开罗简介

伊斯兰开罗是今开罗市旧城部分，在今埃及开罗市区的东部，从公元641年阿拉伯人征服埃及后（相当于中国唐太宗贞观年间），先后经历了伊斯兰文化的法蒂玛王朝、阿尤布王朝、乌木鲁克王朝、穆罕默德·阿里王朝，以及奥斯曼帝国统治时期，已有1000余年的历史。1979年被联合国教科文组织批准为世界文化遗产。

开罗的建筑和布局反映了它历史上的各个时代的特色。开罗旧城是中世纪时期开罗的中心，也是伊斯兰和科普特人纪念碑的所在地。伊斯兰开罗是世界上最大的伊斯兰城市之一，这座城市以著名的清真寺、伊斯兰学校和喷泉为特色。

2. 历史沿革

开罗的伊斯兰历史始于公元642年，伊斯兰教先知穆罕默德去世之后的第十年，阿拉伯人（当时的名称是弗斯塔德）军队入侵埃及击败驻守在这里的东罗马军队后进入这座非洲古城，建造了第一座清真寺——阿慕尔·本·阿绥大清真寺。

872年阿巴斯总督建造了伊本图伦清真寺（位于Midan Sala ad-Din西部），是伊斯兰教开罗地区现存最古老的清真寺，也是陆地面积最大的清真寺。

公元 969 年，阿拉伯法蒂玛王朝征服埃及，并建新城名“开罗”（阿拉伯语含义“胜利者之城”），并于 970 年至 972 年建成了爱兹哈尔清真寺。

970 年爱兹哈尔清真寺开始建立，是开罗最古老的清真寺之一，也是世界上最古老的大学。

990 年著名的哈里发 Al-Hakim bi-Amr Allah（“上帝命令的统治者”）开始建立哈基姆清真寺，这是开罗最大的法蒂玛清真寺之一。这座清真寺曾被用作监狱、仓库和小学，直到 1980 年才被恢复为清真寺。

穆斯林哈里发沙尔丁在 1176 年到 1183 年间打败了十字军后建立了萨拉丁城堡。在 1860 年 Khedive Ismail 将他的宫殿搬到新的阿布丁宫之前，萨拉丁城堡一直都是埃及政府的中心。

公元 12 世纪，阿尤布王朝的建立者萨拉丁通过构筑防御工事来改造开罗以展示他的军事思想。他没有统一邻近的有石墙的福斯特和埃尔吉拉建筑，而是建立了大本营取代了王子的宫殿。

1261 年，在马木鲁克（1250—1517）统治下，开罗成为伊斯兰世界新的中心，而以前承担这个重任的城市是大马士革和巴格达。

1304 年 Mamluk Sultan Al-Nasir 为纪念他的父亲苏丹卡拉温，建造了一所住宅，这是开罗保存最完好的奥斯曼帝国住宅。该建筑群包括一座清真寺、一所伊斯兰学校和埋葬苏丹卡拉温的陵墓。这座陵墓经常被描述为仅次于泰姬陵的世界上第二美丽的陵墓。

1363 年马穆鲁克统治者马穆鲁克苏丹哈桑（Al Sultan Hassan）完成了苏丹哈桑清真寺的建造，该清真寺坐落在城堡的下方，紧挨着最近的里法伊清真寺，它是伊斯兰马穆鲁克王朝主要的建筑代表，也是埃及和阿拉伯世界最大的清真寺之一，被称为伊斯兰建筑金字塔，曾被用作不同伊斯兰思想流派的学校。

公元 1517 年，开罗被奥斯曼帝国所征服。

1870 年，迈丹·侯赛因和赛义德那·侯赛因清真寺建立，取代了 12 世纪的清真寺，这个清真寺只有穆斯林能进入，是这个国家乃至中东地区最神圣的伊斯兰场所之一，这里供奉着伊本·侯赛因（Ibn al-Hussein）的圣坛。据称，穆罕默德·侯赛因（Muhammed the Prophet）的孙子伊本·侯赛因（Ibn al-Hussein）就葬在这里。

1911 年 Rifaii 清真寺建立，这里有埃及最后几位国王的陵墓。

**（二）突出价值**

1. 文化价值

开罗以“千塔古城”闻名于世，这个“塔”就是清真寺的宣礼塔，也称望月楼，因为开罗全市现有八百多座清真寺，建于不同时期和年代，因此，建筑形式和清真寺附属的宣礼塔也代表了不同朝代的文化特征。根据历史学家和城市规划局的统计，全市共有历史古迹和著名古建筑622处，都是与古代伊斯兰文化有关的宫廷寺院与古代文教建筑，具有极高的建筑价值。

2. 历史价值

伊斯兰开罗说明了开罗城市规划的观念，开罗城市规划的理念鼓励建筑物的综合。开罗中央聚集着众多的街道和古老的住宅，如此“保持传统的都市结构形态、中世纪人类的住宅形态”。在政治、智慧和商业水平上，开罗旧城中保存完好的建筑以及布局证明了这个城市在古老时代的国际重要地位。

**（三）保护与合理开发**

1. 国际古迹组织特派团制定保护方案

世界遗产委员会于2009年发起了为历史悠久的开罗制定保护、管理工具的倡议。世界遗产委员会就伊斯兰开罗的更新项目（URHC）从2010年以来一直在与当地政府进行必要规划和管理工作，除了帮助其社会经济的复兴也将其作为世界遗产进行一个整体的提升。

世界遗产委员会向埃及派去了一个国际古迹组织特派团，对伊斯兰开罗城中的清真寺情况进行评估，并合作设计了一个清真寺工程的保护和监测方案，以确保对其进行长期的保护。

埃及在进行伊斯兰开罗城修复项目时，世界遗产委员会向开罗总督派遣了一名技术协调员，法国、意大利、荷兰等缔约国的开发计划署也对该项目给予了直接支持。

2. 开罗艾哈迈尔区试点项目成功修复清真寺及其尖塔

开罗的艾哈迈尔区有700多年的历史。它拥有丰富的中世纪伊斯兰建筑，包括高耸的哈伊尔贝克和乌姆苏丹沙班清真寺尖塔。在非洲最大城市之一的密集侵蚀环境中，艾哈迈尔面临被摧毁的威胁。1998年，阿加汗文化信托基金（AKTC）与埃及文物最高委员会签署了一项协议，以振兴该地区，保护它不被城市发展的不良影响。世界纪念碑基金会在这项倡议中与AKTC合作，重点对建于1369年的Um al-Sultan Shaaban清真寺和Khayrbek建筑群进行保护，该建筑群由七个结构组成，包括马穆鲁克和奥斯曼时期的陵墓、宫殿和清真寺。

2000年，为了加大对历史悠久的艾哈迈尔区的保护和振兴力度，AKTC和WMF制定了一项全面的保护计划和一个试点项目。由于乌姆苏丹沙班清真寺的扇形圆顶和尖塔在1884年的地震中部分倒塌后从未加固，建筑群出现裂缝，需要紧急加固。保护的第一阶段包括立即修复结构，对项目的八个结构进行全面的分析和大量的文件记录。第二阶段成功修复了清真寺下部及其尖塔。最后阶段于2003年至2004年进行，完成了两个地点细节装饰的工作。

# 文化遗产

## ——豪登省（南非），Gauteng Province（South Africa）

### 一、豪登省文化遗产概览

南非共有 10 处世界遗产，其中颇具盛名的是被称为“人类的摇篮”的古人类化石遗址——斯泰克方丹、斯瓦特科兰斯、科罗姆德拉伊和维罗恩斯的化石遗址。该遗址坐落于南非豪登省、西北省和林波波省境内，这里有能够确定人类起源和进化的重要线索，1999 年作为世界文化遗产列入《世界遗产名录》，并于 2005 年进行了增扩。

### 二、斯泰克方丹、斯瓦特科兰斯、科罗姆德拉伊和维罗恩斯的化石遗址概况及价值

#### （一）斯泰克方丹、斯瓦特科兰斯、科罗姆德拉伊和维罗恩斯的化石遗址概况

*1. 斯泰克方丹、斯瓦特科兰斯、科罗姆德拉伊和维罗恩斯的化石遗址简介*

斯泰克方丹、斯瓦特科兰斯、科罗姆德拉伊和维罗恩斯的化石遗址是联合国教科文组织在南非豪登省的一处世界遗产，位于约翰内斯堡西北约 50 公里，该遗址是在该地区采石场的一次活动中被发现的，并在 1999 年被列入世界遗产名录，当时的登录名称为人类的摇篮（Cradle of Humankind），后来遗址范围于 2005 年扩大到包括两个来自遥远地方的遗址：Taung 头骨化石遗址和 Makapan 山谷，于是遗址更名为斯泰克方丹、斯瓦特科兰斯、科罗姆德拉伊和维罗恩斯的化石遗址。目前面积 47 000 公顷。

该遗址发现的人类化石数量多、历史悠久，其中最老的化石可以追溯到 350 万年前。单斯泰克方丹遗址发现的原始人类化石就占现今发现的人类化石总数的三分之一。

斯泰克方丹化石洞是由地下水位之下的白云石溶解于水后沉积而成的，它被认为是非洲原始人类化石最丰富的地区之一。遗址群洞穴中有羚羊、狒狒、剑齿虎和啮齿类动物化石，其中一些是生活在 500 万到 400 万年前的斯沃特克兰人、粗壮猿人、能人、狒狒、豹子、剑齿虎、鬣狗和羚羊。

科罗姆德拉伊化石洞高40米，长125米，宽50米，科化石洞目前仍处在活跃状态，里面的许多形成物正以每一百年1毫米至1厘米的速度生长。科学家们估计该洞已有22亿年的历史，洞中75%的形成物历经沧桑而至今完好无损（其余25%遭人为破坏）。该化石洞中的平均温度为16摄氏度，空气湿度终年保持在80%~98%之间。

2. 历史沿革

1935年，罗伯特首次在斯泰克方丹地区发现猿人化石，并开始在当地工作。1938年，格特在Kromdraai附近发现人类头骨，后经鉴定确认是罗百氏傍人。

1966年菲利普·托比亚斯在当地进行考古发掘，成为世界上最长的一次连续运行化石发掘。1991年李·伯杰发现了第一个原始人类的标本。

南非古人类化石遗址在1999年被联合国教科文组织列入世界遗产名录，其范围在2005年一直被扩展。扩建部分包括马卡帕山谷和汤头骨化石遗址。

2005年12月7日，时任南非总统塔博·姆贝基建立一个新的游客中心——Maropeng游客中心。

2013年，从斯泰克方丹、斯瓦特科兰斯、科罗姆德拉伊和周围的古人类化石遗址，更名为现在联合国教科文组织指定的南非古人类化石遗址官方名称。

**（二）突出价值**

1. 考古价值

这个被称作“人类摇篮”的遗址出土了三件举世闻名的人类先祖化石：一是1997年出土、距今约330万年的南方古猿“小脚”化石。它被称为是目前世界上最古老的人类先祖骨架。二是1947年出土的“普莱斯夫人”头骨化石，距今260万年至280万年。它是首例完整的成年南方古猿非洲种头骨化石。三是1924年出土的“汤恩幼儿”南方古猿头骨化石，距今约200万年。其中“小脚”化石和“普莱斯夫人”头骨化石都是在斯泰克方丹岩洞发现的。

2. 历史价值

斯泰克方丹、斯瓦特科兰斯、科罗姆德拉伊和维罗恩斯的化石遗址拥有大量古代人类居住过的洞穴遗迹，其演变历史可以追溯到330万年前，是人类进化和起源的有力证据。从中发现的化石可作为确认早期原始人类的多个标本，尤其是距今450万至250万年前的南方古猿的标本，以及180万至100万年前人类使用火的证据。

3. 科学价值

斯泰克方丹、斯瓦特科兰斯、科罗姆德拉伊和维罗恩斯的化石遗址共同提供了至少在过去350万年中有关现代人类进化的大量科学信息。它们构成了一个巨大的科学信息储备，具有巨大的潜力。这些遗址在它们的沉积物中包含了古生物学关系中所有相互关联和相互依赖的关键元素。在人类占领时期之前，还有一系列的化石哺乳动物、微型哺乳动物和无脊椎动物，它们为研究动物群进化、古生物学和古生态学提供了一个窗口。这些记录对我们进一步理解人类进化和现代人类行为的出现起了至关重要的作用。这些遗址中的化石证据确凿地证明，非洲大陆是人类无可争议的摇篮。

**（三）保护与合理开发**

为了保护和管理斯泰克方丹、斯瓦特科兰斯、科罗姆德拉伊和维罗恩斯的化石遗址，1999 年《国家遗产资源法》（1999 年第 25 号法令），将以上遗址列为国家遗产。根据本条例的规定，任何人未经负责保护该等遗址的遗产资源管理局发出的许可证，均不可毁坏、损毁、挖掘、更改、移出其原址、细分或更改该等遗址的规划状态。每个遗址的管理以《世界遗产公约法》（1999 年第 49 号法令）为指导；根据《国家环境保护法》（2003 年第 57 号法）、《国家环境管理法》（1998 年第 107 号法）、《国家环境管理生物多样性法》（2004 年第 10 号法）和《1967 年物质规划法》（1967 年第 88 号法）这些立法，完全禁止采矿或勘探。每个场址有场址管理计划、监测和评价方案。该遗址的五个组成部分分别位于南非的不同省份，每个省都有不同的管理制度组合对其进行保护。

# 文化遗产

## ——亚的斯亚贝巴市（埃塞俄比亚），Addis Ababa（Ethiopia）

## 一、亚的斯亚贝巴文化遗产概览

埃塞俄比亚充满了各种各样的历史、文化和自然景观，包括 8 项文化遗产，1 项自然遗产。埃塞俄比亚在人类学、考古学和生态旅游方面有巨大的潜力。埃塞俄比亚首都亚的斯亚贝巴作为非洲的著名大都市，是联合国非洲经济委员会和非洲联盟的总部所在地。在亚的斯亚贝巴及周边地区也有许多考古发现，其南部的索多地区迄今为止发现了大约 160 处考古遗址。在埃塞俄比亚考古学的重大发现有最早的南方古猿（Australopithecus afarensis），其出现年代在距今 400 万—300 万年间。1974 年，考古学家在埃塞俄比亚出土了被称为“露西”（Lucy）的年轻雌性南方古猿骸骨。

## 二、蒂亚文化遗址概况及价值

### （一）蒂亚文化遗址概况

1. 蒂亚文化遗址简介

蒂亚文化遗址位于亚的斯亚贝巴南 70 多公里的蒂亚小镇，是由重达几十吨甚至数百吨的巨石严密砌成的。蒂亚巨石遗址是迄今为止在亚的斯亚贝巴南部的索多地区发现的大约 160 个石碑考古遗址中最重要的一个。该遗址有 36 处古迹，包括 32 块刻有不同类型符号的石碑，其中大多数难以辨认。它们是古代埃塞俄比亚文化的遗迹，可以追溯到 12 世纪到 14 世纪之间。

蒂亚文化遗址由 3 个独立的竖立的石柱群构成。专家们推测在它们立着放置之前是躺倒在地上的。这些石柱一般有 2~3 米高像小型的石篱笆。巨石上的雕刻有三种类型，第一种是剑型雕刻，被认为代表曾被埋着的勇士杀死的敌人或猛兽的数目。第二种标志像一个躺着的 3 字，开始它被认为是一种植物，现在人们确认它代表一种埃塞俄比亚人用的传统木枕，象征着安息。第三种符号象征女性，表明死者是妇女。

2. 历史沿革

蒂亚古城在10世纪到11世纪进入了鼎盛时期，而当西班牙人入侵时，蒂亚早已荒废了200~300年。如今遗址中的断壁颓垣、巨型的石雕像、石碑、绵延的石墙和散落在各处的巨石，仍能让人联想到当年这块宗教圣地的繁荣景象。

1935年4月，德国军队在一次远征中发现了一块刻有剑形符号的蒂亚石碑。当地居民称这种石碑为Grans Stone。

法国考古队于1930年发掘了蒂亚石碑，并于1998年对石碑进行了竖立工作，同时给遗址做了现代化的围墙。目前博物馆正在建立之中，准备将来接待游客。

**（二）突出价值**

1. 文化价值

蒂亚文化遗址的发现具有突出文化意义。除了石碑，法国和埃塞俄比亚考古学家的发掘工作还发现了石器时代中期的工具、石器制品以及人类的骨骼。碳测试表明，这些遗骸可以追溯到12世纪到14世纪。该遗址为人们探究石碑的建造者，建造的目的等问题提供了研究证据，帮助人类继续探索埃蒂亚文化。

2. 历史价值

蒂亚文化遗址具有突出历史及考古意义。这些12~14世纪的神秘巨石围绕着一处被人遗忘的战士墓地。相传这些战士是在抵抗16世纪初穆罕默德·格兰入侵时牺牲的。然而考古学家们用碳的同位素测定战士们的骨骼，发现他们比格兰还要早出生300年。所以这些死者的身份至今无法证实。目前蒂亚文化遗址仍然是埃塞俄比亚历史上的未解之谜，但其为人类研究埃塞俄比亚历史发展提供了重要依据。

**（三）保护与合理开发**

虽然埃塞俄比亚在各种历史、文化和自然景点方面具有巨大的潜力，但蒂亚遗址并没有得到充分的保护、开发和利用。

世界遗产委员会为帮助埃塞俄比亚扩展蒂亚遗址提供了筹备援助，向埃塞俄比亚提供了技术援助，分析了实地研究后拟订了一项计划。专家特派团在《法国–教科文组织合作协定》的支持下开展了工作。

# 大洋洲篇

# 文化遗产

## ——澳大利亚首都领地（澳大利亚），Australian Capital Territory（Australia）

## 一、首都地区文化遗产概览

澳大利亚拥有 20 项世界遗产，首都堪培拉虽然没有世界遗产，但也有许多著名建筑和旅游景点，堪培拉城内建有澳大利亚议会大厦、澳大利亚战争纪念馆、澳大利亚国立大学、澳大利亚国立美术馆、澳大利亚国家博物馆、澳大利亚国家图书馆等具有突出历史、建筑价值的有名建筑物。

## 二、议会大厦概况及价值

### （一）议会大厦概况

1. 议会大厦简介

议会大厦位于澳大利亚堪培拉的首都山上，是澳大利亚议会的会址。议会大厦是在 1988 年澳大利亚建国 200 周年时建成启用的，由美国设计师吉乌尔古拉设计。建造时耗资 11 亿澳元，据说是当时世界上最昂贵的建筑。

议会大厦一般是用于政府内阁成员或者议会成员进行要事商讨或临时休息的建筑物。有 4500 个独立房间，包括主门厅、通往大会堂的大理石楼梯、绿色的众议院和红色的参议院，当议会在这里开会时，可以容纳 4000 至 5000 人。

议会大厦隔着伯利·格里芬湖和旧议会大厦联成建筑群，非常雄伟壮观。它是建筑艺术、工艺美术和装饰艺术完美壮观的统一体，它反映着澳大利亚的历史、迥然不同的多元文化、国家的发展和对未来的抱负。综观这座建筑，它雄伟屹立，体现了澳大利亚联邦的形象和精神。议会大厦以其宏伟的建筑结构著称，并以大量使用砖石和优质木材及收藏包括最大挂毯之一在内的艺术精品为特色。整个建筑的核心是矗立在大厅顶上的不锈钢旗杆，高达 81 米，直插云霄。

2. 历史沿革

澳大利亚议会最初于 1901 年至 1927 年在墨尔本举行会议，之后迁至堪培拉，建造议会大厦的原始构想来自美国设计师沃尔特·伯里·格里芬（Walter Burley Griffin），后来由于第一次世界大战的爆发，使得联邦政府不能动用大量财力和人力来建造议会大厦，只能在 1927 年匆匆建成了一个临时议会大厦应急。1927 年至 1988 年，澳大利亚政坛一直使用旧议会大厦。自新议会大厦启用后，它即完成了长达 61 年的使命，成为一座历史博物馆。

1974 年，联邦政府决定建新议会大厦。经过 5 年的准备，于 1979 年通过国际性的设计竞赛，最终从 300 多份设计方案中选中了美国建筑师吉乌尔古拉的方案。这个方案继承了格里芬当年设计规划首都的精髓，充分吻合了首都山的地势，并且最大限度地发扬了澳大利亚的文化特色。新议会大厦花费了 8 年时间和 11 亿澳元，于 1988 年 5 月 9 日澳大利亚建国 200 周年时正式建成启用。

**（二）突出价值**

1. 文化价值

新议会大厦是一座奶黄色的矩形建筑，外形独特，蔚为壮观。大厦建筑不高，但占地面积大。大厦周围绿树成荫，大厦两翼是多姿多彩的庭院和喷泉，体现了建筑与环境、人与自然、政治与社会的美妙结合的理念。

大厦里的陈列品也颇具文化意义。大厦中陈列着 3070 件名画、雕塑、装饰精品和照片。在众多的艺术品之中最著名的，则是土著艺术家迈克尔·吉克玛拉·纳尔逊的绘画。这幅画描绘了人们聚集在一个开会的地方，象征着澳大利亚首先是土著人的澳大利亚，也象征了堪培拉及议会大厦的使命。

这幅画被 10 万块花岗片镶嵌的花纹图案表现在大厦正门的前院中，于国家、于民族之寓意是深刻的。除此之外，大厅有一幅长 20 米的织锦，这是受旁边挂着的亚瑟·博伊德创作的桉树画启发而制作的。这里还收藏了一份仅存世四份的 1291 年版《大宪章》。

2. 历史价值

新议会大厦建筑轴线从北到东，从南到西，与旧议会大厦、澳大利亚战争纪念馆和安斯利山完美地结合在一起，象征着澳大利亚民主的历史进程和立法进程。议会大厦是在 1988 年澳大利亚建国 200 周年时建起启用的，它见证了澳大利亚国家的发展，具有特殊的历史意义。

3. 科学价值

新议会大厦获得了澳大利亚工程师协会颁发的工程遗产国家标志，成为其工程遗产认可计划之一。

这座建筑占地 32 公顷，比原来的山高 4 米，大约有 100 万立方米的岩石要从现场挖掘出来，用来填充城市的低洼地区。大部分花岗岩都来自澳大利亚。由于对花岗岩的要求非常高，特别是对于弧形墙，开采量是所需量的两倍。这是全部景观中非常重要的方面。它使大厦与首都堪培拉所具有的既有城市特色又有乡村自然风光的优美环境融为一体，非常协调。

### （三）保护与合理开发

澳大利亚政府根据本国国情，制定了具有本国特色的建筑保护法规——《澳大利亚国际古迹遗址委员会文化重要性地方保护宪章》（The Australia ICOMOS Charterfor the Conservation of Place of Cultural Significance），简称《巴拉宪章》。《巴拉宪章》对建筑单体、街区、区域、文化景观、树木、花园以及一些具有原始和自然风情的地区进行文保注册。尚存的遗留建筑，无论私有、公有，必须经过州级或区级政府聘请的建筑师进行专业评估和保护策划。对列入文保名单的任何建筑的修复改造，甚至有时是临近地区的修复，都要通过政府部门的专业审查。同时澳大利亚政府将历史文化遗产的保护同城市绿地和开放空间结合起来，不仅提高了绿地和城市开放空间的文化价值，对古迹的保护也起到积极的作用。此外，澳大利亚政府还建立了历史文化遗产保护网站，宣传普及相关法律知识，让历史文化遗产保护意识深入人心。

根据《EPBC 法案》，议会大厦被列入联邦遗产名录，根据《1999 年环境保护和生物多样性保护法》第 341 条，澳大利亚政府机构必须为该地区制定管理计划。

2012 年澳大利亚遗产咨询委员会对议会大厦保护的审议工作得到了 DSEWPaC 和国家首都管理局专家意见的协助，为了加强对议会大厦遗产的管理，澳大利亚文化遗产管理委员会指出应以《巴拉宪章》为基础，优先制定一项保护管理计划。该方法借鉴了悉尼歌剧院和其他主要建筑的经验。

## 三、附录：与北京在文化遗产领域大事记

2014 年 11 月 6 日，北京花园在堪培拉市格里芬湖畔竣工。北京花园是北京市赠送给友城堪培拉的永久性礼物，距澳大利亚联邦议会大厦和中国驻澳大利亚大使馆均只有咫尺之遥，面积近 10 000 平方米。花园依坡傍水，高贵典雅又不失清灵闲适，其设计既源于中国传统文化的形象元素和传统建筑语汇，又吸收了澳洲园林轻松空旷、方便游人休憩、感受天地之气的特长，与周边自然环境有机结合，体现了中国古典园林“天人合一”的造园理念。

# 文化遗产

## ——惠灵顿市（新西兰），Wellington（New Zealand）

### 一、惠灵顿文化遗产概览

新西兰首都惠灵顿是太平洋著名的旅游胜地。市内保存有众多古建筑，其中包括被评为南太平洋最宏伟的木结构建筑之一的1876年建造的政府大楼、修建于1866年的保罗大教堂、修建于1904年的市政大厅、修建于1932年的著名的战争纪念馆，无论是旧圣保罗大教堂、凯瑟琳·曼斯菲尔德诞生地、安特林屋、松洞老区或老政府大厦，无不体现着惠灵顿木质建筑的特色。

### 二、新西兰议会大厦建筑群概况及价值

#### （一）新西兰议会大厦建筑群概况

1. 新西兰议会大厦建筑群简介

新西兰议会大厦修建于1876年，大厦由四大建筑组成，包括哥特式的图书馆，英国文艺复兴式的国会大楼、圆形的行政大楼以及鲍文大厦。

国会大楼是新西兰议会大厦的主要建筑。它包括辩论厅、发言人办公室、访客中心和委员会室。它初建于1914年，直到1922年才完全完工，取代了1907年被烧毁的一座更早的建筑。国会从1918年开始使用这座建筑。

圆形的行政大楼被称为“蜂巢”，因外形酷似蜂巢而得名，蜂巢是由英国顶尖设计建筑师巴兹尔·斯宾思爵士设计，是别具特色的蜂窝式建筑物，采用意大利风格的设计，内部采取了有效的防强地震设计，以适应新西兰这样的多地震国家，是南太平洋最宏伟的木结构建筑之一。

议会图书馆建成于1899年，是议会大厦建筑群最古老的建筑。最初是由托马斯·特恩布尔设计的一座三层哥特式复兴风格的砖块结构防火建筑。第三层的设计由政府建筑师John Campb完成。

议会图书馆为议会成员和议会工作人员提供信息存储库和研究服务。到20世纪20

年代，图书馆的藏书已超过 10 万册，到 1950 年，这一数字已增至 20 万册。

鲍文大厦是国会租用给较小的政党、特别委员会的工作人员以及一些部长和他们的支持人员工作的。它通过鲍恩街下的隧道连接到议会大厦的其他部分。政府部门是大楼里唯一的租户。

2. 历史沿革

惠灵顿省议会大楼在 1865 年成为新的国会大楼。省议会迁到镇的另一个地方。随着公共部门的增加，建筑也在逐渐增加，形成了一排杂乱的议会大厦排列在悉尼街道两旁的局面。但扩建的议会大厦依旧十分拥挤。1876 年，福克斯省废除地方政府，委托威廉·克莱顿（William Clayton）设计建造了四层的政府大楼，缓解了对国会空间的需求。整个行政部门从国会大楼搬到了那里。

1899 年，国会大楼被拆除，取而代之的是一座由砖石建造，耐火的新哥特式议会图书馆。1911 年 2 月，英国首相约瑟夫·沃德（Joseph Ward）宣布了一项寻找建造议会大厦替代方案的竞赛，共有 33 个方案入围。政府建筑师约翰·坎贝尔（John Campbell）的设计获胜。它们将分两个阶段建造。

1914 年新国会大楼第一期的建设开始了，但第一次世界大战的爆发造成了劳动力和材料的短缺，使得建筑工程举步维艰。虽然该建筑尚未完工，但议员们仍在 1918 年搬了进去。1922 年，第一期完工。由于财政限制，只建造了第一期。

1969 年开始，W. M. Angus 建造了"蜂巢"的第一阶段，作为国家民防中心的平台、地下停车场和地下室。吉布森·奥康纳（Gibson O'connor）建造了"蜂巢"大楼其余部分的十层。1975 年到 1976 年的夏天，建筑中引入了贝拉米的餐饮设施。

1977 年 5 月，英国首相罗伯特·马尔登（Robert Muldoon）正式为建筑揭幕，"蜂巢"开始作为议会大厦使用。政府在 1979 年搬进了这栋建筑，这里也成为总理和内阁部长们办公的地方。

**（二）突出价值**

1. 文化价值

行政大楼因其独特的蜂巢造型而闻名于世，成为惠灵顿乃至新西兰的地标建筑，其价值不言而喻。"蜂巢"如今也成为粗野主义建筑的代表作之一。

2015 年 7 月，新西兰遗产协会宣布，"蜂巢"因其在新西兰治理中的中心作用而具有突出的遗产意义，给予这栋建筑"新西兰第一类遗产"建筑的评级。新西兰遗产协会的 Blyss Wagstaff 称其为"全国最具辨识度的建筑之一"。1992 年以来，"蜂巢"就一直被印在新西兰 20 元纸币上。新西兰储备银行进行的一项调查发现，"蜂巢"是"新西兰的象征，因此很容易被认出来"。

2. 历史价值

新西兰沦为英国殖民地后，一度把奥克兰定为首都，1865 年惠灵顿取代奥克兰成为新西兰的首都。1886 年惠灵顿正式成为一座城市，至今，已经发展为新西兰的政治中心及重要的商业中心。而始建于 1879 年的新西兰议会大厦一定程度上也成为首都惠灵顿发展历程的重要见证。

3. 科学价值

新西兰议会大厦建筑群除了具有审美价值，在实用性方面也具有较高的科学价值，体现在其设计及用材上。

惠灵顿地处断层地带，其地震活动率高于新西兰的平均值。一条主要断层直接通过市中心，在市区内还有上百条小的断层线。因此惠灵顿市内的建筑大部分都是木制的。20 世纪开始对建筑物的防震性能的要求不断提高。行政大楼“蜂巢”是四层全木结构建筑，内部采取了有效的防强地震设计，具有借鉴意义。

国会图书馆最初是由托马斯·特恩布尔设计。它由库克山监狱的耐火的砖块建造，有一个铁制防火门将图书馆与主入口部分分开。在 1907 年的一场火灾中，图书馆被防火材料所保护。

**（三）保护与合理开发**

1989 年，新西兰遗产协会将新西兰议会大厦注册为“新西兰第一类遗产”建筑，以促使政府对建筑进行加固和翻新。

国会图书馆在 1993 年至 1995 年间得到了加强和翻新。为符合最初的设计对建筑中的一些装饰进行了复制。修复了在 1992 年的另一场火灾中受损的主门厅，重新制造了屋顶的哥特式装饰，包括铁艺、角楼和尖顶，同时也修复了原来在 1907 年火灾中拯救了图书馆的铁门。翻新了 1882 年的旧厕所。在建筑里传统图案的地毯和年代家具重新引入了原有的配色方案。建筑的地下室也被翻新，作为建筑工程的一部分，地下室创造了急需的额外存储空间。

议会大厦在 1991 年至 1995 年期间进行了大规模的防地震加固和整修。

克赖斯特彻奇建筑公司在 1998 年至 2006 年期间对“蜂巢”进行了室内现代化改造。并在 2013 年和 2014 年修复了屋顶，更换了窗户。

## 三、附录：与北京在文化遗产领域大事记

惠灵顿政府计划斥资 1050 万纽币对弗兰克·基茨公园进行翻新改造，其中包含了一个耗资 500 万纽币，占地 13 500 平方米的中式园林。这个项目名为“善行花园（Garden of Beneficence）”，由中国园林协会资助，建设资金由厦门，北京和天津三所城市共同提供支持，意在提升公园档次之余，可以为市民提供一个舒适的休憩港湾。

自 2016 年该项目获得资源许可后，于 2019 年正式进入建设筹款环节。推动了 30 年的“惠园”项目象征着友谊，象征着中新两国政治、经济、社会、文化的良好关系。

# 文化遗产

## ——新南威尔士州（澳大利亚），New South Wales（Australia）

### 一、新南威尔士州文化遗产概览

澳大利亚于 1974 年 8 月 22 日成为联合国教科文组织世界遗产委员会成员国。截至 2019 年 7 月 10 日第 43 届世界遗产大会闭幕，澳大利亚共计拥有 20 项世界遗产，遗产包括 4 项文化遗产，12 项自然遗产，4 项自然与文化双重遗产。遗产数量并列世界第 14 位。

### 二、澳大利亚监狱遗址概况及价值

#### （一）澳大利亚监狱遗址概况

1. 澳大利亚监狱遗址简介

澳大利亚曾是英国 19 世纪流放本国犯人的地方。1787 年，第一艘运送罪犯的船离开英国，驶向澳大利亚，第二年初到达澳大利亚，并将上岸地点定名为“悉尼”。此后，英国相继在新南威尔士和塔斯马尼亚等地建立了监狱和流放点，对罪犯实行关押的强制劳动。2010 年，包括阿瑟监狱、海德公园军营在内的 11 个流放地遗址被批准为世界文化遗产。

2. 历史沿革

18 世纪和 19 世纪时，大英帝国在澳大利亚设立了数千所监狱。“澳大利亚监狱遗址”选取了其中的 11 座殖民监狱。它们主要位于悉尼附近和塔斯马尼亚岛上，但也有几所设在诺福克岛和弗里曼特尔市，其所在地大多是原住民已被驱逐了的、肥沃的海岸地区。这些监狱关押过被英国法院放逐到澳洲殖民地的成千上万名男性、女性和儿童。每座监狱都有自身的用途，它们或是惩罚性的监禁，或是让犯人通过劳动教养协助殖民的建设。

### （二）突出价值

“澳大利亚监狱遗址”是现存的大规模驱逐罪犯出境以及欧洲列强通过流放犯人和强制劳动进行殖民扩张的最佳例证。

### （三）保护与合理开发

阿瑟监狱是澳洲目前保存最完好的监狱古迹，有“澳洲的古拉格”之称。从1830年至1877年之间，这里曾经关押了超过1.2万名英国重刑流放犯人，监狱四周高山林立，犹如天然的屏障城堡，对当年的流放犯来讲这里也是最阴森恐怖的地方，被称为“地狱之洞”（Hell Hole）。目前供游客参观游览的有当年犯人建造的古式教堂，火药库，牢房和守卫塔等。这里还有一个充满奇特风格的监狱博物馆，里面展出许多当年的图片和实物，包括犯人的囚衣、鞭子和锁链等。工作人员正在不断寻找原来的文物，并尽可能恢复其历史原貌。

## 三、悉尼歌剧院概况及价值

### （一）悉尼歌剧院概况

1. 悉尼歌剧院简介

悉尼歌剧院的外观为三组巨大的壳片，耸立在一南北长186米、东西最宽处为97米的现浇钢筋混凝土结构的基座上。第一组壳片内部是大音乐厅。第二组内部是歌剧厅。第三组是餐厅。其他房间都巧妙地布置在基座内。贝壳形尖屋顶，是由2194块每块重15.3吨的弯曲形混凝土预制件，用钢缆拉紧拼成的，外表覆盖着105万块白色或奶油色的瓷砖。

2. 历史沿革

1955年9月13日，发起了悉尼歌剧院的设计竞赛，共收到了来自32个国家的233件参赛作品。

1957年，设计师约恩·伍重赢得了设计竞赛。

1959年3月，悉尼歌剧院的前期准备工作开始。

悉尼歌剧院的建造计划一共有三个阶段：

阶段一（1959年—1963年），建造矮墙。

阶段二（1963年—1967年），建造外部的“壳”结构。

阶段三（1967年—1973年），内部的设计和装潢。

1973年，悉尼歌剧院正式完工，总花费为2.02亿美元。

### （二）突出价值

1. 文化价值

落成于1973年的悉尼歌剧院是20世纪的伟大建筑工程之一，无论是在建筑形式上还是在结构设计上，都是艺术创新的结晶。这座建筑给建筑业带来了深远的影响。

1957年，国际评审团决定由当时尚不出名的丹麦建筑师丁·乌特松（Jørn Utzon）设计悉尼歌剧院项目，标志着建筑业进入了全新的合作时期。悉尼歌剧院作为向全社会开放的伟大艺术杰作被列入了《世界遗产名录》。

2. 历史价值

悉尼歌剧院不仅是悉尼艺术文化的殿堂，更是悉尼的灵魂，是公认的20世纪世界七大奇迹之一，悉尼歌剧院设备完善，使用效果优良，是一座成功的音乐、戏剧演出建筑。

3. 科学价值

教科文组织表示："其重要性在于其无与伦比的设计和构造。这是一个大胆而富有远见的实验，对20世纪后期的新兴建筑产生了持久的影响。"

## 四、威兰德拉湖区概况及价值

### （一）威兰德拉湖区概况

1. 威兰德拉湖区简介

威兰德拉湖区是半干旱地区，占地37 900公顷。湖区共有5个200万年前形成的相互交错的大湖盆和14个小湖盆，占地1000平方公里（368平方英里）。这里的沉淀物为研究10亿年前气候的变化和人类的活动提供了翔实的资料。

2. 历史沿革

威兰德拉湖区可以发现一系列湖泊和沙滩的形成遗留下来的化石，并且能够看到40 000年以前人类在这里居住的痕迹。这里是研究澳洲大陆人类进化无可比拟的地区，完好地保存了许多大型有袋动物的化石。

### （二）突出价值

1. 科学价值

以前湖水很深，水量充足，但是现在已经干涸了，并且土壤中盐分的含量也在逐年增多，事实上10万年前它们便干涸了。古代湖岸的土壤中有三层沉淀物，代表着地球演变的三个阶段。在远古时代，湖盆中充足的水源吸引了很多动物到岸边生活，而碱性的土壤完好地保存了它们的遗骸，现在人们已经认证了55种之多的动物，其中包括巨型有袋动物和巨型树袋熊。

湖区人类的活动并不仅仅局限于远古时代，研究资料表明，人类在此居住了相当长的时间，并且留下了世界上近代人类活动的最早遗迹。人们在这里发现了2.6万年前的火葬遗址（世界上最早的火葬遗址），3万年前的墓地和1.8万年前的磨石和灰泥。

2. 历史价值

该湖区有更新世（The Pleistocene）系列湖泊和沙滩构造的化石，考古研究还发现了4.5万至6万年前人类居住的证据。这对于研究澳洲大陆人类进化史有着里程碑式的意义。

### （三）保护与合理开发

这个地区归属新南威尔士州政府管辖。原来只有小部分地区得到法律保护，即公元1979年公布的蒙戈国家公园，那是根据公元1974年的新南威尔士国家公园和野生动物法确定的。1986年3月27日的澳大利亚政府51号公报宣布了国家公园的规模，从13 000公顷增加到现在的27 847公顷。1981年威兰德拉湖区被列入世界遗产名录，原定方圆600 000公顷，后改减到公元1995年的240 000公顷，包括蒙戈国家公园。这个地区现由州行政部门土地和水资源部，国家公园和野生动物服务部共同管理。

## 五、附录：与北京在文化遗产领域大事记

2018年5月6日，中央音乐学院弹拨乐团在悉尼歌剧院演出《西域流光》，中国琵琶演奏家章红艳携中央音乐学院弹拨乐团一行38位顶级演奏家首登澳大利亚舞台，为当地观众呈献一场融合中国传统民族乐器演奏、现代舞蹈和精美舞台布景等多种元素的视听盛宴。

2019年7月27日，悉尼歌剧院举办庆祝中华人民共和国成立70周年专场音乐会，北京金帆艺术团献上“让世界充满爱”。

# 参考文献

［1］周建华．韩国首尔昌德宫［J］．南方农业（园林花卉版），2008（02）：34–35.

［2］赵春燕．中韩两国离宫景观布局的比较探究——以避暑山庄和昌德宫比较为例［J］．中国民族博览，2020（06）：176–180.

［3］张青仁．社会动员、民族志方法及全球社会的重建——墨西哥非物质文化遗产保护的经验与启示［J］．民族文学研究，2018，36（03）：29–38.

［4］张健萍．以色列文化遗产保护概览［J］．首都博物馆论丛，2011（00）：458–462.

［5］张多．从哈尼梯田到伊富高梯田——多重遗产化进程中的稻作社区［J］．西北民族研究，2018（01）：35–44.

［6］印恬恬，李云逸．法国枫丹白露的艺术文化与保护开发［J］．雕塑，2018（03）：34–37.

［7］尹国蔚．印度世界遗产的类型与分布特征［J］．热带地理，2014，34（05）：712–718.

［8］尹国蔚．印度世界遗产的类型与分布特征［C］．江苏社科界第八届学术大会学会专场应征论文论文集：江苏省社会科学界联合会，2015：1636–1645.

［9］伊力哈穆．“一带一路”倡议视域下乌兹别克斯坦与中国旅游合作路径研究［D］．长安大学，2019.

［10］杨博，马途．中国政府无偿援助蒙古国博格达汗宫博物馆门前区维修工程竣工［J］．文博，2007（06）：2+1.

［11］徐婉君，杜晓帆．东南亚文化遗产保护利用现状探析［J］．中国文化遗产，2019（02）：77–84.

［12］特拉维夫．辛巴利斯塔犹太教会堂及犹太文化遗产中心．以色列［J］．世界建筑，2001（09）：71–74.

［13］谢芳．纽约市的城市发展与历史文化遗产保护［C］．北京社科院历史所．北京古都风貌与时代气息研讨会论文集．北京市社会科学院历史研究所，2000：634–648.

［14］西班牙“一带一路”中西文化交流画展在马德里举行［J］. 中国会展（中国会议），2017（22）：23.

［15］吴俊琰 . 求同存异谋发展互利共赢得天时 34 对友城合作使重庆更加国际化［J］. 重庆与世界，2015（01）：52–53.

［16］王文婧 . 奥尔罕·帕慕克笔下的伊斯坦布尔城市形象［D］. 天津师范大学，2016.

［17］王珊珊 . 伊斯坦布尔历史保护区建成环境概述及启示［J］. 世界建筑，2019（02）：96–99+123.

［18］王红 . 东南亚各国保护非物质文化遗产的措施［J］. 东南亚纵横，2015（06）：48–53.

［19］陶海朝 . 将博物馆作为越南文化中枢——传统历史的未来［J］. 艺术科技，2019，32（09）：118+127.

［20］谭浩俊 . 万达为何“推不倒”马德里地标建筑［J］. 产权导刊，2015（09）：79–80.

［21］宋芸 . 印度遗产保护历史理论与实践初探［D］. 南京工业大学，2016.

［22］司马蕾 . 大不里士集市复兴，大不里士，伊朗［J］. 世界建筑，2013（11）：40–47+134.

［23］首届“‘一带一路’中国与塞尔维亚合作展望”国际论坛在贝尔格莱德举行［J］. 孔子学院，2017（04）：78.

［24］史晨暄 . 世界遗产“突出的普遍价值”评价标准的演变［D］. 清华大学，2008.

［25］沈泖鹤 . 布鲁塞尔大广场上的建筑群［J］. 上海房地，2015（06）：57.

［26］邵松 . 历史建筑的再生性改造和复兴——以马德里两座文化建筑为例［J］. 南方建筑，2012（03）：21–27.

［27］阮红山（NGUYEN HONG SON）. 越南河内古街旅游开发研究［D］. 广西师范大学，2018.

［28］任珂瑶，钮菊生 . 佛教在老挝的传播和发展［J］. 苏州教育学院学报，2014，31（01）：74–77.

［29］屈子越 .“二战”以来博物馆应对战争之研究［D］. 河南大学，2018.

［30］齐勇锋，张超 .“一带一路”战略与中蒙俄文化产业走廊研究［J］. 东岳论丛，2016，37（05）：16–24.

［31］皮野 . 基辅洞窟修道院在俄罗斯文化史中的意义与价值［J］. 俄罗斯文艺，2012（01）：137–142.

［32］孟宙 . 德国老城保护与改造［J］. 北京观察，2019（06）：67–69.

［33］孟纪青．访“白色之城”看贝尔格莱德今日［J］．世界知识，1994（22）：22–24.

［34］马天一．外国硬币上的世界遗产［J］．金融博览（财富），2019（08）：74–77.

［35］罗哲文．访墨西哥的世界遗产［J］．现代城市研究，2004（06）：30–31.

［36］罗隽，何晓昕．历史城镇文化身份的塑造——柏林博物馆岛建设和保护利用的理念［J］．建筑学报，2018（07）：105–112.

［37］刘凯茜．布达佩斯城市历史景观的保护历程及现状研究［D］．北京：中央民族大学，2013：29–34.

［38］刘珺，郝索，余洁．丝绸之路经济带文化遗产保护的基础、困境与合作研究［J］．西安财经学院学报，2017，30（02）：78–84.

［39］爱做不爱吃的小思姐姐．布加勒斯特：罗马尼亚首都和全国的经济、文化和交通中心 https://baijiahao.baidu.com/s?id=1626138450735419499&wfr=spider&for=pc.

［40］刘健．巴黎精细化城市规划管理下的城市风貌传承［J］．国际城市规划，2017，32（02）：79–85.

［41］刘海龙．文化遗产的“突围”——德国科隆大教堂周边文化环境的保护与步行区的营造［J］．国际城市规划，2009，24（05）：100–105.

［42］刘爱河．英国文化遗产保护成功经验借鉴与启示［J］．中国文物科学研究，2012，（1）：91–94. DOI：10.3969/j.issn.1674–9677.2012.01.024.

［43］新华网，英国邱园宝塔将被修缮重塑辉煌 http://m.haiwainet.cn/middle/232591/2016/0927/content_30362427_1.html

［44］廖春敏．世界文化与自然遗产中欧洲．内蒙古大学出版社，2010.

［45］李硕．柏林城市新建筑与历史环境共生探研［D］．郑州大学，2017.

［46］荆文翰．从破坏到保护：法国大革命以来国家遗产政策研究（1789–1848）［D］．南京大学，2019.

［47］黄文富．中国－东盟合作背景下非物质文化遗产传承保护若干问题思考——以铜鼓习俗为例［J］．歌海，2018（03）：119–123.

［48］黄文波．新版印度卢比上的世界文化遗产［J］．东方收藏，2019（15）：77–79.

［49］胡珊，李军．城市遗产保护视角下的法国巴黎城市建设及与中国的比较［J］．中国名城，2019（05）：90–96.

［50］高金．老挝民族伦理文化保护与传承研究［D］．黑龙江大学，2019.

［51］傅瑶．读华盛顿纪念碑［J］．学问，2001（05）：18.

［52］代维佳，王玏．应对自然灾害风险的文化遗产管理策略——以巴姆古城为例

［J］. 建筑与文化，2016（06）：96–97.

［53］崔仙月 . 浅谈中韩传统建筑中屋脊文化比较——首尔昌德宫与北京紫禁城为中心［J］. 现代交际，2018（04）：116–117.

［54］陈伟 ."纽约市地标法"给中国历史建筑保护的启示［J］. 中国文化遗产，2015（01）：90–93.

［55］陈柯 . 文化输出的别样实践——记"诗意现实：对江南的再解读"中国当代艺术展在西班牙马德里的新闻发布会［J］. 艺术与投资，2008（05）：28.

［56］陈浩 . 柬埔寨经济现代化进程研究（1953–2015）［D］. 云南师范大学，2019.

［57］车效梅 . 挑战与应战冲突与融合——伊斯坦布尔城市现代化历程［J］. 世界历史，2008（03）：59–70.

［58］曹语庭 . 阿拉伯国家联盟文化政策研究［D］. 上海外国语大学，2017.

［59］曹文明 . 基辅罗斯时期教育研究［D］. 东北师范大学，2016.

［60］毕玲玲 .20 世纪 50—80 年代欧洲城市遗产保护——以布鲁塞尔为例［J］. 城市建筑，2019，16（24）：25–28.

［61］贝波再 . 幻化空间——老挝佛教寺院空间研究［J］. 中外建筑，2001（06）：16–18.

［62］巴哈拉克·塞耶达什拉菲，徐知兰 . 遗产影响评估在世界遗产地保护中的实际作用：科隆大教堂和维也纳城市历史中心［J］. 世界建筑，2019（11）：56–61+138.

［63］敖迪，李永乐 . 加拿大里多运河文化遗产保护管理体系研究及启示［J］. 齐齐哈尔大学学报（哲学社会科学版），2018（06）：36–39.

［64］候涛，文静 . 圣索菲亚大教堂 1500 年历经磨难［N］. 环球时报，2020–07–21（013）.

［65］Johannes WIDODO，纪雁，沙永杰 . 雅加达：一个亚洲大都市的曲折发展之路［J］. 上海城市规划，2014（03）：84–90.

［66］本刊记者 . 伊朗世界文化遗产巡礼：被禁忌的"波斯玫瑰"很惊艳［C］. 民族建筑（2014 年第 8 期总第 150 期）：中国民族建筑研究会，2014：38–41.

［67］宣讲家 . 世界文化遗产——布达佩斯（多瑙河两岸、布达城堡区和安德拉什大街）［Z］. 宣讲家网 . 2014–10–13. http://www.71.cn/2014/1013/780649.shtml.

［68］百度百科 – 多瑙河 https://baike.baidu.com/item/%E5%A4%9A%E7%91%99%E6%B2%B3/183208?fr=aladdin.

［69］百度百科 – 阿尔巴尼亚 https://baike.baidu.com/item/%E9%98%BF%E5%B0%94%E5%B7%B4%E5%B0%BC%E4%BA%9A/361248?fr=aladdin#9.

［70］百度百科 – 布加勒斯特 . https://baike.baidu.com/item/%E5%B8%83%E5%8A%A0%E5%8B%92%E6%96%AF%E7%89%B9/1832994?fr=aladdin.

［71］田晓军．在贝尔格莱德感受中塞友好［N］．经济日报，2016-06-17（004）．

［72］吴新．特拉维夫“白城”保护之启示［N］．中国文物报，2016-08-05（008）．

［73］刘曙光．把亚洲文化遗产保护作为深化文明交流的新亮点和着力点［N］．科技日报，2019-05-20（001）．

［74］陈履生．维护文化遗产的荣誉是不可推却的责任和担当［N］．文艺报，2019-07-19（005）．

［75］未西寅．首尔的文化印象［N］．中国文化报，2019-10-30（004）．

［76］裴长洪．海上丝绸之路亮点：中国柬埔寨经济贸易关系发展分析［J］．财经智库，2019，4（04）：5-17+140.

［77］志荣．老挝经济社会发展现状与对策建议［J］．东南亚纵横，2006（01）：8-12.

［78］姚雅欣，李小青．“文化线路”的多维度内涵［J］．文物世界，2006（01）：9-11.

# 网络参考资料


［1］新西兰议会大厦建筑群 Ben Schrader，Public buildings–Central–government buildings，http://www.TeAra.govt.nz/en/public–buildings/page–1（accessed 29 April 2020）Story by Ben Schrader，published 2012–6–20

［2］http://whc.unesco.org/en/list/1005，建筑师维克多·奥尔塔设计的主要城市建筑

［3］http://whc.unesco.org/en/list/1044，阿兰胡埃斯文化景观

［4］http://whc.unesco.org/en/list/1097，新圣女修道院建筑

［5］http://whc.unesco.org/en/list/1239，柏林现代住宅群落

［6］http://whc.unesco.org/en/list/1349，辛格尔运河以内的阿姆斯特丹 17 世纪同心圆型运河区

［7］http://whc.unesco.org/en/list/318，马德里埃斯科里亚尔修道院和遗址

［8］http://whc.unesco.org/en/list/532，波茨坦与柏林的宫殿与庭院

［9］http://whc.unesco.org/en/list/545，莫斯科克里姆林宫和红场

［10］http://whc.unesco.org/en/list/600，巴黎塞纳河畔

［11］http://whc.unesco.org/en/list/634，科罗缅斯克耶稣升天教堂

［12］http://whc.unesco.org/en/list/759，阿姆斯特丹防线

［13］http://whc.unesco.org/en/list/857，布鲁塞尔大广场

［14］http://whc.unesco.org/en/list/876，埃纳雷斯堡大学城及历史区

［15］http://whc.unesco.org/en/list/91/，罗马历史中心，享受治外法权的罗马教廷建筑和缪拉圣保罗弗利

［16］http://whmagcn.com/article/424.html

［17］http://www.aph.gov.au/index.htm

［18］http://www.cubawanderer.com/unesco–world–heritage–sites–old–havana–and–its–fortifications/

［19］http://www.iglesiadesantiago.cl/arzobispado/catedral–de–santiago/2017–01–16/154908.html

［20］http://www.muslimwww.com/html/2018/yishu_0918/34257.html

［21］http://www.norislam.com/?viewnews-854

［22］https://baike.baidu.com/item/ 土耳其世界遗产 /20626879?fr=aladdin

［23］https://en.wikipedia.org/wiki/Berlin_Modernism_Housing_Estates 维基百科

［24］https://infogalactic.com/info/New_Zealand_Parliament_Buildings

［25］https://theculturetrip.com/south-america/chile/articles/a-brief-history-of-santiago-metropolitan-cathedral/5

［26］https://wenku.baidu.com/view/9f4d1b5e3086bceb19e8b8f67c1cfad6185fe940.html

［27］https://wenku.baidu.com/view/e2bf2551ad02de80d4d840f2.html

［28］https://whc.unesco.org/en/activities/796/

［29］https://whc.unesco.org/en/list/426［引用日期 2020-07-06］

［30］https://whc.unesco.org/en/list/816

［31］https://whc.unesco.org/en/list/896 柏林博物馆

［32］https://whc.unesco.org/en/list/915/

［33］https://www.africanworldheritagesites.org/cultural-places/human-origins/fossil-hominid-sites-south-africa.html

［34］https://www.airfrance.us/US/en/common/travel-guide/metropolitan-cathedral-of-santiago-a-major-religious-building.htm

［35］https://www.ancient.eu/Tiwanaku/

［36］https://www.livescience.com/26792-tiwanaku.html

［37］https://www.penang-traveltips.com/americas/cuba/old-havana.htm

［38］https://www.smb.museum/en/museums-institutions/museumsinsel-berlin/home/ 柏林博物馆岛

［39］https://www.travelindonesia.cn/my/en/trip-ideas/explore-jakarta-kota-tua-today-s-old-batavia

［40］https://www.wmf.org/project/al-darb-al-ahmar-district-mosques

［41］https://zh.wikipedia.org/wiki/%E5%A1%94%E5%85%8B%E8%A5%BF%E6%8B%89

［42］https://zh.wikipedia.org/wiki/%E6%98%8C%E5%BE%B7%E5%AE%AE

［43］https://zh.wikipedia.org/wiki/%E7%8E%89%E4%BD%9B%E5%AF%BA_（%E6%9B%BC%E8%B0%B7）

［44］https://zh.wikipedia.org/wiki/%E8%B2%BB%E8%96%A9%E7%88%BE%E6%B8%85%E7%9C%9F%E5%AF%BA

［45］https://zh.wikipedia.org/wiki/%E9%9B%85%E5%8A%A0%E8%BE%BE%E8%80%81%E5%9F%8E

［46］Radio Romania International 罗马尼亚国际广播电台 . http://old.rri.ro/arh-art.shtml?lang=5&sec=712&art=119572

［47］unesco 官网 . http://whc.unesco.org/en/list/

［48］Washington Monument 官网，https://www.nps.gov/wamo/index.htm

［49］Xia_Philately. 英国世界遗产——伦敦基尤皇家植物园 . 2012-08-20. http://blog.sina.com.cn/s/blog_59380eb2010187c3.html

［50］爱尔兰文化遗产保护，https://www.ihbc.org.uk/Yearbook/articles/HeritageProtectionIreland/#zoom=z

［51］百度百科 - 威斯敏斯特宫，https://baike.baidu.com/item/%E5%A8%81%E6%96%AF%E6%95%8F%E6%96%AF%E7%89%B9%E5%AE%AB

［52］百度百科：https://baike.baidu.com/item/%E5%B8%83%E5%8A%A0%E5%8B%92%E6%96%AF%E7%89%B9/1832994?fr=aladdin

［53］百度百科 - 芬兰堡，https://baike.baidu.com/item/%E8%8A%AC%E5%85%B0%E5%A0%A1/280055?fr=aladdin

［54］百度百科 - 里斯本，https://baike.baidu.com/item/%E9%87%8C%E6%96%AF%E6%9C%AC/4576?fr=aladdin

［55］百度百科 - 里斯本的圣哲罗姆派修道院和贝伦塔，https://baike.baidu.com/item/%E9%87%8C%E6%96%AF%E6%9C%AC%E7%9A%84%E5%9C%A3%E5%93%B2%E7%BD%97%E5%A7%86%E6%B4%BE%E4%BF%AE%E9%81%93%E9%99%A2%E5%92%8C%E8%B4%9D%E4%BC%A6%E5%A1%94/14121044?fr=aladdin

［56］百度百科 - 伦敦塔，https://baike.baidu.com/item/%E4%BC%A6%E6%95%A6%E5%A1%94/84048?fr=aladdin

［57］都柏林城堡，https://zh.wikipedia.org/wiki/ 都柏林城堡

［58］哥本哈根文化遗产保护，https://www.google.com.hk/search?safe=strict&hl=zh-CN&source=hp&ei=A-LIXvasJpSK0AS0iYDADg&q=Copenhagen+Cultural+Heritage+Protection&oq=Copenhagen+Cultural+Heritage+Protection&gs_lcp=CgZwc3ktYWIQA1DICVjICWDiDmgAcAB4AIABnwKIAZ8CkgEDMi0xmAEAoAECoAEBqgEHZ3dzLXdpeg&sclient=psy-ab&ved=0ahUKEwi2us_Vy8npAhUUBZQKHbQEAOgQ4dUDCAo&uact=5

［59］哥斯达黎加国家剧院官网，https://www.teatronacional.go.cr/

［60］哈瓦那老城及其防御工事，https://www.penang-traveltips.com/americas/cuba/old-havana.htm

［61］假装自己在旅行 . 观风闻［Z］. 2018-08-17. https://user.guancha.cn/main/

content?id=32945&page=1

［62］里约热内卢，http://www.71.cn/2014/1023/785269_2.shtml

［63］联合国教科文网站，http://whc.unesco.org/en/list/404

［64］联合国教科文组织，https://unesdoc.unesco.org

［65］联合国教科文组织世界遗产官网，http://whc.unesco.org

［66］穷游，https://place.qyer.com/budapest/profile/

［67］山海之间的卡里奥克景观，https://zh.wikipedia.org/w/index.php?search= 山海之间的卡里奥克景观 &title=Special%3A 搜索 &fulltext= 搜索 &ns0=1

［68］外交部，https://www.fmprc.gov.cn/web/gjhdq_676201/gj_676203/oz_678770/1206_679426/1206x0_679428/

［69］维基百科英文，https://en.wikipedia.org/wiki/Kew_Gardens

［70］五月广场，https://zh.wikipedia.org/wiki/

［71］悉尼歌剧院官网，https://www.sydneyoperahouse.com/

［72］新华网，综述：希腊文物保护戒“拆”，2015 年 01 月 20 日，http://www.xinhuanet.com/world/2015-01/20/c_1114066621.htm